AMRA

»*Mit dem Herzen heilen* ist ein erstaunliches spirituelles Werk – jeder sollte dieses Buch lesen!« – Drunvalo Melchizedek, recht im Bild, Bestsellerautor von *Die Blume des Lebens*

Daniel Mitel

Mit dem HERZEN heilen

Die Wiederentdeckung der vergessenen Bildsprache des Herzens

»Jeder sollte dieses Buch lesen!«
Drunvalo Melchizedek

Aus dem Amerikanischen von
Miriam Mabée

AMRA

Besuchen Sie unseren Shop:
www.AmraVerlag.de

Ihre 80-Minuten-Gratis-CD erwartet Sie.
Unser Geschenk an Sie … einfach anfordern!

Zwei amerikanische Originalausgaben:
This Now is Eternity. Ancient Meditations for Awakening to Whom You Really Are & Heart Imagery. A Path to Enlightenment

Deutscher Erstdruck im AMRA Verlag
Hotline: + 49 (0) 61 81 – 18 93 92
Kundendienst: Info@AmraVerlag.de

Herausgeber & Lektor	Michael Nagula
Umschlaggestaltung	Guter Punkt
Layout & Satz	Birgit Letsch
Fotos & Illus	Daniel Mitel
Druck	Tschechien

ISBN Printausgabe 978-3-95447-339-7
ISBN eBook-Ausgabe 978-3-95447-340-3

Folgende Bücher mit ähnlicher Thematik sind bei AMRA erhältlich:
Daniel Mitel & Drunvalo Melchizedek – Lebe im Licht deines Herzens
Daniel Mitel – Die Melchizedek-Lehren. Vorwort Drunvalo Melchizedek
Hunbatz Men, Gewährsmann von Drunvalo – Die Heilige Kultur der Maya
Mantak Chia – Kosmische Entgiftung. Der Tao-Weg der inneren Reinigung
Jeff Eisenberg – Kämpfen im Geiste Buddhas. Kampfkunst und Buddhismus

Inhalt

»Was ist die Bildsprache des Herzens?«

Einleitung zur deutschen Ausgabe

Die Bildsprache des Herzens, auch Herzmetaphorik genannt, ist eine Methode, bei der man sich auf das Herzzentrum fokussiert und die Kraft der Intention und der Visualisierung nutzt, um Heilung und inneres Gleichgewicht zu fördern. Sie gehört zu Methode der Meditation ältesten Heilkünsten überhaupt und beruht auf dem Wissen, dass das Herz nicht nur ein physisches Organ ist, sondern auch ein Energiezentrum, das mit unseren Gefühlen, unserer Intuition und unserer spirituellen Essenz verbunden ist. Bei dieser Methode erschafft man vermeintliche Traumbilder des Herzens, die sehr konkret dazu beitragen, Stress, Ängste und Depressionen abzubauen und das allgemeine Wohlbefinden zu fördern. Das kann besonders hilfreich für Leserinnen und Leser sein, die mit emotionalen Problemen zu kämpfen haben.

Die Möglichkeiten, wie die Bildsprache des Herzens eingesetzt werden kann, sind grenzenlos. Sie können bei jedem zur Steigerung von Kreativität, Leistungsvermögen und innerer Zufriedenheit führen. Geführte Meditationen, die bildhaft mit dem Herzen arbeiten – das hat die Forschung gezeigt –, reduzieren wirkungsvoll Stress, Ängste und Depressionen und verbessern die körperliche Gesundheit, wie das Schmerzmanagement und die Funktionen des Immunsystems. Bei einigen Methoden werden die Hände aufs Herzzentrum gelegt, während man sich auf positive Emotionen einstimmt oder dabei Affirmationen spricht, bei anderen lässt der Meditierende beruhigende Szenen in seinem Kopf ablaufen. Manche Methoden konzentrieren sich auf einzelne Körperbereiche. Man kann sie zur Selbstliebe und tiefgehenden Harmonisierung nutzen und ebenso in Verbindung mit anderen therapeutischen Methoden wie der Kognitiven Verhaltenstherapie oder auf Achtsamkeit beruhenden und traumafokussierten Heilweisen. Klinische Psychologen bestätigten, dass sie durch ihre Einbeziehung in andere Therapieformen ihren Klienten sehr erfolgreich einen ganzheitlichen und integrativen Ansatz für die Behandlung bieten konnten.

Gerade in der westlichen Welt sind wir alle oft in sehr hohem Maße Stress und Burnout ausgesetzt. Durch die Bildsprache des Herzens reduzieren wir unser Stressniveau und kultivieren ein Gefühl des inneren Gleichgewichts, das unsere Fähigkeit verbessert, ein glückliches Leben zu führen. Wir verlagern den Fokus dabei von negativen und stressigen Aspekten des Lebens auf positive und aufbauende Aspekte. Indem wir uns auf das Herzzentrum konzentrieren und positive Emotionen wirken lassen, können wir das Gehirn so umprogrammieren, dass es widerstandsfähiger und optimistischer wird, was äußerst heilsame Auswirkungen auf unsere körperliche und emotionale Gesundheit haben kann.

Die Bildsprache des Herzens wird in unserer Zeit wieder bei immer mehr Heilmethoden eingesetzt, nicht nur bei Energieheilung, Meditation oder Yoga. Dabei wird das Herz als ein strahlendes Licht visualisiert, das sich ausdehnt und den ganzen Körper mit Wärme und Liebe erfüllt. Dadurch, dass wir uns auf das Herzzentrum konzentrieren und Gefühle von Liebe, Dankbarkeit und Mitgefühl entstehen lassen, schaffen wir ein positives Energiefeld. Untersuchungen haben ergeben, dass Ängste und Depressionen dadurch wirksam abgebaut und die Gesundheit des Herzens sowie das allgemeine Wohlbefinden verbessert werden.

Die Bildsprache des Herzens kann für uns alle ein außerordentlich mächtiges Werkzeug sein.

Sprich mit deinem Herzen! Sprich durch dein Herz! Nutze die lichtvollen Wege des Herzens, um in deinem Leben zunehmend mehr positive Ausdrücke zu erschaffen, die zu immer mehr positiven Ergebnissen führen. Wenn du kraft deines Herzens Bildwelten visualisierst, die dein inneres Gleichgewicht verbessern, verbessert sich deine gesamte Lebensqualität. Die Bildsprache des Herzens fördert Heilung auf allen Ebenen – körperlich, emotional und spirituell. Wenn du mit geeigneten Methoden Gefühle von Liebe, Dankbarkeit und Mitgefühl kultivierst, schaffst du aus dem Herzen heraus ein positives Energiefeld, das einen tiefgreifenden Einfluss auf dein Leben und die Welt um dich herum hat.

Daniel Mitel

Zypern, Frühjahr 2024

Erstes Buch

JETZT ist die Ewigkeit!

Vorwort

An einem wunderbaren Frühlingstag meditierte ich inmitten der Stille und Heiterkeit meiner Umgebung am Mittelmeer. Sanft und leise berührten die Wellen das Ufer. Ich ließ mich innerlich so sehr auf diesen gesegneten Moment ein, dass ich fast aufhörte zu atmen. Kurz darauf erreichte ich das Stadium, in dem das Atmen überflüssig wird.

Anders als bei jeder früheren Meditation tauchten jetzt Erinnerungen an Geschehnisse auf, die mehr als zwanzig Jahre zurücklagen. Und die Erinnerungen wirkten so unglaublich plastisch, dass ich davon überzeugt war, diese Vergangenheit erneut zu durchleben.

Später öffnete ich die Augen, holte meinen Laptop hervor und begann zu schreiben. Der Titel des Textes ergab sich wie von selbst: *JETZT ist die Ewigkeit!*

Ohne jemals innezuhalten schrieb ich ein paar Stunden lang. Ich weiß von Autorinnen und Autoren, die Inspiration und Motivation brauchen, um in »Schreibstimmung« zu kommen. Das war in meinem Fall nicht nötig.

Es kam mir so vor, als würde ich von einer Stimme angeleitet. Das Aufschreiben dauerte nicht sehr lange. Es war so, als würde Quellwasser aus Felsgestein strömen und völlig natürlich ins Tal fließen.

Als ich das Buch schließlich vollendet hatte, brauchte ich eine Weile, um mich wieder mit demjenigen zu verbinden, der ich im Jetzt bin. Ich meditierte einige Monate, um die Brücke von der Vergangenheit zur Gegenwart und von der Gegenwart zur Zukunft zu schlagen – so lange, bis ich spürte, dass alles, was ich in mir habe, im Jetzt liegt.

Und nun weiß ich: Alles, was ich in mir habe, liegt tatsächlich im Jetzt.

Wenn dir dieses Buch in die Hände gefallen ist und du es liest, bedeutet es, dass du für diese Einsicht und Entwicklung ebenfalls bereit bist. Wenn du dafür bereit bist, bedeutet es, dass du bereit bist, im Jetzt zu leben.

Wenn du bereit bist, im Jetzt zu leben, ist alles andere ohne Bedeutung: *JETZT ist die Ewigkeit!*

Daniel Mitel

Drunvalo, mein Lehrer der Heiligen Geometrie, mit drei Geistführern:
Vater Melchizedek (oben) sowie Manovandet und Machiventi.

Erster Teil

Tenzin Rinchen

Gewidmet meinem Höheren Selbst,
meiner Verbindung mit Gott,
der mir so vieles schenkt.

Das ganze Buch wurde zusammen
mit meinem Höheren Selbst verfasst.
Im Grunde ist es ein einziges langes Gespräch
mit meinem Höheren Selbst.

1

Die Mönche

Der Meister ist hier. Wie üblich überraschen mich seine Bewegungen. Es ist einzigartig, wie Di Yu Ming Tai Chi praktiziert. Er fließt wie Wasser. Wir alle folgen ihm so, als wären wir in Trance. Zwangsläufig frage ich mich, ob ich es jemals schaffen werde, so fließende Bewegungen wie er durchzuführen.

Nach einer Stunde Tai Chi gibt er uns das Zeichen, mit der Meditation zu beginnen. Mein Lieblingsplatz ist genau links vom Meister, denn dort kann ich die Schönheit der majestätischen Berge bewundern. Ich überlege, wie es möglich ist, dass Toronto keine Berge hat, während Vancouver von so viel Schönheit der Bergwelt umgeben ist.

Ich beginne zu meditieren. Der Meister führt uns durch die Meditation. Mir gefällt, dass er uns erlaubt, völlig natürlich zu sein. Was auch immer die Meditation einem geben mag: Es ist ein Geschenk. – Wunderbar …

Nach wenigen Minuten verlangsamt sich meine Atmung, bis sie fast aufhört. Ich werde riesengroß, fühle mich so, als hätte sich mein ganzer Körper ausgedehnt.

Plötzlich spüre ich die Kälte der Luft. Wie kann es sein, dass mir während dieser Jahreszeit in Vancouver so kalt ist? Ich atme die eiskalte Luft ein und spüre Schnee auf meinem Gesicht.

Mir wird klar, dass ich mich an einem anderen Ort befinde. Ich erinnere mich. Ich bin in Tibet und mein Auto hat vor knapp zwei Tagen seinen Geist aufgegeben: Der Motor ist kaputt. Seitdem bin ich zu Fuß unterwegs.

Ich bin mir fast sicher, dass ich sterben werde. Tatsächlich halte ich ein paar Mal an, um zu meditieren, wenn ich irgendwo einen windgeschützten Ort finde. Einer dieser Orte scheint wirklich eine Zuflucht zu sein. Allerdings ist mir bewusst, dass hier wohl kaum jemand vorbeikommen wird, höchstens einmal im Monat eine Karawane. Die Chance, an einem solchen Ort zu überleben, ist gering …

Die Aussicht, sterben zu müssen, macht mir keine Angst. Ich empfinde sogar innere Ruhe, bin entspannt und bewundere, wie widerstandsfähig der menschliche Körper sein kann. Schließlich bin ich jetzt schon mehr als vierundzwanzig Stunden ständig gelaufen, ohne irgendwelche Nahrung zu mir zu nehmen, mal abgesehen von schmelzendem Schnee zwischen meinen steif gefrorenen Lippen.

Ich falle auf die Knie, fühle mich befreit. In meiner Benommenheit und fast erfroren blicke ich mich um, schaue auf den weiß glitzernden Schnee, der mich an die Unschuld eines Kindes und die Reinheit eines Lamms erinnert. Verschwommen sehe ich irgendwo vor mir ein Licht, nicht weit von der Stelle, an der ich hingefallen bin.

Vor meinen Augen huschen in schneller Folge Bilder vorbei. Ich weiß nicht, ob meine Augen geöffnet oder geschlossen sind, aber ich spüre, wie Hände mich aus dem Schnee heben und mich auf das Licht zu tragen.

Sind die Engel gekommen, um mich zu einer Art Portal zwischen den Dimensionen zu bringen?

»Er wird viel *kalsang* [Glück] brauchen, um zu überleben«, sage eine ruhige, warme Stimme.

»Ja, Tenzin ... Aber denke an unsere Träume und die Zeichen, die uns der große *Sangye* – Buddha – gegeben hat. Vielleicht geschieht es jetzt. *Er* ist wieder da ... Mag sein, dass er der *Rinchen*, der Edle, ist. Oder er ist nur ein Reisender, der sich verirrt hat und in der Nähe unseres Tempels gestrandet ist«, erwiderte eine ähnliche Stimme.

Mir schwinden die Sinne ... Mehrere Tage lang, die mir wie eine Ewigkeit vorkommen, höre ich ständig Gesänge. Hin und wieder träufelt mir jemand eine warme Flüssigkeit in den Mund. Ich kann sie in allen Zellen meines Körpers spüren.

Hände. Viele Hände berühren mich. Ich spüre, wie Wellen von Energie in mich hinein und wieder heraus strömen. Es kommt mir so vor, als öffnete sich mein Körper für diese Energien. Farben ziehen an meinen halb geöffneten Augen vorbei – Regenbögen und Ströme von Licht. Energien. Ströme von Energien erfassen mich. Es gibt Momente, in denen ich das Gefühl habe, dass ich aus all diesen Lichtströmen bestehe, gestalt- und körperlos bin.

Von Zeit zu Zeit spüre ich eine Erscheinung in meiner Nähe. Es ist keine menschliche. Eine Art von Kommunikation entwickelt sich zwischen mir und dieser mit Intelligenz begabten Erscheinung, die über mich wacht.

Ich frage diese Kraft, was sie hier tut, und darauf folgt eine direkte gedanklich vermittelte Antwort: »Ich bin *Dharmapala*, die Beschützerin dieses Ortes.«

Immer, wenn ich mit *Dharmapala* spreche, spüre ich, wie sich mir irgendeine bläuliche Energie nähert. Es ist sehr angenehm. Intuitiv ist mir klar, dass *Dharmapala* mir sehr hilft, wer oder was sie auch sein mag.

Ich frage sie, was sie in Wirklichkeit ist. Ich sage »sie« und nicht »er«, da ich spüre, dass sie mehr weibliche als männliche Energie ausstrahlt. Vielleicht ist sie ein Schutzengel? Sofort schickt sie mir auf gedanklichem Weg eine Antwort: »Ich bin die Beschützerin des Dharma, die *Dharmapala* dieses Klosters. Ich bin die Erscheinung eines Buddhas oder Bodhisattvas und helfe den Mönchen dabei, innere oder äußere Barrieren zu überwinden, die sie daran hindern, zur spirituellen Erkenntnis zu gelangen. Ich sorge für alle Bedingungen, die sie für die erfolgreiche spirituelle Praxis brauchen, und räume alle Probleme aus dem Weg.«

Der Dialog mit der *Dharmapala* setzt sich eine Weile fort. Ich spüre auch, dass Menschen unseren Gesprächen als Beobachter beiwohnen. Ich fühle mich wie in einem Traum. Die Tage und Nächte verstreichen, ohne dass ich sie zähle.

Sanft berührte eine warme Hand mein Gesicht.

»Ich bin Tenzin Dhargey. Du bist zurück in dieser Welt. Herzlich willkommen! Man hat mich damit beauftragt, dir zu helfen und zur Seite zu stehen.«

»Und ich dachte schon, ich sei nicht mehr in dieser Welt«, erwiderte ich.

»Doch, das bist du«, entgegnete Tenzin.

»Na dann … Ich heiße Daniel. Bin wirklich sehr froh, wieder hier zu sein.«

»Daniel, wir haben höhere Ebenen des Bewusstseins um Rat gebeten und deren Erlaubnis eingeholt, dich nun *Tenzin Rinchen* zu nennen. Wir hoffen, das ist dir recht?«

»Es gibt hier viele Tenzins«, bemerkte ich.

Aus einer Zimmerecke vernahm ich ein Lachen. »Ja, das stimmt. Der persönliche Name unseres *Kunduns* – seiner Heiligkeit, des 14. Dalai Lamas – lautet ebenfalls Tenzin, Tenzin Gyatso. Sein religiöser Lehrer hat ihm diesen Namen gegeben. In der tibetischen Sprache bedeutet *Gyatso* ›Meer der Erleuchtung‹. Ich bin Karma Dorje.«

»Schön … Und was bedeutet *Rinchen*, wenn ich fragen darf?«

»*Rinchen* bedeutet ›Der Edle, der Edelstein, der Kostbare, der von großem Wert‹.«

»Ich weiß nicht, wie kostbar ich bin …«, erwiderte ich mit halblauter Stimme.

»Nun ja, das bleibt abzuwarten. Es liegt nicht in deiner irdischen Macht, das zu entscheiden … lieber Tenzin Rinchen«, sagte Karma Dorje. »Jetzt schläfst du. Du hast stets geschlafen. Wenn du erwachst, denkst du vielleicht anders darüber …«

»Willst du damit etwa sagen, dass ich immer noch träume?«, fragte ich verblüfft.

»Wir träumen alle, bei Nacht und bei Tag. Ständig. Leider gibt es nur wenige Menschen auf dieser Welt, die wach sind, lieber Rinchen.«

»Ich bin nicht sicher, ob ich das verstehe. Meinst du damit, dass ich mich derzeit in einem Traum befinde? Bist du gar nicht real? Wie ist es möglich, sich ständig in einem Traum zu befinden? Was willst du damit sagen?«

»Trinke jetzt erst einmal Tee, Tenzin Rinchen. Entspanne dich. Im Moment ist das alles ein wenig zu viel für dich«, meinte Karma und reichte mir eine kleine Schale, in der ich zunächst Suppe vermutete.

Sie schmeckte mir überhaupt nicht. Mir war fast so, als müsste ich mich erbrechen, aber nach kurzer Zeit, als die Flüssigkeit erst einmal meinen Magen gefüllt hatte, entpuppte sich der Geschmack zu meiner Überraschung als recht gut, sogar angenehm.

Später stellte ich fest, dass Tibeter geradezu süchtig nach Tee sind. Diese Vorliebe hat dazu geführt, dass sie ihren Tee stets auf ganz besondere Weise zubereiten. Beispielsweise lieben die Menschen in der nordosttibetischen Region Amdo breitblätterigen Tee. Allerdings wird Tee am häufigsten als Buttertee zubereitet.

Das Trinken von Buttertee ist fester Bestandteil des tibetischen Alltags. Vor der Arbeit nehmen die Tibeter in der Regel mehrere Schalen Tee zu sich, und stets wird Gästen Tee gereicht. Angeblich trinken Nomaden bis zu vierzig Becher Tee am Tag. Da Butter die wichtigste Zutat ist, enthält Buttertee jede Menge Kalorien, verleiht viel Energie und ist somit besonders für den Aufenthalt im Hochland geeignet. Die Butter kann auch dem Aufplatzen der Lippen vorbeugen.[1]

Nach tibetischer Sitte trinkt man Buttertee in einzelnen Schlucken. Nach jedem Schluck füllt der Gastgeber die Schale bis zum Rand nach. Auf diese Weise trinkt der Gast seine Schale niemals leer. Sie ist immer gefüllt. Falls der Gast gar keinen Tee trinken möchte, lässt er die Teeschale am besten unberührt, bis es Zeit zum Verabschieden ist. Erst dann leert er die Schale. So wird die Etikette gewahrt und vermieden, den Gastgeber zu kränken.[2]

Den restlichen Tee genoss ich, obwohl ich ihn beim ersten Schluck nicht gemocht hatte. Nachdem ich meinen Tee getrunken hatte, fiel ich sofort in tiefen Schlaf.

---

[1] Siehe den leider nur auf Englisch erhältlichen Reiseführer *Tibet* von Bradley Mayhew, Stephen Lioy und Megan Eaves, Vorwort vom Dalai Lama, zuletzt 2019 erschienen als Lonely Planet Travel Guide. – *Der Autor*

[2] Siehe *Lhasa the Holy City*, ein leider nie auf Deutsch erschienener Klassiker der Reiseliteratur von F. Spencer Chapman, Seite 52 f., London 1940, Readers Union Limited. – *Der Autor*

Gut erholt wachte ich auf und fragte mich sofort, was hier eigentlich vor sich ging.

Tenzin Dhargey trat ins Zimmer. »*Tash delek* [Hallo!], Rinchen«, begrüßte er mich. »*Kayrang kusu debo yimbay?* [Wie geht es dir?]«, fragte er.

Vermutlich sah ich ihn so an, als wäre ich dämlich, denn Tenzin begann zu lachen.

»Ich verstehe nicht, was du sagst, Tenzin Dhargey«, erklärte ich. »In welcher Sprache redest du jetzt mit mir? Und warum konnte ich dich gestern verstehen?«

Tenzin kam zu mir herüber und berührte meine Stirnmitte. Plötzlich spürte ich, wie eine Welle warmer Energie meinen Kopf erfüllte. Es fühlte sich wirklich gut an, und unverzüglich hatte ich den Geschmack von Honig im Mund.

»*Gawn-da* [Tut mir leid], Tenzin Rinchen. *Ha-ko song ngay?* [Verstehst du mich jetzt?]«

»Ja, jetzt verstehe ich dich. Wie ist das möglich?«, fragte ich völlig verblüfft. »Ich habe die tibetische Sprache ja niemals gelernt … Wie ist das nur möglich?«

»Das ist eine lange Geschichte, aber für dich werde ich sie vereinfachen. Wenn du dich gedanklich auf alltägliche Dinge konzentrierst und dich auf deine normalen Gedankengänge beschränkst, befindest du dich in der *Welt der Anforderungen.* Aber jetzt, da ich dein Drittes Auge geöffnet habe, bist du *thoknay* [hast du eine unverstellte Sicht]. Du erinnerst dich daran, wer du wirklich bist: ein *Chodak* [Verbreiter des Dharma]. Du kannst nun jede Art der Kommunikation verstehen, ob die mit Worten oder die wortlose.«

»*Chodak*? Und was ist *Dharma*?«

»*Dharma* ist die Energie, das Gesetz, die Macht, die die Ordnung des Universums, bildlich gesprochen, unterstützt und aufrechterhält. Der Bedeutung nach ähnelt Dharma dem griechischen *Ethos* – dem ›Statut‹ oder ›Gesetz‹ – oder auch dem alten persischen *dar*, das ›halten‹ oder ›innehaben‹ bedeutet. Im klassischen Sanskrit nennen wir das *Dharma*.«

Die Tür ging auf und ein anderer Mönch kam ins Zimmer.

»Und was bedeutet Dhargey? Woher stammt dein Name?«, fragte ich Tenzin.

»Dhargey bedeutet ›Voranschreiten‹, ›Entwicklung‹, ›Wachstum‹«, antwortete er.

»Und Dorje meint etwas, das unzerstörbar ist. Wie ein Diamant. Ich bin ein Diamant«, erklärte Karma Dorje und begann zu lachen.

»Rinchen, Dhargey und Dorje – einer von großem Wert, einer der voranschreitet und ein Diamant. Klingt nach einem guten Team«, bemerkte ich lachend. »Aber was bedeutet *Tenzin* eigentlich?«

»*Tenzin* bedeutet ›Bewahrer der Lehren‹«, antwortete Karma Dorje. »Und *Karma* bedeutet ›Handlung‹ oder ›Tat‹.«

»Ja, daran erinnere ich mich«, flüsterte ich und sah die beiden neugierig an.

»Ja, Rinchen. An das erinnerst du dich, das wissen wir … Und du wirst dich sogar an noch mehr erinnern …«, teilte Tenzin mir lächelnd mit.

Wir tranken zusammen Tee und unterhielten uns eine Weile.

2

Kreise ohne Mittelpunkt

Was läuft da draußen schief, Tenzin? Warum sind die Menschen auf der ganzen Welt so desorientiert? Sag mir, was ist mit ihnen los?«, fragte ich.

»Die Menschen da draußen sind oberflächlich, lieber Rinchen. Sie ähneln Kreisen ohne Mittelpunkt. Wenn du dich in der Mitte des Kreises befindest, bist du im inneren Gleichgewicht. Du bist *kunchen* – allwissend. Doch die Menschen da draußen leben nur am Rand des Kreises. Sie reden und reden und reden, aber ihre Worte haben keine authentische Bedeutung, da diese Leute keinen Mittelpunkt haben. Ihr Bewusstsein ist völlig von Äußerlichkeiten erfüllt. Sie befinden sich nicht innen, sondern außerhalb. Ihre Worte sind ohne Bedeutung. Ihre Gedanken arbeiten ständig und hören niemals damit auf, nicht einmal, wenn sie schlafen. Wenn sie schlafen, träumen sie von anderen Menschen. Selbst wenn sie schlafen, denken sie an andere. Und wenn sie allein sind, beschäftigen sie sich innerlich immer noch mit Hunderten von Leuten ihres Umfelds und befinden sich mitten in dieser Menschenmenge.

Wenn sie reden, versteht man die Worte zwar, aber sie haben keine Bedeutung. Nur im Tiefschlaf, in sehr tiefem Schlaf befinden sie sich in der Mitte. Allerdings sind sie dann ohne jedes Bewusstsein. Im Grunde sind sie also nur bei Bewusstsein, wenn sie sich am Rande des Kreises befinden, was bedeutet, dass sie sich nur sehr selten in dessen Mitte befinden. Und dann sind sie sich dessen gar nicht bewusst.

Es ist ein Leben, das dem Tod ähnelt!

Leider kann man das Leben niemals am Rande des Kreises kennenlernen, sondern nur in dessen Zentrum – in der Essenz, im Herzen. All diese Menschen warten darauf, dass irgendetwas geschieht – irgendwo, irgendwann. Sie leben alle in der Zukunft. Vielleicht wird irgendwo und irgendwann in der Zukunft ja etwas geschehen. Vielleicht.

Aber denke daran, Rinchen, dass wir jetzt leben. Wenn in der Vergangenheit nichts geschehen ist, dann ist es keine Lösung, auf eine bessere Zukunft zu hoffen. Der beste Augenblick kann nur im Hier und Jetzt liegen. Doch das kann nicht am Rande des Kreises geschehen, nicht an der Peripherie. Die Menschen da draußen müssen lernen, ins Zentrum zurückzukehren.«

»Nun ja, das kann ich spüren. Du hast recht, Tenzin. Gibt es also eine Möglichkeit für die Menschen da draußen, sich in die Mitte zu bewegen? Gibt es dafür bestimmte Meditationen? Besondere Techniken? Ich weiß, dass die Menschen auf etwas Besseres hoffen und nur an die Zukunft denken. Ich kann es spüren. Ich weiß auch, dass es etwas geben muss, das ihnen verstehen hilft, dass alles im Jetzt liegt.

Hilf ihnen, *kunchen* – wieder allwissend – zu werden!«, sagte ich abschließend, während ich Tenzin in die Augen sah.

»Ja, es gibt dazu einige Meditationen«, bekam ich zur Antwort. »Das Schlimme ist, dass die Menschen da draußen sich niemals irgendeiner Sache gewiss sind. Gewissheit setzt nämlich voraus, dass man einen Mittelpunkt hat, stimmt's? Wenn du nicht weißt, wer du bist, bist du dir selbst nicht sicher. Und wie kannst du dann erwarten, Gewissheit über andere Menschen zu haben? Es liegt alles im Nebel, ist von Wolken verhangen.

Wenn dir nicht bewusst ist, wer du wirklich bist, kannst du dir in keiner Hinsicht gewiss sein, ob es nun deine Liebe oder deine Freundschaften oder sonst etwas betrifft.

Im Grunde geht es allen Religionen und Meditationen da draußen darum, den Menschen dabei zu helfen, den eigenen Mittelpunkt zu entdecken. Sie wollen die Menschen lehren, Selbstgewissheit zu erlangen.

Und denk daran, Rinchen, dass der Mittelpunkt existiert. Er ist stets vorhanden. Es gibt keinen Kreis ohne Mittelpunkt, oder? Aber dieser Mittelpunkt ist völlig in Vergessenheit geraten.

Ich werde dir etwas erklären, das du bereits vom chinesischen Tai Chi und den japanischen Kampfkünsten her kennst: Das Zentrum des menschlichen Körpers liegt hinter dem Nabel. Stelle dir eine gerade Linie vor, die von deiner Körperbasis aus – vom Perineum oder Damm aus – bis zum Scheitel deines Kopfes – der Fontanelle – verläuft. Und eine andere Linie, die vom Nabel aus im rechten Winkel dazu verläuft. Der Schnittpunkt dieser beiden Linien ist der Mittelpunkt des menschlichen Körpers.

Der Nabel ist der ursprüngliche Mittelpunkt. Manche Menschen halten das Herz oder den Kopf dafür, aber das ist ein Irrtum. Der Nabel, der für die Verbindung zwischen einem Kind und seiner Mutter im Mutterschoß steht, ist das ursprüngliche Zentrum des Menschen.

Ohne den Nabel gäbe es kein menschliches Leben, lieber Rinchen. Wir werden alle mit diesem Mittelpunkt geboren. Wir

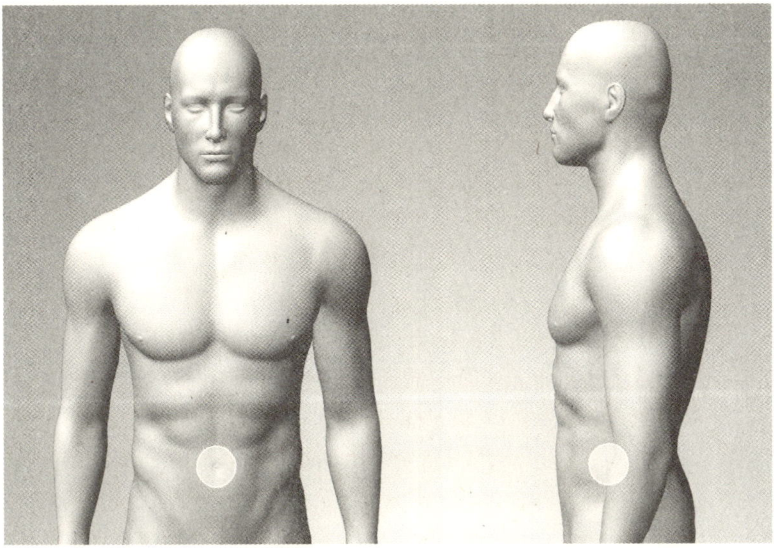

Abbildung 1: Der Nabel – der ursprünglicher Mittelpunkt

können leben, ohne davon zu wissen, aber wir können nicht ohne Nabel leben. Der Punkt hinter dem Nabel – dem Mittelpunkt des Menschen – ist die Wurzel. Wir müssen ihn spüren, sonst fühlen wir uns leer, sind nicht verankert, sind ohne Bedeutung in diesem Universum, ohne Bedeutung auf dieser Erde.

Die anderen beiden Zentren – das Herz und der Kopf – entwickeln sich erst später. Geboren werden wir mit dem Mittelpunkt des Nabels. Dieser Mittelpunkt ist von Anfang an gegeben und das ursprüngliche Zentrum.

Leider ist sich die Mehrheit der Menschen des Nabelzentrums und des Herzzentrums nicht bewusst. Sie benutzen nur den Mittelpunkt des Kopfes. Die Menschen beginnen logisch zu denken und bestehen nur noch aus Verstand. Wenn Logik und Denken sich auf Kosten des Herzens entwickeln, entsteht ein großes Problem: Es fehlt dann die Verbindung zwischen dem Zentrum, mit dem wir geboren werden – dem Mittelpunkt des Nabels – und dem Mittelpunkt des Kopfes. Wenn man vom Mittelpunkt des Kopfes zum Mittelpunkt des Nabels zurückkehren möchte, überspringt man die Brücke dazwischen: den Mittelpunkt des Herzens.

Der Mittelpunkt des Nabels – das ursprüngliche menschliche Zentrum – besteht im *Sein*. Du existierst. Jetzt.

Der Mittelpunkt des Herzens besteht im *Fühlen*.

Der Mittelpunkt des Kopfes besteht im *Wissen*, anders gesagt: im logischen Denken.

Es gibt also die Zentren des Seins, des Fühlens und des Wissens. Versuche nur mal, dich vom Verstand zum Sein ohne Gefühl zu bewegen: Es ist unmöglich.

Wo du herkommst, lieber Rinchen, aus der abendländischen Kultur, betont man die Vernunft. Hier in Tibet betonen wir nur das Fühlen. In Japan betont man eher das *Hara*, den Mittelpunkt des Seins.

Die Meditation hat mit dem Sein zu tun. Die Poesie hat mit dem Herzen zu tun und die Wissenschaft mit der Vernunft. Aber denke daran, dass sowohl die Poesie als auch die Wissenschaft periphere Bereiche sind.

Der wirkliche Mittelpunkt ist der Nabel.

Manchmal gelangen Menschen unabsichtlich dorthin, das hat mit ihren sexuellen Gewohnheiten zu tun. Während des Geschlechtsakts bewegt sich ihr Denken für kurze Zeit vom Kopf zur sexuellen Sphäre, und dabei erleben sie die Glückseligkeit des existenziellen Zentrums.

Du möchtest eine Übung lernen, um dort hinzugelangen?

Es gibt einige Übungen, die Menschen dabei helfen können, zu ihrem ursprünglichen Zentrum zurückzukehren. Morgen früh werde ich dir dabei helfen, dich an zwei solcher Übungen zu erinnern, lieber Rinchen. Du kennst sie alle schon und musst dich nur daran erinnern. Und nun ruhe dich aus. Dein Körper braucht noch mehr Ruhe«, schloss er.

Ich schlief unverzüglich ein.

Ich wachte nach einer traumlosen Nacht auf, hörte den Gesang der Mönche und merkte, dass es noch sehr früh sein musste, vermutlich etwa vier Uhr morgens. Mir war aufgefallen, dass die Mönche sehr zeitig zu Bett gingen. Allerdings wusste ich nicht genau, wie spät es war. Meine alte »atlantische« Armbanduhr war eine mechanische, keine digitale, und sie war vor einigen Wochen stehen geblieben.

Ich stand auf und wusch mir das Gesicht. Ein kleines Badezimmer reicht für das asketische Leben eines Mönchs aus. Mir fiel auf, dass es im Zimmer und im Bad keine Spiegel gab. Ich kehrte in mein Zimmer zurück, nahm mit den Beinen eine halbe Lotus-Stellung ein und begann zu meditieren. Immer schon habe ich gern meditiert. Bereits als Kind habe ich es geliebt, in dieser Haltung Platz zu nehmen und die Augen zu schließen, bis ich mich von einer wunderbaren Energie umgeben fühlte. Meine Mutter ließ mich auch stets so sitzen, stundenlang. Ohne besonderen Grund empfand sie es als normal, dass ich so dasaß …

Als ich die Augen wieder öffnete, waren fast zwei Stunden vergangen. Sofort traten Tenzin Dhargey und Karma Dorje in mein Zimmer. Ich begriff nicht, woher sie genau wussten, wann ich die Meditation beendet hatte.

»*Ngo-to delek* [Guten Tag], lieber Rinchen«, begrüßte mich Dorjen herzlich.

»Wie kommt es, dass ich dich jetzt verstehen kann?«, fragte ich neugierig.

»Die Meditation – jede Art von Meditation – hilft an diesem Ort sehr dabei, sich an vergangene Leben zu erinnern«, antwortete Tenzin. »Das liegt an der Kraft, die von unserem Tempel ausgeht und insbesondere am Einfluss der *Dharmapala,* der Beschützerin dieses Ortes.«

»Also werde ich, wenn ich in die Außenwelt zurückkehre, eure Sprache nicht mehr verstehen können?«

»Ich fürchte, so wird es sein«, entgegnete Tenzin.

»Allerdings kannst du durch tiefe Meditation möglicherweise mit uns und unserer *Dharmapala* kommunizieren«, setzte Dorje nach, als wollte er mich trösten.

»Gestern haben wir dir mitgeteilt, dass wir dir dabei helfen werden, dich an zwei einfache Übungen zu erinnern, die dich in dein Zentrum zurückführen. Die erste Methode, in deinen ursprünglichen Mittelpunkt zurückzukehren, ist sehr leicht. Wir bezeichnen sie als **›Jungney‹ – Atemmeditation für die Rückkehr zum Ursprung**. Wir, die tibetischen Mönche, nutzen diese Methode fast am Anfang jeder Meditation. Wenn wir nicht zentriert sind, können wir ja nicht meditieren, oder?

Deshalb besteht der erste Schritt darin, eine gute Meditationshaltung einzunehmen, mit geradem Rücken und entspannten Schultern. In dieser Position bewegt sich dein Kinn normalerweise ein wenig zu deinem Hals – nur ein kleines Bisschen. Zu diesem ersten Schritt gehört auch, die Zunge nach oben zu wölben und damit die obere Gaumenplatte zu berühren.

Der zweite Schritt besteht darin, die Augen zu schließen und sie, leicht schielend, zur Öffnung deines Dritten Auges auf deine Stirnmitte zu richten.

Normalerweise ist die Brustatmung eines Menschen flach. Nur wenige Menschen sind fähig, bis zum Nabelmittelpunkt zu atmen. Und das liegt daran, dass das Atmen in der Regel keine bewusste Handlung ist. Es geschieht automatisch. Wäre es eine bewusste Anstrengung, hättest du wahrscheinlich gar nicht so viele Tage überleben können. Denn wie würdest du dann das Atmen während des Schlafes bewerkstelligen? Doch in dieser Meditation wird von dir verlangt, dir deines Atmens bewusst zu sein. Und noch mehr: Man verlangt von dir, dass du deinen Atem, dein *Prana*, bis zum Nabelzentrum führst.

Du magst das für leicht halten, doch das stimmt nicht. Das Atmen dient dir als Transportmittel, und dieses Transportmittel umfasst etwas sehr Wichtiges: *Prana* [die Energie, die dir Lebenskraft verleiht]. Wenn du diese Meditation durchführst, wirst du nach zwei oder drei Monaten allmählich spüren, wie dich das *Prana* durchströmt. Es ist ein stärkendes Gefühl. Der einfachste Weg, das *Prana* zu spüren, besteht darin, nach oben zu deinem Dritten Auge zu blicken.

Wenn du das tust, geschieht jedes Mal etwas Verblüffendes: Du spürst, wie der Atem das *Prana* in dich hinein befördert, es dort lässt und dann leer zurückkehrt. Das Einatmen ist voller *Prana*, und das Ausatmen enthält kein *Prana* mehr.

Wenn das Umgekehrte passiert, bist du dem Tode sehr nah. Wenn dein Körper das *Prana* nicht in sich behalten kann und der ausgehende Atem nicht leer ist, sondern *Prana* in sich trägt, wirst du bald sterben – meistens neun Monate, manchmal schon sechs Monate später. Gewöhnlich ist diese Zeitspanne genauso lang wie diejenige, die du im Mutterleib verbracht hast. Dort hast du, ohne zu atmen, nur *Prana* benutzt.

Praktiziere diese Atem-Meditation, dann wirst du den Unterschied zur üblichen Atmung bemerken. Du wirst zentriert sein und dich im inneren Gleichgewicht befinden. Verankert und mit dem ursprünglichen Mittelpunkt verbunden«, schloss Karma Dorje diese Ausführungen ab.

»Die zweite Übung, deinen Mittelpunkt zu finden, bezeichnet man als **›Tinley‹ – Meditation der Erleuchtung**«, fuhr er fort. »Der erste Schritt besteht dabei darin, sich mit leichtem Schielen auf das Dritte Auge zu konzentrieren, während die Zunge die Gaumenplatte an einer beliebigen Stelle berührt. Der zweite Schritt ist dann, dich selbst als ein leeres Gefäß zu betrachten, *Prana* einzuatmen und festzustellen, wie sich das leere Gefäß von unten nach oben füllt, genau wie ein Wasserglas. Der letzte Schritt: Du stellst dir vor, wie sich die Essenz des *Prana* als Licht von der Oberseite deines Kopfes über dein Gesicht, deinen Rücken, deine Hände, den ganzen Körper ergießt.

Wenn du diese Übungen praktizierst, geschehen zwei Dinge gleichzeitig: Erstens findest du deinen Mittelpunkt unten am Nabel. Dieses Gefühl liegt an dem zweiten Schritt, bei dem du *Prana* einatmest und es dir so vorkommt, als füllte sich ein leeres Gefäß mit Licht. Zweitens erschafft dich dieser Schauer von Licht neu, er schenkt dir eine neue Geburt. Du fühlst dich wie wiedergeboren und erfrischt.

Das Geheimnis liegt darin, sich die ganze Zeit über auf das Dritte Auge zu konzentrieren, denn dann wird dein Körper mehr *Prana* hervorbringen als sonst. Das bedeutet jedoch nicht, dass du dein Drittes Auge öffnen sollst. Die Konzentration auf das Dritte Auge schafft in deinem Inneren mehr Lebenskraft«, erklärte Karma Dorje.

»Jetzt werden wir dich diese beiden Meditationen praktizieren lassen und später oder morgen wieder mit dir reden«, beendete Tenzin unsere Besprechung.

Ich begann wieder zu meditieren und die erste Übung, die *Jungney*-Meditation, mit entsprechender Atmung durchzuführen. Nach wenigen Minuten spürte ich eine kraftvolle Energie in meiner Bauchgegend. Außerdem hatte ich das Gefühl, beschützt zu werden. Ich setzte diese Meditation fast eine Stunde lang fort.

Dann machte ich mit der *Tinley*-Übung – der Meditation der Erleuchtung – weiter. Es gefiel mir wirklich, mich als leeres Gefäß zu betrachten. Und als ich einatmete, konnte ich tatsächlich spüren, wie mich das *Prana* von unten bis oben durchströmte.

Als ich den dritten Schritt tat – mir vorstellte, wie sich die Essenz des *Prana* vom Kopf nach unten über meinen Körper ergoss – spürte ich im Mund auch einen süßlichen Geschmack. Mein Speichel war fast so süß wie Honig geworden.

Während der folgenden zwei Wochen erholte sich mein Körper vollständig. Ich nahm auch wieder meine körperlichen Übungen auf, einschließlich Tai Chi.

Die Mönche nahmen nicht allzu viel Notiz von mir. Hin und wieder besuchten mich meine beiden Lehrer, Tenzin Dhargey und Karma Dorje. Dann sprachen wir über spirituelle und andere Dinge. Sie nahmen wenig von dem wahr, was außerhalb ihres Gebiets geschah. Als ich ihnen erklärte, was ein Handy ist, lachten sie wie Kinder. Sie konnten nicht glauben, dass es ein solches Kommunikationsmittel gibt.

Mein Körper kam allmählich wieder gut in Form. Meine Muskeln kräftigten sich und auch in den Beinen gewann ich wieder Kraft. Es lief alles sehr gut.

Eines Tages suchte mich Karma Dorje auf und begrüßte mich wie üblich. »*Tashi Delek* [Hallo!], Rinchen. Morgen früh führt unser Lama – *Tenzin Tashi* – bei uns eine Zeremonie durch. Er möchte dich sehen. In euren früheren Leben wart ihr beide Lamas. Es geschieht nur selten, dass sich ein tibetischer Meister, ein Lama, dazu entschließt, in einem anderen Körper wiedergeboren zu werden. Es muss einen bestimmten Grund dafür geben, aber dieser Grund geht über unser Begriffsvermögen hinaus. Vielleicht wird diese Begegnung einige unserer Fragen klären. Vielleicht auch nicht«, schloss Karma Dorje mit herzlichem Lächeln.

Mir war aufgefallen, dass Tibeter, wenn sie lächeln oder lachen, es stets mit ihrem ganzen Körper tun, genau wie Kinder.

Soweit es Karma Dorjes Bemerkung betrifft: Ich wusste, dass das Amdo-Gebiet die Heimat vieler bedeutender Lama-Schüler war und ist – Schüler, die großen Einfluss auf die politischen und religiösen Entwicklungen in Tibet genommen haben, beispielsweise der 14. Dalai Lama und der 10. Panchen Lama.

Was ich Karma Dorje erwidern sollte, wusste ich nicht. Ich murmelte nur irgendetwas vor mich hin, und Karma Dorje ließ mich lachend allein.

Am folgenden Morgen bat mich Tenzin, ihm zu folgen. Unter der kühlen tibetischen Morgensonne, in der Mitte des Klosters und umgeben von einigen Dutzend Mönchen sah der Meister einem Tanz zu. Ich saß hinter dem Lama, am Rande des Kreises, der ihn umgab.

Plötzlich wandte er den Kopf und blickte mir direkt in die Augen. Ich war schockiert. Ich hatte einen alten Mann erwartet, der sich lange Jahre Wissen angeeignet und meditiert hatte. Und nun hatte ich ein Kind vor mir, das zehn oder zwölf Jahre alt sein mochte. Doch als der Lama mich anlächelte, merkte ich, was bei ihm im Vergleich zu anderen Kindern, die ich bis dahin kennengelernt hatte, so anders war: seine Augen. Sie leuchteten, als säßen zwei Lampen in seinem Gehirn, deren Abglanz nach außen strahlte.

Er schenkte mir ein herzliches Lächeln und wandte den Kopf danach wieder den tibetischen Tänzern zu.

Wenige Minuten später endete die Zeremonie und er stand auf, gefolgt von einigen Mönchen, darunter Tenzin und Dorje. Tenzin bedeutete mir, ihnen zu folgen. Wir betraten den Hauptraum des Klosters, wo der junge Lama auf einem kleinen Stuhl, den man extra für ihn angefertigt hatte, Platz nahm.

»Tenzin Rinchen«, sprach er mich an, »ich freue mich, dich hier zu sehen, lieber Rinchen. Deine Helfer, Tenzin und Karma, haben sehr gut von dir gesprochen. Erinnerst du dich noch an etwas aus früheren Leben, das mit Tibet zu tun hat?« Seine Augen glänzten wie zwei Diamanten, als er mich ansah.

»Eure Heiligkeit, man hat mich fast tot nahe beim Kloster gefunden«, antwortete ich. »Ich bin dankbar für die Hilfe, die die Mönche mir erwiesen haben, und für alles, das sie für mich getan haben und noch tun. Während meiner Meditationen hatte ich mehrere Gespräche mit *Dharmapala*, der Beschützerin dieses Ortes. Sie hat mir dabei geholfen, etwas, das mit mir zu tun hat, zu begreifen. Es gefällt mir hier, aber ich bin mir nicht sicher, ob ich hier gern mein ganzes restliches Leben verbringen möchte, auch wenn ich einige meiner früheren Leben an diesem Ort gelebt habe.«

Erneut lächelte mich der junge Meister an. »Weißt du, lieber Rinchen, 1901 lebte in den Vereinigten Staaten ein indischer Meister namens Swami Ram. Eines Tages teilte er seinen Schülern mit: ›In mir habe ich das ganze Universum: die Sterne, die Monde und die Sonnen.‹ Nun ja, wenn Swami Ram recht hatte – und das hatte er –, wieso sollte es dann nötig sein, dass wir hier bleiben oder an einen anderen Ort ziehen? Das ganze Universum liegt in unserem Inneren! Unabhängig davon, wo wir uns aufhalten.« Mir war klar, dass er etwas Wahres sagte.

»Lass uns jetzt meditieren, lieber Rinchen.« Er schloss die Augen, und ich tat es ihm nach.

Plötzlich spürte ich ein angenehmes Gefühl in der Mitte meines Brustkorbs. Ein zarter Duft strömte davon aus. Ich merkte, dass er aus der Herzgegend kam. Ich spürte tatsächlich, *dass ich zu einer Lotusblüte geworden war.* Und wusste instinktiv, dass das auch für den jungen Meister galt. Der Duft, der von ihm ausging, war noch kräftiger als bei mir.

Ich begann mit der *Jungney-Meditation* und spürte bald darauf, dass ich mich ins Universum auflöste. Ich konnte, weit entfernt, die Gegenwart des Lamas fühlen und wusste instinktiv, dass er dieselbe Meditation durchführte wie ich. Allerdings war ich mir nicht sicher, ob er mich bei meiner Meditation beeinflusst und mir geholfen hatte oder einfach dieselbe Meditation wie ich praktizierte.

Beide verharrten wir mehr als eine Stunde lang in diesem glückseligen Zustand. Die Energie war so sanft wie die Zärtlichkeit einer Mutter.

Dann schlugen wir fast gleichzeitig die Augen wieder auf. »Das war eine gute Meditation«, sagte der Lama und lächelte mir zu. »Wie fühlst du dich hier im Kloster?«

»Ich liebe es. Immer schon wollte ich in völliger Stille meditieren und Mutter Erde spüren. Ich denke daran, mehr und mehr zu meditieren und die Zeitspanne einer Meditationssitzung auf fünf oder sechs Stunden auszudehnen – Stunden, in denen ich nichts anderes tue. Nicht esse, kein Wasser trinke. Nur meditiere!«, teilte ich dem Lama mit einem Hochgefühl mit.

Er sah mich mit seinen leuchtenden Augen an. »Lieber Rinchen, denke immer daran, dass der Mittlere Weg der beste ist. Quäle deinen Körper nicht und zwinge dich nicht dazu, in der Meditation zu verharren. Du trägst hier keinen Wettkampf aus!«, fügte er entschieden hinzu.

»Auf der anderen Seite von Amdo lebt in einem Kloster ein Mönch, der seit einigen Jahren meinen Lehren folgt. Ich habe Geschichten über ihn gehört. Früher war er sehr reich, und es ging ihm gut. Er war wirklich ein Mann von Welt und führte ein ziemlich ausschweifendes Leben. Dann besuchte der Dalai Lama eines Tages New York, wo dieser Mann residierte. Der Mann traf sich privat mit dem Dalai Lama. Es war eine *Darshana* – eine spirituelle Begegnung. Danach fiel der Mann dem Dalai Lama zu Füßen und rief: ›Ich werde diese Welt verlassen, Eure Heiligkeit, und nach Tibet ziehen.‹ Und tatsächlich verschenkte er all seine Besitztümer an andere Menschen und kam hierher.

Natürlich war jeder in seinem Umfeld davon beeindruckt, aber er hatte sich von einem Extrem ins andere begeben! So arbeitet der Verstand nun mal, lieber Rinchen – er wandert von einem Extrem ins andere, das ist bei ihm die Regel. Es ist kein Wunder, das sich dabei vollzieht, sondern etwas völlig Normales. Zuvor war der Mann verrückt nach Geld gewesen, und jetzt fiel er ins andere Extrem und war verrückt nach Spiritualität. Wie ein Pendel schlug er von der einen Seite zur anderen aus.

Im Kloster änderte er seinen Lebensstil vollständig, aber sein Denken wandelte sich im Grunde nicht. Er erzählte mir, er habe jede Nacht sexuelle Träume – nun, das ist ja keineswegs ungewöhnlich. Früher hatte er nur für den Sex gelebt, und nun war er enthaltsam geworden und lebte in Abgeschiedenheit. An der Oberfläche hatte er etwas gegen Sex, aber im Grunde hatte sich seine Haltung dazu und das Denken darüber gar nicht verändert. Verstehst du, was ich damit sagen will? Jetzt ist er ein *Brahmachari*, ein spiritueller Schüler, der sexuelle Enthaltsamkeit gelobt hat, doch sein Geist ist nach wie vor auf Sex ausgerichtet.

Im Kloster trieb er die Askese auf die Spitze, nahm drei oder vier Tage lang keine Nahrung zu sich, trug kaum noch Kleidung. Als ich ihn das erste Mal getroffen hatte, war er ein so netter Mann gewesen, ein schöner Mensch. Ein Jahr später habe ich ihn nicht wiedererkannt. Inzwischen war er völlig abgemagert, blass, unansehnlich, bitter und niedergedrückt, und aus seinem Blick sprach Kummer.

Eines Tages kam er zu mir und fragte mich, was bei ihm nicht stimme. Ich stellte ihm eine Gegenfrage: womit er sich in New York denn am liebsten beschäftigt habe, um sich zu entspannen. Er erzählte mir daraufhin, er habe sehr gern klassische Musik gehört, besonders die Konzerte von Vivaldi und Mozart. ›Wie haben die Lautsprecher geklungen?‹, fragte ich. Er antwortete, er habe die besten Lautsprecher der Welt besessen, sie hätten die Töne bei der Wiedergabe perfekt ausbalanciert. ›Und wie hat der Ton bei vollem Aufdrehen der Lautsprecheranlage geklungen?‹, fragte ich. ›Ganz schrecklich‹, sagte er. ›Man konnte die Musik überhaupt nicht mehr genießen.‹

Also erklärte ich ihm, sein jetziges Leben sei genauso: auf ein Maximum aufgedreht – mit einem schrecklichen Ergebnis.

Innerlich war er sehr wütend darüber, dass es ihn unglücklich gemacht hatte, seine Askese hier in Tibet auf die Spitze zu treiben. In New York hatte er genau das andere Extrem verfolgt. ›Ihr habt recht, Eure Heiligkeit‹, meinte er schließlich. ›Ich werde niemals wieder wütend sein.‹ Darauf erwiderte ich: ›Auch *niemals* ist ein Extrem! Wie kannst du dir sicher sein, dass du nie wieder in Wut geraten wirst?‹

Und deshalb, mein lieber Rinchen, genieße deine Zeit hier. Strebe keine Extreme an … Allerdings solltest du ein einziges Mal eine Meditation durchführen, bei der dir weder Nahrung noch Licht zur Verfügung stehen … Mach dies, wann immer du dazu bereit bist.« Und er bedachte mich mit einem von Herzen kommenden Lächeln.

»Wer bin ich in Wirklichkeit, Eure Heiligkeit?«, fragte ich und sah ihm in die Augen.

»Du bist ein Widerschein von *Jampa* – der Liebe und der Güte des Buddha Maitreya. Und ein Widerschein von *Jinpa* – der Großmut und des Mitgefühls«, antwortete der Meister.

Wenige Wochen danach teilte mir Tenzin Dhargey mit, ich sei jetzt so weit, eine besondere Meditation durchzuführen: *die Dunkelraum-Meditation.* Er erklärte, diese Meditation sei sehr wichtig. Sie beinhalte, dass man eine Woche lang in einem völlig dunklen Raum verbringe, ohne Nahrung zu sich zu nehmen – und Wasser nur dann, wenn es unbedingt nötig sei. Er fügte hinzu, nur sehr wenige Mönche seien bislang so weit gewesen, diese besondere Art der Meditation durchzuführen. Der junge Lama habe Tenzin und Dorje ausdrücklich gebeten, mich aufzufordern, diese Meditation auf mich zu nehmen.[3]

---

3 Der große spirituelle Lehrer Mantak Chia hat eine umfassende Abhandlung zu dieser Meditationsweise geschrieben. Sie heißt *Dunkelraum* und ist bei AMRA als Buch und eBook erhältlich. – *Der Verlag*

»Unser Meister hat uns mitgeteilt, dass du bereit dafür bist, lieber Rinchen«, sagte Tenzin mit breitem Lächeln.

Ich hatte keine Angst vor dieser Meditation in einem dunklen Raum, war nur neugierig.

Einige Tage später führten mich Tenzin Dhargey und Karma Dorje hinter das Kloster, bis zur Mitte einer breiten, fast senkrechten Felswand. Ich vermutete, dass innen eine Art Unterkunft eingelassen war. Ich weiß nicht, wie irgendjemand dieses Einlassen in die Wand bewerkstelligt haben konnte.

Wir stiegen bis zum oberen Rand der Felswand auf. Schmale Stufen führten von dort aus wieder nach unten bis zu einem Einlas, denn der Meditationsraum befand sich innerhalb des Bergs. Vor diesem Raum lagen drei weitere. Der Meditationsraum selbst wirkte wie eine Höhle und enthielt lediglich ein schmales Bett, ein winziges Badezimmer und ein großes tibetisches Meditationskissen. Ich trat ein und begann mit der Meditation. Tatsächlich drang überhaupt kein Licht in diesen Raum.

Wie der junge Lama vorhergesagt hatte, machte es mir nichts aus, in einem stockfinsteren Raum zu meditieren. Das Essen fehlte mir überhaupt nicht, und nur selten trank ich einen Schluck Wasser. Interessant fand ich, dass ich am zweiten Tag irgendwann kein Licht mehr brauchte, um alles ringsum sehen zu können oder, genauer gesagt, vielleicht mit meinen Sinnen erspüren zu können.

Allerdings vermisste ich Tenzin Dhargey und Karma Dorje! Mir fehlten unsere Diskussionen und ihre Bemerkungen über das Leben, die Spiritualität und meinen spirituellen Weg.

Dort wurde mir klar, wie wesentlich *Prana* für uns ist – genau wie Denzin Dhargey erklärt hatte, als er über *Jungney*, die Atemmeditation für die Rückkehr zum Ursprung, und die Erleuchtungsmeditation *Tinley* gesprochen hatte.

Im Grunde können alle Menschen ohne Nahrung auskommen. *Prana* reicht tatsächlich aus. Ich erinnere mich an den

Fall eines Yogis, der in einer ein Meter tiefen Kiste zehn Meter unter der Erde begraben wurde, wo er verharren und in der Lotus-Stellung meditieren konnte. Es konnte keine Luft hereindringen. Er bat darum, ihn vierzig Jahre später wieder herauszuholen. Fast jeder, der seinem Begräbnis als Zeuge beigewohnt hatte, war in der Zwischenzeit gestorben. Im Jahre 1920 holte man ihn heraus, und er war immer noch am Leben. Er lebte sogar noch zehn weitere Jahre.

Wie erwartet konnten alle Mediziner Indiens nicht erklären, was passiert war. Wie war es möglich, ohne Nahrung, Wasser und Luft zu überleben?

Die Antwort des Yogis lautete schlicht: durch *Prana.*

Während dieser Zeit in Abgeschiedenheit wurde mir klar, dass *Prana* wirklich die Lebensessenz ist. Man braucht nichts anderes, um den Körper am Leben zu erhalten. Nur muss man das *Prana* bewusst in die Körperzellen befördern.

Ein weiteres interessantes Phänomen betraf meine früheren Leben. Tag für Tag konnte ich hin und wieder deutliche Bilder von mir in unterschiedlichen Situationen sehen, so als schaute ich mir einen Film an. In diesen Momenten konnte ich verschiedene Sprachen perfekt verstehen: Ägyptisch, Hebräisch, Tibetisch, Mongolisch, Chinesisch, die Sprachen der Inkas, Maya und Kogi. Ich sah mich bei unterschiedlichen Tätigkeiten, die offensichtlich in einer anderen Zeit stattfanden. Sah Orte, die ich in diesem Leben nie zuvor geschaut hatte, und längst verschwundene Zivilisationen.

Zugleich praktizierte ich jeden Tag mindestens eine Stunde lang Tai Chi. Ich konnte den Raum vollständig erspüren, und es war eine wunderbare Erfahrung, Tai Chi im Dunkeln durchzuführen. Tai Chi fördert die innere Atmung und ist ein ausgezeichnetes Mittel, einen zum eigenen ursprünglichen Zentrum zurückzuführen: zum Nabelzentrum.

3

Das Dritte Auge

Die Mönche halfen mir beim Verlassen des dunklen Raums. Es geschah am Abend, damit sich meine Augen nach und nach an das Licht draußen gewöhnen konnten. Ich fühlte mich nicht besonders geschwächt, musste aber langsam mit dem Essen beginnen und Tee trinken. Mir hatte die Meditation im dunklen Raum wirklich gefallen.

Es war eine interessante Erfahrung, wieder ins Licht zu treten. Nur langsam gewöhnten sich meine Augen wieder an das unvertraute Sonnenlicht, und eine Zeit lang konnte ich die Farben ringsum tatsächlich in ihrem Fluss erkennen. Mich umgaben anmutige Ströme von Farben und Bildern.

Nach zwei Tagen der Wiederanpassung suchten mich Tenzin Dhargey und Karma Dorje wie üblich am Morgen auf, um mit mir Tee zu trinken und sich mit mir zu unterhalten.

»Sag, lieber Rinchen: Dir hat die Meditation im dunklen Raum wirklich zugesagt, stimmt's?«, fragte Karma mit einem breiten Lächeln.

»Ja, so war es!« Ich erwiderte sein Lächeln.

»Was war während dieser Tage und Nächte das Denkwürdigste?«, erkundigte sich Tenzin.

»Nun ja, am dritten oder vierten Tag empfand ich in meiner Stirnmitte einen starken Schub von Energie. Seltsamerweise konnte ich danach spüren, was ringsum vor sich ging – nicht nur in dem dunklen Raum, sondern auch draußen, im Kloster. Das geschah vor allem zwischen dem Ausatmen und dem Einatmen. Manchmal gelang es mir, zwischen dem Aus- und Einatmen einen Abstand von zehn Sekunden einzuhalten. Ich hatte gar nicht den Drang, wieder einzuatmen.«

Die Mönche wechselten einen kurzen Blick miteinander.

Danach erklärte Tenzin: »Tatsächlich zielt diese Meditation vor allem darauf ab, den Kanal des Dritten Auges von jeder unsteten und chaotischen Energie zu reinigen. Offensichtlich kann *Prana* den Menschen minuten- oder sogar stundenlang zwischen dem Aus- und Einatmen am Leben erhalten. Was du erlebt hast, ist darin begründet, dass sich alle sieben Öffnungen deines Kopfes geschlossen haben: die Augen, die Ohren, die Nasenlöcher und der Mund. Wenn diese sieben Öffnungen geschlossen sind, kommen deine Energie und dein Bewusstsein plötzlich zum Stillstand und können nicht mehr nach außen dringen.

Wir versetzen unseren Geist in den passenden Zustand, indem wir die sieben Öffnungen in unserem Kopf in einen entsprechenden Zustand bringen. Sind alle sieben Öffnungen im Kopf verschlossen, können sich unsere Energie und unser Bewusstsein nicht nach außen bewegen. Sie bleiben innen und versuchen durch die Stirnmitte nach draußen zu gelangen – durch das Dritte Auge. Sobald es dir gelingt, alle Öffnungen in deinem Kopf zu verschließen, selbst wenn das nur wenige Sekunden anhält, werden deine Energie und dein Bewusstsein versuchen, durch das Dritte Auge nach außen zu gelangen. Je öfter du diese Meditation durchführst, desto besser stehen die Chancen, dass du dein Drittes Auge reinigst.

Und wenn du es erst einmal geschafft hast, diesen Raum zu reinigen, wirst du verstehen, dass er alles umfasst. Deshalb konntest du auch Dinge außerhalb deines Körpers erspüren: das Zimmer ringsum und sogar das Kloster, die Berge und mehr. Mit deinem physischen Auge kannst du nur die materiellen Dinge sehen. Doch mit deinem Dritten Auge kannst du die immateriellen Dinge sehen: die Lebenskraft, das Bewusstsein.

Wesentlich war, dass du dort dein Zentrum gefunden hattest. Dadurch empfandest du alles sehr intensiv und fühltest dich sehr lebendig.

Jeder kann diese Übung durchführen. Natürlich hattest du dafür die perfekten Bedingungen: Deine Augen, Ohren und der Mund waren nicht tätig. Du hast nur geatmet. Und als du ausgeatmet hast und zehn oder zwanzig Sekunden nicht eingeatmet und dich nur von *Prana* genährt hast, ist es dir gelungen, alle sieben Öffnungen deines Körpers zu verschließen.

Wie gesagt kann jeder diese Übung durchführen. Man braucht dazu nur eine Augenbinde, die kein Licht hindurch lässt, und zusätzlich muss man die Augen dabei schließen. Die Ohren kann man mit Stöpseln verschließen, und man muss sich der Zeit zwischen dem Aus- und Einatmen bewusst sein.

Wir nennen diese Übung **›Thokmay‹ – Meditation ohne Hindernis**. Wenn dich also nichts behindert, das heißt alle sieben Öffnungen deines Kopfes verschlossen sind, kannst du mühelos dein Drittes Auge reinigen.

Der erste Schritt besteht darin, deine Augen zu verbinden, oder du hältst dich in einem völlig dunklen Raum auf, während du Augen und Mund verschließt und die Ohren mit Stöpseln abdichtest. Denke auch daran, dass deine Zunge mit dem oberen Gaumen verbunden sein muss, und richte deinen Blick, leicht schielend, auf deine Stirnmitte.

Im zweiten Schritt machst du dir die Zeit zwischen dem Aus- und Einatmen bewusst. Atme vorsichtig und tief bis zum

Nabelzentrum ein und atme sehr langsam wieder aus, bis dein Körper und deine Lungen leer sind. Dann verharrst du einige Sekunden lang so und machst dir die Zeitspanne zwischen dem Ausatmen und dem nächsten Einatmen bewusst. Während dieser Zeitspanne hörst du auf zu atmen und deine Nasenlöcher bleiben verschlossen. Sie nehmen nichts von außen auf.

In dieser Stille werden sich deine Energie und dein Bewusstsein durch die Stelle in der Stirnmitte allmählich nach außen bewegen. Wenn man diese Meditation eine Woche lang täglich durchführt, spürt man gewöhnlich, wie die ›energetische Sensibilität‹ zunimmt. Du bist dann in der Lage, eine Vielfalt von Dingen um dich herum zu fühlen und wahrzunehmen, deren du dir unter normalen Umständen nicht bewusst bist.

Am besten praktizierst du *›Thokmay‹, die Meditation ohne Hindernis*, an einem ruhigen Ort, wo du durch nichts abgelenkt wirst und dich nichts davon abhält, dich vollständig auf deine Atmung zu konzentrieren.

Interessant ist dabei Folgendes: Wenn du dich wirklich auf dein Drittes Auge konzentrierst, wirst du automatisch in dein ursprüngliches Zentrum geleitet: in das Nabelzentrum. Du hast in deinem Körper zwar verschiedene Zentren, aber du kannst sie nur dann vollkommen nutzen, wenn du wirklich dort zentriert bist. Hindus beschäftigen sich mit sieben wichtigen dynamischen Zentren des Körpers, den Chakren. Buddhisten befassen sich mit neun Chakren und wir Tibeter mit dreizehn Chakren. Jedes dieser Zentren hilft einem dabei, zum ursprünglichen Zentrum zurückzukehren. Welches daran beteiligt ist, spielt keine Rolle. Wichtig ist nur, das eigene Zentrum zu finden.

Während ich mich in England und in den Vereinigten Staaten aufhielt, wurde mir klar, dass dort fast jeder seinen Mittelpunkt im Chakra des Geschlechts hat oder sieht. Doch dabei merkte ich auch, dass dieses Chakra dasjenige Zentrum ist, das auf die natürlichste Weise anzieht. Allerdings hat die soziale

Konditionierung diese Möglichkeit, sich in ein dynamisches Zentrum zu bewegen, leider zerstört. All diese Moralpredigten, die Lehren, die die Sexualität unterdrücken, sowie die gesellschaftliche Konditionierung haben die Menschen vom Zentrum der Sexualität weggeführt. Die Mehrheit der Menschen ist nicht fähig, dieses Zentrum angemessen zu nutzen.

In Tibet nutzen wir vor allem das Herz-Zentrum. Ich habe jedoch oft erlebt, dass wir gelegentlich auch eine ›geistig-seelische Liebe‹ nutzen, die sich offensichtlich zwischen den zwei völlig entgegengesetzten Polen von Hass und Liebe bewegt. Wenn wir diese Art von ›geistig-seelischer Liebe‹ nutzen, entsteht zwangsläufig eine Dualität. Und das führt dazu, dass ständig ein unterdrückter Zorn mit im Spiel ist, der es uns nicht erlaubt, bedingungslos zu lieben.

Wir erziehen uns selbst dazu, keinen Zorn zu empfinden, aber das reicht nicht aus. Keinen Zorn zu empfinden muss ganz natürlich für uns werden, muss aus unserem Inneren kommen. Sonst geben wir nur vor zu lieben, tun so, als wäre das gar nicht natürlich. Tief in unserem Inneren geht ein Kampf vor sich. Viele Mönche kommen zu mir und fragen mich, warum sie in ihrem Inneren manchmal solchen Hass empfinden, so aufsässiger Stimmung sind. Das liegt daran, dass es ihnen nicht gelingt, die eigenen Gedanken hinter sich zu lassen und diese Stufe des nicht-bewussten Geistigen zu erreichen, auf der sie keine entgegengesetzten Pole in sich haben. Die stille Liebe resultiert aber aus einer Liebe, die den Geist hinter sich lässt. Diese Liebe empfinden insbesondere solche Menschen, deren Mittelpunkt das Herz ist.

Es ist eine Art von Liebe, die weder Erregung noch Schwärmerei beinhaltet. Es ist eine völlig ruhige Liebe, ein völlig stilles Erleben in unserem Inneren.

Hier praktizieren wir eine besondere Meditation, die alle fünf Zentren miteinander verbindet: die Basis (das Perineum), den Nabel, das Herz, das Dritte Auge und den Scheitelpunkt oben am Kopf. Es ist eine sehr wirkungsvolle Meditation, denn sie verbindet die wesentlichen Chakren des menschlichen Körpers miteinander. Die grundlegende Kraft des Chakras, das in der Verbindung mit Mutter Erde liegt, verbindet sich mit dem Chakra des Nabels, welches das wichtigste Zentrum des menschlichen Körpers und das ursprüngliche Zentrum ist. Danach verbindet sich das Chakra des Nabels mit dem des Herzens, das reine, bedingungslose Liebe ist.

Wir bezeichnen diese Meditation als **›Ngodup‹ – Meditation zur Verwirklichung**. Das tun wir deshalb, weil man dann, wenn man diese Meditation eine Zeit lang durchgeführt hat, die Fähigkeit erlangt, die fünf Hauptzentren miteinander zu verbinden und das Stadium des Nicht-Denkens zu erreichen. In diesem Stadium fällt man sozusagen ganz von selbst ins Herz-Zentrum. Ist das nicht wundervoll?

Denke aber daran, mit der Zunge die ganze Zeit über sanft den oberen Gaumen zu berühren und, leicht schielend, nach oben, zur Stirnmitte, zu blicken. Dann wirst du dir im ersten Schritt deiner fünf Hauptzentren (Chakren) bewusst: die des Perineums, des Nabels, des Herzens, des Dritten Auges und des Scheitelpunkts oben am Kopf.

Der zweite Schritt besteht darin, durch die Nasenlöcher einzuatmen, und zwar bis zum Perineum. Gehe danach beim Einatmen vom Perineum bis zum Scheitelpunkt am Kopf, so dass du alle fünf Zentren durchläufst. Zähle dabei mit. Wenn du dich im Chakra des Perineums befindest, zähle laut ›eins‹, im Nabelzentrum ›zwei‹ und so weiter. Wenn du schließlich am Scheitelpunkt angekommen bist, sagst du laut ›fünf‹.

Du kannst dazu auch gerne Farben verwenden. Im Chakra des Perineums sagst du laut ›rot‹, im Nabelchakra ›orange‹, im Herzchakra ›grün‹. Im Chakra des Dritten Auges sagst du ›blau‹ und im Scheitelchakra ›weiß‹.

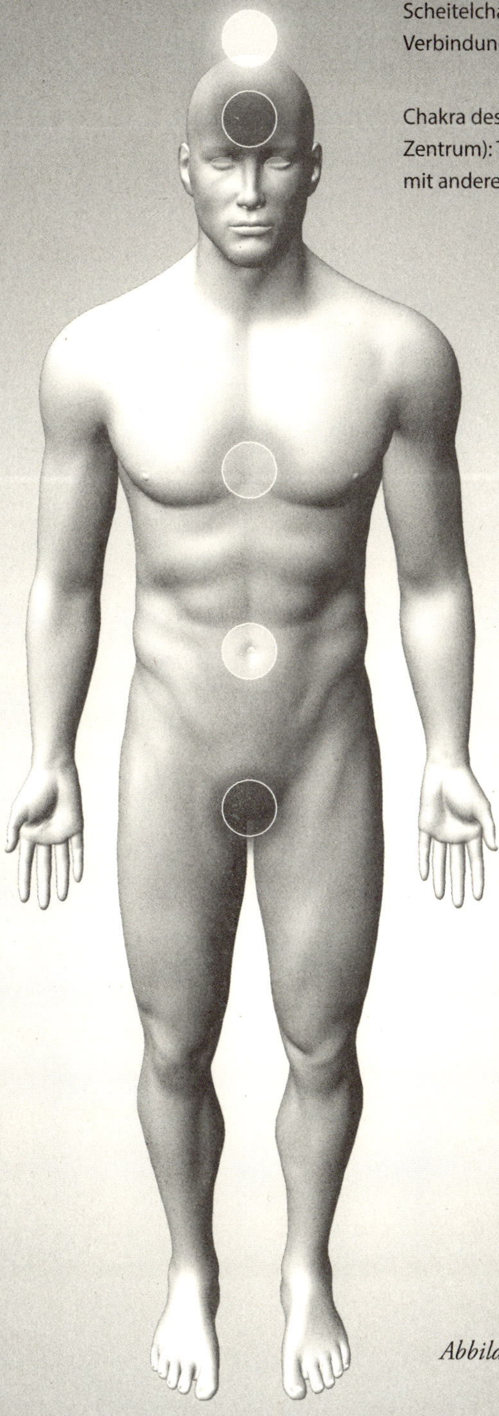

Abbildung 2: Fünf Chakren

Dann gehst du zum nächsten Schritt über. Du atmest vom Scheitelpunkt am Kopf bis zum Perineum aus, passierst dabei alle oben genannten Stationen und zählst laut rückwärts von fünf bis eins oder nennst die Farben Weiß, Blau, Grün, Orange und Rot. Zwischen dem Ausatmen und dem nächsten Einatmen verharrst du dann einige Sekunden lang im Perineum, sobald du die Atmung eingestellt hast und nichts mehr durch die Nase aufnimmst.

Wiederhole diese Übung fünf Mal. Du kannst sie, so oft du möchtest, wiederholen, aber stets in Fünfer-Folgen«, schloss Tenzin Dhargey seine Ausführungen.

»Ich nehme an, dass man den Rücken dabei unbedingt immer gerade halten muss«, warf ich ein.

»Ja, die Körperhaltung ist bei dieser Meditation wirklich sehr wichtig«, entgegnete Tenzin.

»Und nicht nur bei dieser Meditation. Das ist allgemein so. Insbesondere solltest du dich nicht von einer Gesäßhälfte zur anderen bewegen, sondern stillsitzen, ohne dich zu rühren oder ein Geräusch zu machen. Deine Wirbelsäule muss gerade und das Gewicht gleichmäßig auf beide Gesäßhälften verteilt sind. Du solltest dich in körperlichem Gleichgewicht befinden und bequem dasitzen.

Als ich vor einigen Jahren in den Vereinigten Staaten war, fiel mir auf, dass es dort nur wenige Menschen schaffen, in der Buddha-Position, der Lotus-Stellung, zu verharren. Als ich damals eine Meditation leitete, empfahl ich deshalb Folgendes: ›Neben der Lotus-Stellung kann man bei der Meditation auch die sogenannte *Königshaltung* einnehmen, eine ebenfalls sehr wirkungsvolle Position. Man sitzt dabei aufrecht und mit durchgedrücktem Rücken auf einem Stuhl mit gerader Rückenlehne und lässt die Hände bequem im Schoß ruhen. Dadurch konzentriert man die Sinne auf das Innere und wendet sich von äußeren Reizen ab.‹

Die *Königshaltung* drückt Wachsamkeit, Wachheit, Stärke und Unabhängigkeit aus«, erklärte Tenzin abschließend und lächelte mir zu.

Nach einigen Übungsstunden teilte ich meinen beiden Lehrern mit: »Ich kann euch bestätigen, wie nützlich die beiden Meditationen – die *Ngodup*-Meditation und die *Thokmay*-Meditation – sind. Beide Meditationen, vor allem aber die *Ngodup*-Meditation, die mich an Kriya Yoga erinnert, sind ausgezeichnete Methoden, die eigenen Chakren zu reinigen. Und sie bringen einen immer näher zum eigenen inneren Raum.

Gibt es auch eine Meditation, die einem unmittelbar dabei hilft, das Dritte Auge zu aktivieren?«, fragte ich.

»Ja, die gibt es«, antwortete Tenzin. »Aber bevor wir dir davon erzählen, musst du etwas wirklich Wichtiges verstehen, was das Dritte Auge betrifft. Das Dritte Auge ist das Hauptzentrum innerhalb des menschlichen Kopfes und das Wissenszentrum. Man muss es mit dem Nabelzentrum verbinden, wo der Mittelpunkt unseres Seins liegt, und auch mit dem Herz-Zentrum, wo unsere Gefühle angesiedelt sind. Es ist dir praktisch unmöglich, dein Drittes Auge zu öffnen, wenn dein Bewusstsein nicht die ›Route‹ Wissen – Sein – Fühlen durchläuft. Der einzige Weg dazu ist die Atmung. *Prana* ist ein ausgezeichnetes Beförderungsmittel, um das Bewusstsein von einem Zentrum zum anderen zu führen. Wir glauben sogar, dass unser Bewusstsein sozusagen *intelligentes Prana* repräsentiert – eine kosmische Verbindung zwischen dem unendlichen Meer von Energie ringsum und der Energie in unserem Inneren. Und jetzt möchte ich dir die **Meditation des Dritten Auges** erklären. Erneut musst du dazu deine Zungenspitze an den oberen Gaumen legen, die Augen schließen und den Blick, leicht schielend, auf deine Stirnmitte richten.

Für den ersten Schritt musst du wissen, dass dein Bewusstsein normalerweise im Kopf-Zentrum angesiedelt ist. Und von dort aus kannst du nach unten, das heißt in deinen Körper, so hineinschauen, als stündest du ganz oben in einem Kloster, das auf dem Gipfel eines Berges errichtet wurde. Von da aus – von dem kleinen Raum aus, der hier liegt – bewege dich die Wendeltreppe hinunter. Da oben, in dem kleinen Raum, befindet sich also dein Kopf. Und du – dein Bewusstsein – bewegst dich auf der Wendeltreppe nach unten und hältst genau vor dem Herzen an. Ich meine damit dein physisches Herz.

Hier wirst du eine Tür entdecken. Öffne die Tür und betrete dein Herz, wo du ein reales Universum sehen wirst. Das Universum des Herzens! Die Welt des Herzens! Vielleicht wirst du Sterne sehen oder auch Pyramiden, Räume, Wälder und Wasserfälle – alles Mögliche.

Der zweite Schritt besteht darin, dass du beginnst, bis zu deinem Nabel zu atmen und das *Prana* dorthin zu bringen. Führe das ein paar Minuten lang durch. Denke daran, die Zunge während der Meditation am oberen Gaumen zu lassen und, leicht schielend, auf deine Stirnmitte zu blicken.

Dann leitest du im dritten Schritt dein *Prana* durch die Atmung vom Nabelzentrum bis zum Zentrum deines Dritten Auges hinunter – bis zu deiner Stirnmitte, auf die du blickst. Dieser Schritt kann mehrere Minuten beanspruchen, manchmal sogar eine ganze Stunde. Während dieses letzten Schritts wirst du spüren, dass sich das *Prana* während deiner Atmung einen Durchgang öffnet und an dieser Stelle etwas zu vibrieren beginnt. Je häufiger du diese Meditation durchführst, desto größer die Chance, dass du den Durchgang deines Dritten Auges reinigst und anfängst, von dort aus zu sehen«, beendete Tenzin Dhargey seine Erklärungen.

»Also erzähle uns von diesem schönen Tai Chi, das du jeden Tag praktizierst«, forderte mich Karma Dorje auf. »In welcher Weise nützt es dir?«

»Tai Chi ist Meditation durch Bewegung«, antwortete ich. »Man führt dabei bestimmte Bewegungen aus, die die Meridiane reinigen, und dadurch strömt mehr *Prana* in einen hinein. Jede Bewegung bezieht sich auf einen Meridian, der einem Organ entspricht, das heißt dem Herzen, der Leber, der Milz und so weiter. Könnt ihr mir sagen, was ihr seht, wenn ich Tai Chi praktiziere?«, fragte ich neugierig.

Beide Meister begannen zu lachen.

»Ist dir die Meinung anderer Menschen so wichtig?«, wollte Karma von mir wissen.

»Natürlich bedeutet mir eure Meinung etwas, besonders, wenn sie spirituelle Praktiken betrifft!«

»In diesem Fall werden wir dir sagen, was wir sehen. Sicher wird es dir dabei helfen, dein Praktizieren von Tai Chi besser zu verstehen. Wir können dir sagen, dass Tai Chi versucht, einen Abstand zu schaffen. Du bist zu unbiegsam geworden, ausschließlich auf deinen Körper fixiert. Du denkst ›Ich bin der Körper‹, was völlig falsch ist. Tai Chi hilft dir dabei, einen Abstand zu schaffen und zu spüren, dass du nicht der Körper bist, sondern etwas, das darüber hinausreicht. Es ist ein sonderbares Phänomen: Tai Chi hilft dir dabei, mit dem Denken aufzuhören und dich auf dein Inneres zu konzentrieren. Versuche, Folgendes zu verstehen: Wenn du gehst, widerstehst du im Grunde der Bewegung. Du wendest deinen Körper dabei leicht nach rechts und links, um dich im Gleichgewicht zu halten, denn sonst würdest du umfallen. Also befindest du dich dabei im Grunde fortwährend im Widerstand. Deshalb ermüdest du, wenn du einige Minuten gegangen bist. Doch beim Tai Chi lässt du dich auf die Bewegungen ein, bewegst dich mit ihnen, deshalb ermüdest du dabei nicht, stimmt's?«, fragte Karma Dorje.

»Ja, genau. Nach dem Tai Chi bin ich auch kein bisschen müde, sondern fühle mich gelassen, erfrischt und im inneren Gleichgewicht«, bestätigte ich.

»Wenn du Tai Chi praktizierst, sehen wir sowohl dein *Inneres* als auch dein Äußeres. Deshalb können wir dir von einem interessanten Phänomen erzählen, das sich dabei in deinem Inneren vollzieht: Selbst wenn du deine Tai Chi-Übungen beendet hast und dein Körper reglos dasteht, spürst du innerlich noch das Tai Chi, und das hält an. Uns ist auch aufgefallen, dass die Energie des Dritten Auges durch Tai Chi aktiviert wird«, erklärte Tenzin.

»Ja, genauso ist es. Wenn ich die Tai Chi-Übungen beendet habe, setzen sie sich noch einige Minuten in meinem Inneren fort. Einfach atemberaubend.«

»Wir können dir auch berichten, dass Tai Chi ein Mittel dazu darstellt, dein Bewusstsein davon abzuhalten, sich in allzu viele Richtungen zu wenden. Es ist eine Methode der Konzentration«, fügte Karma hinzu und fuhr fort: »Es ist schwierig, das Bewusstsein auf eine einzige Sache zu konzentrieren, da wir ja ständig denken. Wenn du Tai Chi praktizierst, ›hypnotisieren‹ die Bewegungen deinen Verstand sozusagen. Deine Gedanken verschwinden. Der Verstand ist wie ein schöner blauer Himmel, und die Gedanken sind wie weiße Wolken, die kommen und gehen. Deine Gedanken kommen von außen. Plötzlich ziehen Wolken an dem schönen blauen Himmel auf. Wenn du denkst, befindest du dich nicht in deinem Inneren, sondern außerhalb. Aber wenn du Tai Chi praktizierst, bewahrst du ein sehr schlichtes Bewusstsein, das einem klaren Himmel ohne Wolken ähnelt.

Tai Chi hat aber noch eine andere interessante Eigenschaft: Es hilft dir dabei, etwas zu *tun*. Das Tun ist sehr wichtig. Ein Ergebnis setzt das Tun voraus. Tai Chi hilft dir dabei, dich mit der Methode zu befassen und nicht mit deren Ergebnis. Falls es dir nur um das Ergebnis geht, passiert überhaupt nichts.

Heutzutage klagen viele Menschen darüber, dass Meditation ihnen nicht die erwarteten Ergebnisse bringt. Aber sie vergessen dabei das Wichtigste: Man darf nicht an das Ergebnis denken. Nur dann geschieht überhaupt etwas. Tai Chi trägt dazu bei, in einer Handlung völlig aufzugehen und das Ergebnis zu vergessen. Man praktiziert und praktiziert immer weiter. Je mehr man sich darin übt, desto schneller wird sich ein Ergebnis zeigen. Die Menschen müssen begreifen, dass das Ergebnis nicht sofort kommt. Es kommt dann, wenn man völlig in die Praxis eintaucht.

Für die Erleuchtung gibt es keine unmittelbare Methode, mein lieber Rinchen«, schloss Karma Dorje.

»Meinst du denn, dass wir Tai Chi oder irgendeine andere Art von Meditation überhaupt für die Erleuchtung nutzen können?«, fragte ich.

»Durchaus. Meditation, Tai Chi oder auch Qigong sind Mittel der eigenen Zentrierung. Sie sind die Methoden. Das Ergebnis ist der Zustand der Erleuchtung. Aber denke an Folgendes: Sobald du zentriert bist, befindest du dich überall. Das heißt, du gehst in das kosmische Bewusstsein ein, das überall ist. Wir sprechen nur sehr selten über das Ergebnis – die Erleuchtung –, denn wenn wir eine Methode anwenden, führt das immer irgendwann zu einem Ergebnis. Wenn du die Methode kennst, wenn du das ›Wie‹ kennst, wird dich das auch zu einem Ergebnis, zum ›Was‹, bringen.

Was bei dir funktioniert, ist dabei ganz deine persönliche Angelegenheit. Es könnte eine der Meditationen sein, die wir hier durchführen, Tai Chi oder auch etwas anderes. Die Erfahrung ist stets persönlich, lieber Rinchen. Falls du das Gefühl hast, nicht zentriert zu sein, solltest du die Methode wechseln, da du sie offenbar nicht angemessen anwendest. Die Zentrierung ist nicht das Ein und Alles, sie ist nur der Weg. Und noch wichtiger als alle diese Methoden ist die persönliche Erfahrung.

Die Großmeister sagen, nur wegen dieser Erfahrung befänden wir uns hier, wir sollten sie also genießen. Sobald die Erfahrung dir bei der Zentrierung deines Selbst hilft, wird sich in diesem Zentrum deine ganze Energie konzentrieren. Aber dieses Zentrum ist zu klein, um dort alle Energie zu konzentrieren. Diese Energie ist zu stark für dieses Zentrum, also wird es explodieren. Deshalb sage ich, dass du dich, sobald du zentriert bist, überall befinden wirst – ohne Zentrum. Man könnte auch sagen, dass du überall zentriert bist. In diesem Moment verteilt sich deine Energie überall. Man könnte es auch so ausdrücken, dass du in gewisser Weise ›stirbst‹.

Es sind große Meister hierhergekommen, und alle haben dasselbe gesagt: Du stirbst und wirst im selben Leben wiedergeboren. Das geschieht, wenn deine Lebenskraft explodiert und du dich überallhin verteilst. Du befindest dich dann zwar noch in einem menschlichen Körper, aber du hast den Tod besiegt. Zeit und Energie existieren nicht mehr. Plötzlich bist du völlig leer und die kosmische Energie tritt in dich ein. Wenn reine Energie in dein Inneres dringt, ist das eine wesentliche Verwandlung.

Eine Legende besagt, dass Buddha, als er starb, alle seine engsten Schüler um sich hatte. Sie weinten. Das überraschte Buddha sehr, und er fragte sie, warum sie weinten. Sie sahen ihn an und sagten: ›Lieber Meister, du liegst im Sterben. Wie kannst du uns so etwas fragen?‹ Buddha lachte und erwiderte: ›Ihr hättet vor vierzig Jahren weinen sollen. Damals bin ich gestorben, nicht jetzt. Jetzt solltet ihr lachen und glücklich sein!‹

Das ist schön, nicht wahr, lieber Rinchen?« Karma Dorje lächelte bei dieser Frage.

4

Die Methode und der Meister

Vor einigen Wochen haben wir über den Unterschied zwischen Methode und Ergebnis gesprochen. Genauer gesagt über die Methoden der Meditation und des Tai Chi und das Ergebnis: die Erleuchtung. Ist es möglich, spontan zu einem Ergebnis zu kommen, das heißt eine plötzliche Erleuchtung zu erleben?«, fragte ich Karma Dorje.

»Ja, das kann vorkommen, Rinchen«, antwortete Tenzin.

Ich hatte mich an den Stil dieser beiden Meister gewöhnt. Es kam mir so vor, als redete ich nur mit einer einzigen Person, nicht mit zwei Menschen. Ich hatte das Gefühl, dass sie ihre Antworten aus derselben Quelle schöpften und gleichzeitig ein Teil dieser Quelle waren.

Oft stellte ich Tenzin Dhargey und Karma Dorje oder auch dem Meister Lama – Tenzin Tashi – eine Frage und spürte, dass, unabhängig davon, wer mir antwortete, die Antwort gleich lauten würde. Es war so, als wären sie alle mit einer unsichtbaren Bibliothek verbunden und hätten dort Zugang zu jeder gewünschten Information.

Aber ich konnte mich auch in die anderen Mönche hineinfühlen und erkannte intuitiv, wer die Antwort wissen würde. Ich begriff, dass Tenzin Dhargey und Karma Dorje eine besondere Stellung in der Gemeinschaft der Mönche einnahmen. In gewissem Sinne waren zwar alle Mönche gleichberechtigt, doch wenn Tenzin Dhargey und Karma Dorje sprachen, hörte das ganze Kloster zu. Ich brauchte eine Weile, um zu verstehen, wie glücklich ich mich schätzen durfte, die beiden fast jeden Tag für ein, zwei Stunden bei mir zu haben.

»Es ist also möglich«, fuhr Tenzin fort. »Allerdings ist es sehr schwierig. Ich weiß, warum du diese Frage gestellt hast. Du bist vom Verstand her nur am Ergebnis interessiert, am Ausgang. Und wenn du das Mittel dazu überspringen und unmittelbar zum Ergebnis gelangen kannst, wirst du deinen Verstand sehr glücklich machen. Dein Verstand hängt am Ergebnis, lieber Rinchen. Wohlgemerkt habe ich gesagt: dein Verstand. Nicht du!

Es ist tatsächlich möglich, mühelos Erleuchtung zu erlangen. Aber um diese Erleuchtung ›mühelos‹ zu erlangen, musst du hart an dir arbeiten. Du musst dazu innerlich gereinigt, so unschuldig wie ein Kind sein. Sieh dir ein Kind an, dann wirst du wissen, was Spontaneität bedeutet. Alles, was ein Kind tut, tut es ohne Vorsatz. Es geschieht auf völlig natürliche Weise, wie von selbst. Deshalb hat Jesus gesagt, wir müssten wieder wie die Kinder werden, um ins Königreich des Vaters zu gelangen. Jesus bezog sich dabei auf die Spontaneität, die Reinheit und Unschuld. Jesus bezog sich auf einen Zustand des Nichtdenkens.

Als ich die Vereinigten Staaten und Europa besuchte, fragten mich viele Menschen nach dem Weg des Zen. Sie hatten von der spontanen Erleuchtung durch Zen gehört. Und selbstverständlich wollten sie den Zustand der Erleuchtung ohne jede Anstrengung erlangen. Ohne Arbeit, ohne Meditation, ohne Tai Chi, ohne jede Mühe. Dort fiel mir eine verstandesmäßige Neigung auf, alles zu berechnen und möglichst alles in eine logische Reihenfolge zu bringen. Aber wegen der Situation, in der sich die Menschen derzeit befinden, ist das völlig unmöglich.

Alle Glaubensmuster, alle vorgefassten Überzeugungen und die ganze Unnatürlichkeit verhindern es, lieber Rinchen. Es sind bestimmte Methoden nötig, um sich davon zu befreien. Erleuchtung setzt Meditation und Erfahrung voraus.

Du musst begreifen, dass alle Methoden, die du dir hier aneignest, jetzt noch praktischerer Natur sind, seit sich die Energie der Erde gewandelt hat. Sie waren zuvor schon sehr wirkungsvoll, aber nach 2012 haben sie sich als besonders effektiv erwiesen, da sich die Energie von Mutter Erde zu diesem historischen Zeitpunkt völlig veränderte.«

»Willst du damit sagen, dass die Methoden seit 2012 eine viel höhere Wirksamkeit erreichen?«

»Ja, genau«, bestätigte Tenzin. »Diese Methoden sind uralt und in höchstem Maße hilfreich. Aber wegen der besonderen astrologischen Ereignisse, die Ende 2012 stattfanden, konnte man sie ab dem Jahre 2014 viel leichter verstehen. Die männliche Energie ist viel weiblicher geworden. Dadurch wurden die Menschen offener, und seitdem unterstützen unsere Meditationen sie auf ihrem Weg zur Erleuchtung erheblich mehr. Du hast diese Übungen bereits umfassend praktiziert und gemeistert. Die Einführung hattest du von uns erhalten, so dass es dir nicht weiter schwergefallen ist«, schloss er.

»Ist es wichtig, so eine Einführung zu erhalten? Was ist mit den Menschen, die keinen Meister haben?«, fragte ich.

»Das ist eine gute Frage, Rinchen«, antwortete Karma Dorje. »Es ist wichtig, überhaupt etwas zu tun. Wenn du eine Meditation nachliest – eine Methode, die dich auf deinem spirituellen Weg unterstützt – oder wenn dir jemand die Methode erklärt, kannst du sie selbständig anwenden. Aber niemand weiß, in welcher Weise du Gewinn aus dieser Methode ziehen kannst, wie sie sich auf dich auswirken wird, welche Art von Energie sie dir vermittelt.

Natürlich ist so etwas besser als nichts. Aber es verhält sich anders, wenn du mit einem Meister arbeitest. Der Meister wählt eine besonders gut für dich geeignete Meditation aus. Dem Meister geht es nicht um eine bestimmte Meditation, sondern um dich. Der Meister sieht dich in deiner Gesamtheit. Er berücksichtigt den emotionalen Aspekt, den geistigen Aspekt, die Ebene deines Bewusstseins, dein reales Leben, deine früheren Leben – und noch mehr. Danach sucht der Meister eine besondere Meditation für dich aus, eine Meditation, die dich verändern wird, eine Meditation, die zu dir passt. In diesem Fall soll der Schüler mit keinem anderen Menschen über die Methode sprechen, denn es handelt sich um eine auf deine Person zugeschnittene Meditation.

Denke daran, lieber Rinchen, dass jeder Mensch einzigartig ist und bei jedem eine andere Methode angewendet werden muss. Die Methoden, die wir hier anwenden, sind ausgezeichnete Werkzeuge für die Erleuchtung. Wir nutzen diese Methoden für unsere tibetischen Mönche, und diese haben so unterschiedliche Persönlichkeiten, wie man sie auf dieser Welt überhaupt finden kann. Manche von ihnen hielten sich in ihren früheren Leben in anderen Ländern auf, gingen anderen Tätigkeiten nach, unternahmen andere Dinge, deshalb wissen wir, dass die Meditationen großen praktischen Nutzen haben.

Diese Meditationen sind so angelegt, dass sie zu jeder Persönlichkeit passen, zu jedem Menschen auf dieser Welt. Natürlich muss man sie eine Weile praktizieren, um zu prüfen, ob sie für einen geeignet sind. Und man muss den richtigen Moment finden, in dem die Energie und der Körper dazu bereit sind, mit irgendeiner dieser von uns angebotenen Meditationen oder einer Kombination mehrerer Meditationen zu arbeiten.

Wenn du in deine Heimat zurückkehrst, wirst du dich irgendwann an alle diese Meditationen erinnern und sie den Menschen in deiner Umgebung vermitteln, so dass auch sie lernen, diese Meditationen zu praktizieren.

Zugleich wirst du Menschen dabei anleiten und sie lehren, ihre Herzen zu öffnen und ihr Denken und ihr Ego dabei auszuschalten. Wenn das geschieht, werden sie unmittelbare Verbindung mit dir aufnehmen. Mag sein, dass es Monate braucht, bis sie dazu bereit sind. Du solltest ihnen auch erklären, wie sie sich richtig ernähren, wie sie guten Schlaf erlangen können und was die richtige Lebensweise ist. Zwischen ihnen und dir wird eine lebendige, tiefe Beziehung entstehen.«

»Was können Menschen da draußen dadurch erreichen, dass sie diese Meditationen durchführen?«, fragte ich.

»Sie werden zum Ursprung zurückkehren, ihre Energie wird sich wieder mit dem Universum vereinigen. Sie werden gestaltlos werden. Wenn dir das geschieht, erlangst du sozusagen Unsterblichkeit. Nicht in dem Sinne, dass du ewig in deinem Körper bleiben wirst, sondern in dem Sinne, dass dir eines bewusst werden wird: Du bist nicht nur dieser Körper, sondern du bist ein Tropfen in einem Ozean. Also hast du auch das Bewusstsein des Ozeans, nicht wahr?

Im Laufe der Zeit werden diese Meditationen Menschen dabei helfen, den eigenen Ursprung zu finden. Sie werden aufhören, anderen Menschen nachzulaufen oder diese nachzuahmen. Sie werden ›Originale‹ werden. Man muss willens sein, alles zu verlieren, ehe man alles erlangen kann. Was bedeutet das? Es bedeutet Folgendes: Erst wenn man dazu fähig ist, sich von allem zu lösen, wird man sich damit schwer tun, sich an irgendetwas zu klammern. Loslösen ist der Schlüssel. Wenn man sich allzu stark an etwas bindet und ohne dieses Etwas unglücklich ist, ist man nicht nur daran gebunden, sondern geradezu süchtig danach«, sagte Tenzin und lächelte mir zu.

»Und was ist mit der Liebe? Ich dachte, auch Liebe sei eine Form von Meditation«, warf ich ein.

»Liebe ist eine Tür. Auch eine Meditation oder eine andere Methode ist eine Tür. Doch Liebe ist besser als eine Meditation, denn sie ist etwas Natürliches. Beides, die Liebe wie die Meditation, helfen einem dabei, in der Gegenwart zu bleiben. Das Denken ist dabei ausgeschaltet. Doch wenn du die Tür zur Liebe öffnest und *wirklich* liebst, brauchst du keine Meditation. Wenn du eine Meditation brauchst, hast du in diesem Fall noch mehr als das nötig.

Die reine Liebe verlangt nichts anderes. Genauso verhält es sich mit der Meditation. Bei korrekter Durchführung besteht kein Verlangen nach etwas anderem, das heißt, dieser Moment bedeutet Ewigkeit! Man braucht nichts Weiteres und die Zeit existiert nicht mehr. Man lebt in der Gegenwart.

Und denke auch daran, lieber Rinchen: Liebe bedeutet, anders als viele Menschen glauben, nicht *Sex*. Liebe bedeutet auch nicht Besitz oder das Klammern an jemanden oder an irgendetwas. Liebe bedeutet nicht, dass man aus Angst vor dem Alleinsein und vor dem Gefühl von Einsamkeit nach einem anderen Menschen Ausschau hält.

Man kann auch eine Blume oder einen Baum lieben – ebenso wie die Sterne, die Sonne, einen Wasserfall oder Mutter Erde. Wenn du liebst, versetzt dich die Gegenwart dessen, was du liebst, in einen meditativen Zustand. Deshalb braucht man dann keine Meditation. Wahre Liebe versetzt dich in einen Zustand des Nichtdenkens. Wenn du mit jemandem zusammen bist, den du zu lieben glaubst und währenddessen immer noch an ihn denkst, dann seid ihr nur zwei Menschen, die nachdenken. Wenn du wahrhaft liebst, hört dein Verstand mit dem Denken auf, nichts anderes ist dann noch nötig.

Und Menschen, die einander lieben, empfinden Hochachtung vor dem oder der Geliebten.

Als ich in den Vereinigten Staaten und Europa war, verblüffte es mich zu erleben, wie viele Paare mir erzählten, dass sie sich zwar liebten, jedoch den ganzen Tag lang miteinander stritten. Das ist keine Liebe. In der echten Liebe findest du Stille und inneren Frieden, genau wie bei einer Meditation. Was du liebst, verehrst du, und diese Liebe ist dir heilig. Du bist innerlich ruhig und gelassen. Warum solltest du dich mit einem Menschen, den du liebst, streiten? Welche Art von Liebe ist das?

Liebe muss zur Hingabe werden. In deiner Welt, Rinchen, ist Liebe zu einer körperlichen Angelegenheit, zu Sex geworden. Aber wenn du wahrhaft liebst, geht das über Sex hinaus und wird zur Hingabe. Liebe ist am Rand einer Schlucht angesiedelt – der Schlucht zwischen Sex und dem unendlichen Himmel der Hingabe. Du selbst wählst die Richtung, in die diese Liebe gehen soll: nach unten oder nach oben. Warum ist der andere Mensch so wichtig, wenn du liebst? Weil du dich an der Peripherie bewegst und der von dir geliebte Mensch zum Mittelpunkt wird. Andererseits betrachtet dich der von dir geliebte Mensch als sein Zentrum und sich als am Rande stehend. Und deshalb befindet ihr euch plötzlich beide im Zentrum.

Sowohl Liebe als auch Meditation setzen dich frei. Beide bedeuten Freiheit. Das Ego ist ein Gefängnis. Der Verstand ist ein Gefängnis. Sobald du liebst, löst sich das Gefängnis auf, es verschwindet. Der Himmel über dir steht dir nun offen, und du kannst fliegen.

Liebe ist keine Tätigkeit. Du kannst deine Liebe nicht ›aufbauen‹. Sobald du dich in den Prozess des ›Aufbaus‹ einer Liebe begibst, wird diese Tätigkeit auch ihr Gegenteil auslösen, und das Gegenteil von Liebe ist Hass.

Deshalb fallen die Menschen in den Ländern, die ich vor einigen Jahren besucht habe, von einem Extrem ins andere, von der Liebe in den Hass. Du befindest dich dabei in ständiger Kampfstimmung, in einer andauernden Konfliktsituation.

Ich werde dir zeigen, wie Menschen meditieren können, wenn sie einander lieben. Und diese Meditation kann man jederzeit durchführen: in der Küche, wenn man einander sieht, im Wohnzimmer, in einem Laden, wenn man zusammen einkaufen geht oder wenn man miteinander schläft.

Ich möchte dir von der **Liebesmeditation** erzählen. Diese Meditation können und sollten zwei Liebende fünf Minuten lang, fünf Stunden lang, fünf Wochen lang oder auch fünf Monate lang durchführen. Am besten fängt man mit fünf Minuten an und praktiziert diese Meditation eine Woche lang.

Erster Schritt: Empfinde Hochachtung in der Gegenwart des geliebten Menschen. Erkenne das Göttliche in ihm oder ihr. Spüre Gott in ihm oder ihr. Verwandle deine Beziehung in etwas Heiliges. Zweiter Schritt: Du wirst spüren, dass ihr eins seid und tief im Inneren eine Mauer zwischen euch durchbrochen wurde. Eure Körper können euch nicht voneinander trennen. Ihr werdet eins miteinander, seid in völligem Einklang und vergesst alles um euch herum.

Versuche diese Meditation so oft wie möglich durchzuführen. Sie wird dein Leben verändern. Versuche nicht, dich für das eine oder das andere, die Meditation oder die Liebe, zu entscheiden. Tue beides: Liebe, wenn du meditierst, und meditiere, wenn du liebst. Denke daran, dass Liebe ein natürliches Phänomen ist, genauso wie das Atmen. Das Atmen befördert reines *Prana* in dein Inneres. Die Liebe befördert pure Göttlichkeit in dein Inneres. Diese ›Beförderungsmittel‹, das Atmen und die Liebe, sind natürliche Phänomene. Du musst dich selbst nicht dazu zwingen, sie einzusetzen. Beide sind von deiner Geburt an da: Du musst atmen, und du musst lieben. Du brauchst es dir nicht vorzunehmen: *Jetzt werde ich atmen* oder *Jetzt werde ich lieben.* Es sind völlig normale, natürliche Vorgänge.

Mach dir das einfach bewusst und nutze es für deine spirituelle Entwicklung«, sagte Karma Dorje.

Zweiter Teil

Mutter Erde

Gewidmet Ana Pricop, Karma Dorje
und Tenzin Dhargey –
den Meistern, die mir als Erste dabei halfen,
mich zu erinnern, wer ich wirklich bin.

5

Verbinde dich mit der Erdenergie

Warum lässt du deine Hände jeden Tag mehr als eine Stunde lang auf diesem Baum ruhen?«, fragte ich Karma Dorje irgendwann und deutete auf eine kleine Himalaya-Eibe, die im Hof des Klosters stand.

Innerhalb der Klostermauern und ringsum wuchsen Bäume der Artenfamilie *Taxus wallichiana*. Diese anmutige Himalaya-Eibe ist eine mittelgroße immergrüne Konifere mit schlanken flachen Blättern, die spiralförmig an den Trieben angeordnet, unten jedoch so gewunden sind, dass sie zwei waagerechte Reihen bilden, außer an den aufrecht nach oben strebenden Zweigen. *Taxus wallichiana* ist die Quelle für das allopathische Arzneimittel Taxol – ein aus der Rinde der Eibe gewonnenes Alkaloid, das vor allem als Cytostatikum bei Brust- und Gebärmutterkrebs eingesetzt wird, da es das Zellwachstum und die Zellteilung hemmt. Es gilt als eine der in dieser Hinsicht wirkungsvollsten Arzneien.

»Wir befinden uns alle in den Händen und unter dem Schutz von Mutter Erde, so als befänden wir uns im Schoß unserer leiblichen Mutter«, antwortete Karma und lud mich ein, mich zu ihm und Tenzin zu gesellen, die bei dem Baum standen.

Als ich meine Hände ebenfalls auf den Baum legte, spürte ich tatsächlich dessen von unten aufsteigende Lebenskraft – so wie eine unsichtbare Verbindung mit der Erde.

»Die Energie von Mutter Erde schenkt uns Schwingungen und Verbindung mit dem Leben, was für unser Überleben entscheidend ist«, erklärte Tenzin. »Ohne diese Energie und ohne diese Schwingungen wären wir nicht hier. Unser Körper stammt von Mutter Erde. Er ist sozusagen eine zeitweilige ›Leihgabe‹ an uns, damit wir auf dieser Erde Gestalt annehmen können. Jeden Tag sollten wir uns mit Mutter Erde verbinden und gemeinsam mit ihr meditieren. Es ist nicht gut, dass die Menschen des Abendlandes so wenig mit Mutter Erde verbunden sind«, fuhr Tenzin fort.

Mir wurde bei diesen Worten klar, dass die beiden Meister recht hatten. Ich weiß, dass sich viele Menschen nur in ihren Wohnungen, in ihren Büros oder in riesigen Handelsbezirken und Einkaufszentren aufhalten und überhaupt keine Verbindung mehr mit der Natur haben.

Unsere täglichen Verrichtungen halten uns fast vollständig davon ab, uns mitten in der Natur zu bewegen. Und selbst wenn wir ein bisschen Zeit haben, uns inmitten der Natur aufzuhalten, sind wir immer noch nicht mit Mutter Erde verbunden. Wir reden nur ständig und denken fortwährend an unsere alltäglichen Probleme.

Wir sehen nicht viel in unserer Umgebung. Wir sehen weder das grüne Gras noch die Blumen oder den schönen blauen Himmel mit den weißen Wolken.

»Gibt es eine besondere Meditation, die Menschen draußen durchführen können, um Energie von Mutter Erde zu empfangen? Gibt es einen bestimmten Weg, um sich wieder mit Mutter Erde zu verbinden?«, fragte ich.

»Ja, wir werden dir diese Meditation beibringen, lieber Rinchen. Und zukünftig wirst du sie auch andere Menschen lehren. Es ist sehr wichtig, diese Meditation jeden Morgen durchzuführen und sich dabei mit Mutter Erde zu verbinden«, entgegnete Karma. »Man könnte sagen, dass diese Meditation auch eine Art Schutz und Erdung bietet«, setzte er nach.

»Die richtige Körperhaltung bei der **Mutter-Erde-Meditation** besteht darin, mit geradem Rücken und gekreuzten Beinen in halber Lotus-Stellung dazusitzen, da der Energiefluss auf der oberen Ebene der Chakren dann zunimmt. Man kann sich aber auch mit geradem Rücken auf den Rand eines Stuhls setzen.

Der erste Schritt besteht also darin, eine gute Meditationshaltung einzunehmen und mit geradem Rücken und entspannten Schultern dazusitzen. Lege deine Zungenspitze an den oberen Gaumen, schließe die Augen und wende sie, leicht schielend, nach oben, zur Öffnung deines Dritten Auges. Atme bis zu deinem Nabel hinunter. Denke daran, dich ins Herz zu bewegen, wie beim ersten Schritt der Meditation des Dritten Auges.

Im zweiten Schritt siehst du dich inmitten der Natur und beobachtest, wie du Teil von Mutter Erde wirst. Beispielsweise kannst du spüren, wie du zu einer Blume oder einem Baum wirst. Fühle dich mit starken, mächtigen Wurzeln, die tief in die Erde hinunter reichen, im Boden verankert. Spüre, wie du tatsächlich zur Erde selbst wirst. Atme ein und spüre, dass dein Körper Teil der göttlichen Mutter Erde ist. Spüre, dass dein Atem derselbe ist wie der Atem von Mutter Erde, dein Puls so wie ihr Puls geht, dein Herz wie ihr Herz schlägt.

Spüre, dass du Erde bist. Spüre, dass du Wasser bist. Spüre, dass du Holz bist. Spüre, dass du Feuer bist. Spüre, dass du Metall bist. Spüre, dass du Erde bist, aber auch Wasser, Holz, Feuer und Metall – das sind die Fünf Elemente des Universums.

Dann gehst du den dritten Schritt und spürst, dass du wirklich groß bist, so groß wie Mutter Erde, und um die Sonne kreist. Du kannst hinter dir die Venus und vor dir den Mars spüren. Du kannst ringsum das ganze Universum spüren.«

Während Karma sprach, konnte ich die Bilder bei jedem einzelnen Schritt der Meditation tatsächlich sehen. Ich konnte zuhören und zugleich die Bilder sehen. Es war fast so, wie einen Film anzuschauen, der mit Kommentaren aus dem Off einhergeht. Ich beschrieb den Meistern diese ganz eigenartige visuelle Wirkung.

»Nun, das ist die *Bildsprache des Herzens*, lieber Rinchen«, sagte Tenzin.

Mir war bekannt, was *Bildsprache* in einem literarischen Text bedeutet: Der Autor oder die Autorin benutzt eine lebendige, beschreibende Sprache, um dem Leser oder der Leserin ein tieferes Werkverständnis zu vermitteln. Es gibt sieben Arten von Bildsprache, und jede entspricht einem menschlichen Sinn, Gefühl oder einer menschlichen Tätigkeit.

»Mir kam es wie eine visuelle Beschreibung der Sprache vor. Ich wusste nicht, dass es eine *Bildsprache des Herzens* gibt«, entgegnete ich verblüfft.

»Ja, es gibt die *Bildsprache des Herzens* und die des Verstandes. Die des Herzens ist stärker, da sie mit den subtilen weiblichen Energien des Herzens verbunden ist. Das Herz besitzt machtvolle Energie, und alles, was von diesem Ort aus erschaffen wird, hat völlig andere Schwingungen als Dinge oder Tätigkeiten, die vom Verstand ausgehen. Wir werden später noch Zeit haben, über diese Methode zu sprechen. Wir haben einiges darüber zu sagen und viel Arbeit vor uns. Die *Bildsprache des Herzens* umfasst auch das Träumen und beinhaltet ebenso die Reinigung von Träumen und die Reinigung von der Vergangenheit. Das schließt die gemeinsame Rückführung und viele andere wichtige Techniken mit ein, die dir dabei helfen, deine Energien miteinander in Einklang zu bringen und die interdimensionalen Aktivitäten besser zu verstehen.«

»Die *Mutter-Erde-Meditation* ist sehr wichtig«, fügte Karma Dorje hinzu. »Viele Menschen können sich von körperlichen und emotionalen Problemen reinigen, wenn sie sich mit Mutter Erde verbinden. Es ist der beste Weg, um das eigene innere Gleichgewicht herzustellen und die eigenen Energien in Einklang miteinander zu bringen. Zugleich ist es ein Weg, sich wieder mit dem ganzen Universum zu verbinden, und zwar mittels der göttlichen Mutter.«

Ich hatte mich mit der Wirkung des Barfußgehens beschäftigt und auch damit, wie es sich auswirkt, beim Sitzen die Hände auf einen Baum zu legen. Eines der interessantesten Bücher darüber ist das Buch *Earthing – Heilendes Erden: Gesund und voller Energie mit Erdkontakt*, verfasst von Clinton Ober, Stephen T. Sinatra und Martin Zucker. Das National Institute of Environmental Health Services in den USA hat eine Studie über die Wirkungen elektromagnetischer Felder auf die menschliche Gesundheit erstellt. Die mit Tieren durchgeführten Versuche waren sehr aufschlussreich. Selbstverständlich trugen diese Tiere keine Fußbekleidung und schliefen nicht – abgeschieden von der Erde – in bequemen Betten. Sie waren auf natürliche Weise »geerdet«. Eine Schafherde schlief bei diesen Versuchen unter einer Starkstromleitung, da man untersuchen wollte, welche Veränderungen elektromagnetische Felder hinsichtlich Melatonin im Körper bewirken.

Clinton Ober entdeckte eine Methode, um Menschen wirkungsvoll zu erden, auch wenn sie im Bett liegen und schlafen. Die Nacht ist nämlich die Zeit, in der sich die Heilung und

Regeneration des menschlichen Körpers am besten vollziehen kann. Die Wirkung, die an dieser »geerdeten« Gruppe im Vergleich mit einer nicht »geerdeten« Kontrollgruppe getestet wurde, zeigte sich in folgenden Ergebnissen:

85 %	der »geerdeten« Gruppe schliefen schneller ein.
93 %	berichteten, sie hätten nachts besser durchgeschlafen.
100 %	berichteten beim Erwachen, sie seien und fühlten sich besser ausgeruht als sonst.
82 %	stellten eine bedeutende Verminderung der Muskelsteifheit fest.
74 %	berichteten, chronische Rücken- und Gelenkschmerzen seien dabei ganz oder zumindest teilweise verschwunden.
78 %	berichteten, ihr allgemeiner Gesundheitszustand habe sich verbessert.

Zusätzlich berichteten einige Teilnehmerinnen und Teilnehmer dieser Studie, ihre Asthmaprobleme oder Beschwerden im Zusammenhang mit rheumatischer Arthritis, prämenstruellen Symptomen, Schlafapnoe oder Bluthochdruck hätten durch diese »Erdung« deutlich abgenommen.

Ich möchte die Menschen nachdrücklich dazu ermutigen, jeden Tag mindestens zwanzig Minuten barfuß zu laufen. Die Wirkung ist verblüffend. Clinton Ober hat recht: Die Heilung liegt unmittelbar in unserer Nähe, sozusagen unter unseren (bloßen) Füßen.

In meiner Kindheit liefen meine Cousins und ich draußen jeden Tag barfuß herum. Ich erinnere mich, dass meine Großmutter Abend für Abend Wasser heiß machte, damit wir uns die Füße wuschen. Eines Tages teilte einer meiner Cousins ihr mit: »Großmutter, heute werden wir Schuhe tragen. Unsere Füße werden sonst allzu schmutzig.« Meine Großmutter sah ihn lächelnd an und erwiderte: »Oh, das ist es wert.«

Später begriff ich, dass sich das Barfußgehen nicht nur lohnt, sondern *umfassende Bedeutung* hat, und zwar in wörtlichem Sinne. Ohne die Erde unter unseren Füßen, ohne das Barfußgehen, sind wir völlig verloren – losgelöst, isoliert und abgeschnitten von unserem Reservoir an Energie und Lebenskraft.

Anastasia, die große sibirische Meisterin, hat etwas gesagt, das sogar noch wichtiger ist: »Wenn wir jeden Tag eine Verbindung zu Mutter Erde herstellen, indem wir mit ihr zusammenarbeiten, sie berühren, für sie sorgen, mit ihr sprechen, sie rein halten, draußen schlafen und uns um alles kümmern, was mit ihr verbunden ist (um Pflanzen, Tiere, Fische und mehr), schaffen wir einen ›Raum der Liebe‹.

In diesem ›Raum der Liebe‹ trägt alles, das dort existiert, zu unserer Evolution hier, auf diesem Planeten, bei.«

Vor einigen Jahren führte ich Anastasias »Samenexperiment« durch. Ich behielt jede Gruppe organischer Samen neun Minuten lang unter meiner Zunge, damit die Samen »lernten«, welche Bedürfnisse mein Körper hatte und wonach er verlangte. Danach pflanzte ich sie in meinem Garten ein, um den ich mich jeden Tag kümmerte. Mindestens fünf Stunden verbrachte ich dort Tag für Tag. Während dieser Zeit meditierte ich, sprach mit der Erde, ging barfuß, schenkte den Samen und Mutter Erde Liebe und Energie. Als die Tomaten, grünen Bohnen und grünen Paprikaschoten reif wurden, setzte ich mich mitten in den Garten, aß sie und dankte den Pflanzen und Mutter Erde für die Nahrung, die sie mir spendeten.

Alle gesundheitlichen Probleme, die ich damals hatte, verschwanden dabei völlig. Die Pflanzen hatten von meinen gesundheitlichen Problemen »erfahren« und die nötigen Gegenmittel speziell für meinen Körper entwickelt, um ihn zu heilen! Ich hatte tatsächlich einen »Raum der Liebe« geschaffen.

Anastasia hat recht: Die Liebe der Mutter Erde reicht über unser Begriffsvermögen hinaus. Sie hat uns alles geschenkt, einschließlich unserer Körper. Selbstverständlich haben wir leibliche Eltern, aber wir haben auch göttliche Eltern: Mutter Erde und Vater Universum (die Sonne). Die Verbindung zu Mutter Erde beginnt jedoch in unserem Inneren. Ich habe viele Menschen gesehen, die predigen, dass man Mutter Erde rein halten, für sie sorgen und sie schützen müsse, selbst jedoch das Gegenteil taten. Was Mutter Erde braucht, ist nur, dass wir aus dem Herzen leben, in Frieden und voller Liebe. Bei der Erziehung unserer Kinder reichen einfache Erlebnisse und Erfahrungen aus, um ihnen dieses Leben zu vermitteln. Die Pflege von Mutter Erde sollte dabei zu einer normalen, alltäglichen Beschäftigung werden – also nicht etwas Besonderes, sondern etwas völlig Natürliches.

Es gab einmal eine Zeit, in der wir wirklich mit Mutter Erde verbunden waren. Wir waren so mit ihr verbunden, dass wir alles auf spontane, natürliche Weise lernten und erlebten. Immer wenn ich barfuß gehe, meditiere ich oder praktiziere Tai Chi. Ich kann mich deutlich an jene Zeit erinnern, in der wir in so großem Einklang mit der Natur, mit den Tieren und Vögeln und allem lebten – in Einklang mit Mutter Erde und Vater Himmel. Und das gibt mir ein gutes Gefühl.

Ich erinnere mich dabei daran, was wir damals wirklich waren: Wir waren uns unserer Handlungen völlig bewusst, Mitschöpfer des Göttlichen.

6

Das Innere Selbst

Gott ist mit jedem von uns durch das verbunden, was wir das ›Innere Selbst‹ nennen. Manche Menschen bezeichnen diese Verbindung auch als das ›Höhere Selbst‹ oder den ›Geist Gottes‹. Wie sich diese Verbindung herstellt, geht über unser Begriffsvermögen hinaus, aber wir wissen, dass der allgegenwärtige Vater sich mit jedem Lebewesen durch das Innere Selbst verbindet«, erklärte Karma Dorje.

»Je mehr wir meditieren«, fuhr er fort, »desto mehr schaffen wir die Möglichkeit, mit unserem Inneren Selbst zu kommunizieren. Und dann können wir vielleicht irgendwann, nach Jahren der Meditation, mit unserem Inneren genauso reden, wie wir es jetzt miteinander tun: unmittelbar und ganz natürlich, ohne jede Störung.«

»Könnt ihr den Unterschied zwischen dem Inneren Selbst, dem Geist und der Seele vielleicht ein wenig genauer erläutern?«, fragte ich die Meister.

»Die ***Seele*** ist wie ein Archiv, lieber Tenzin«, antwortete Karma Dorje. »Unsere erste Manifestation als ein Lebewesen auf einem bewohnten Planeten bringt etwas Einzigartiges und Individuelles mit sich: unsere Seele. Später vermitteln alle unsere folgenden Manifestationen auf verschiedenen Ebenen und in verschiedenen Dimensionen unserer Seele mehr und mehr Erfahrungen. Ein wohlbekannter Ausdruck lautet: ›eine alte Seele‹. Damit ist gemeint, dass dieser Mensch viele frühere Leben in unterschiedlichen Dimensionen oder auch viele Leben und Erfahrungen auf diesem Planeten hinter sich hat. Unsere Seele ist wie ein universelles Gefährt, das sich aufgrund aller Erfahrungen und Informationen, die wir uns während unserer Entwicklung aneignen, fortbewegt.

Unser ***Geist*** ist unser Bewusstsein oder, anders ausgedrückt, unsere Wahrnehmung, die zu Erkenntnissen führt. Letztlich entscheidet unser Geist über unsere Entwicklung. Er ist der Teil von uns, der jeden Schritt, den wir tun, wahrnimmt. Unser Geist ist aber nicht dasselbe wie unser ***Inneres Selbst***. Unser Geist und unsere Seele gehören uns persönlich und wir werden sie für alle Zeiten haben.

Man könnte sagen, dass unser Inneres Selbst der Persönlichkeit vorausgeht, das heißt über unsere Seele und unseren Geist hinausreicht. Unser Inneres Selbst hat eine fest umrissene, einzigartige Charakteristik. Gott manifestiert sich darin in uns. Wenn wir uns mit unserem Inneren Selbst verbinden, verbinden wir uns im Grunde unmittelbar mit Gott. Man spricht dabei direkt mit Gott«, schloss Karma seine Ausführungen.

»Du hast vorhin etwas über den ›Geist Gottes‹ gesagt und erwähnt, dass man das Innere Selbst auch den ›Geist Gottes‹ nennt. Das erscheint mir sehr wichtig. Kannst du mir noch mehr darüber sagen?«, fragte ich neugierig.

»Ja, was den Geist betrifft, so ist es wichtig, zwischen dem ›realen Geist‹ – oder dem ›Geist Gottes‹ – und dem ›reaktiven Geist‹ – oder unseren alltäglichen Gedanken – zu unterscheiden. Als Erstes musst du verstehen, dass der Geist nicht mit dem Gehirn gleichzusetzen ist, wie so viele Menschen glauben. Der Geist befindet sich außerhalb des Gehirns. Der Geist wird auch nicht vom Gehirn geschaffen.

Den Geist oder die Summe deiner Gedanken kann man in drei Bereiche unterteilen, und die sind …

- der reaktive Geist
- der reale Geist
- der Entscheidungsfaktor oder Beobachter.

Was ist der ***reaktive Geist***? Ihn charakterisiert Folgendes:

- Er bringt Gedanken hervor, die entweder mit der Vergangenheit oder aber mit der Zukunft zu tun haben, aber nicht mit der Gegenwart.
- Er erzeugt Gedanken der Überlegenheit und Vorherrschaft.
- Ihm gefällt es, Menschen ringsum zu kritisieren.
- Er liebt es, Tätigkeiten ringsum zu verurteilen.
- Er erzeugt Ressentiments und greift meistens gern an.
- Er liebt es, sich über alles Mögliche zu beklagen.
- Ihm gefällt es, alles und jeden mit einem Etikett zu versehen.
- Er unterscheidet zwischen gut und böse, schlau und dumm, schön und hässlich, Freund und Feind.

Was ist der ***reale Geist***?

- Er bringt nur Gedanken hervor, die mit der Gegenwart zu tun haben.
- Er beruht auf neutralen Gedanken. Im Grunde fungiert er als Beobachter, nicht als Richter.
- Er verurteilt nichts und niemanden.
- Er kennt keine Konflikte. Er erzeugt keinen Konflikt mit einem anderen Geist, denn wenn wir das tun, verstärken wir im Grunde nur die Macht des Konflikts in unserem eigenen Geist.

- Er zwingt uns nicht in irgendeine ›Rolle‹. Er konditioniert uns nicht.
- Er sorgt für scharfsichtige, hellwache Gedanken, verleiht uns vollständige Wachsamkeit. Wir leben dabei in der Gegenwart und verlieren uns nicht in irgendwelchen anderen Gedanken. Das verstärkt die Schwingungen unseres Energiefeldes um das Zehnfache. Dieses Feld gibt unserem Körper Leben.

Was ist der ***Entscheidungsfaktor*** oder ***Beobachter***?
Unser Entscheidungsfaktor oder Beobachter gibt uns die Macht, unsere eigenen Gedanken zu überprüfen und zu ändern. Bei 99 % von uns befindet sich dieser Entscheidungsfaktor im Schlafmodus. Ehe wir vom reaktiven Geist zum realen Geist fortschreiten, müssen wir unseren Beobachter einschalten. Wir entscheiden dabei, ob wir zum reaktiven Geist zurückkehren oder zum realen Geist vorstoßen. Der Beobachter ähnelt

Analyse des Geistes

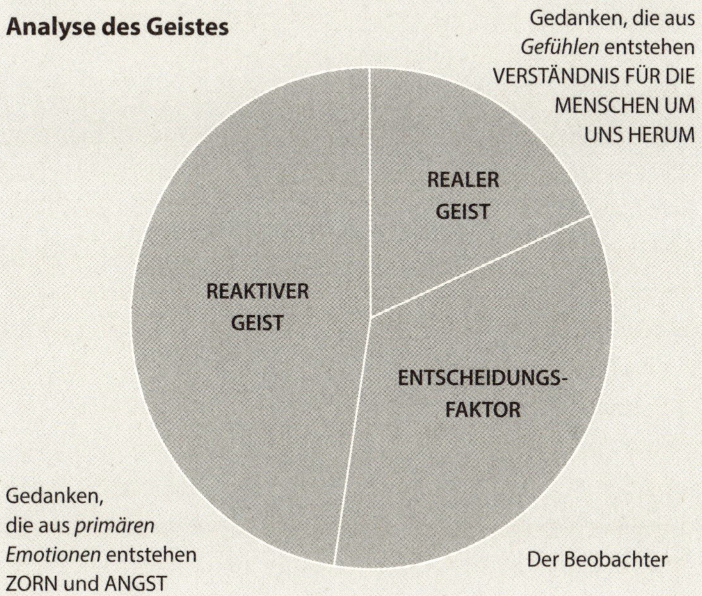

der *Leere*, die dann existiert, wenn wir von einer Dimension in eine andere wechseln.

Wenn wir uns mit dem realen Geist oder Inneren Selbst verbinden, haben wir manchmal überhaupt keine Gedanken. Wir sind innerlich völlig leer und frei von allen Ideen und Vorstellungen. In diesem Moment können wir tatsächlich mit Gott kommunizieren. Wir können ihm jede Frage stellen und erhalten eine Antwort.«

»Wie können wir eine Verbindung zu unserem Inneren Selbst herstellen?«, fragte ich.

»Nun ja, das tun wir bereits unbewusst in jedem Moment unserer Existenz. Manchmal bezeichnen wir unser Inneres Selbst auch als ›Intuition‹ oder als ›Innere Stimme‹. Die Frage ist, wie wir auf bewusste Weise eine Verbindung zu unserem Höheren Selbst herstellen können.

Dazu gibt es eine besondere Meditation: die **Meditation des Inneren Selbst**. Diese Meditation ist leicht durchzuführen und hat, sofern man sie korrekt durchführt, eine unmittelbare Wirkung, und man stellt dabei den Kontakt mit dem Geist Gottes her.

Als Erstes nimmt man dazu eine gute Meditationshaltung ein. Der Rücken ist gerade und die Schultern sind entspannt. Behalte deine Zunge am oberen Gaumen, schließe die Augen und richte sie, leicht schielend, auf die Öffnung deines Dritten Auges. Atme in deinen Bauchnabel hinein. Denke daran, dich in dein Herz hinein zu bewegen, genau wie beim ersten Schritt der Meditation des Dritten Auges.

Spüre die Schwingungen von Mutter Erde. Lass deinen Geist bewusst in dein Herz einziehen und stelle dir vor deinem inneren Auge zwei heilige, beschaulich und heiter daliegende Berge vor. Zwischen den Bergen liegt ein wunderschöner Wasserfall. Am Fuß der Berge siehst du eine Blumenwiese mit Vögeln. Es ähnelt einem Paradies.

Sitze mit gekreuzten Beinen da, in einer perfekten Lotus-Stellung, und entspanne deinen Körper und Geist. Wenn du dich dazu bereit fühlst, rufe dein Inneres Selbst. Tue es sanft, aber mit deiner ganzen Willenskraft.

Dein Inneres Selbst kann dir in jeder möglichen Gestalt erscheinen: zum Beispiel als Mensch, als Engel, als Gedanke, als Lichtstrahl, als himmlisches Wesen, als geometrische Form, etwa die einer Pyramide, oder als Kristall.

Dein Inneres Selbst ist stets voller Liebe und Mitgefühl. Es repräsentiert und reflektiert die göttliche Weisheit und das göttliche Wissen. Frage dein Inneres Selbst, was du tun musst, um aus der spirituellen Isolation herauszukommen und die Stufe deines Bewusstseins anzuheben. Behalte die Antwort deines Inneren Selbst im Gedächtnis. Spüre, wie wunderbar diese Begegnung ist. Spüre die Pracht und Herrlichkeit, die von dieser heiligen Kommunikation ausgeht.«

Und mit diesen Worten schloss Tenzin seine Ausführungen, sah mir in die Augen und schenkte mir ein breites Lächeln.

»Wie können wir einen völlig gesunden Körper und Geist erlangen?«, fragte ich meine tibetischen Meister.

»Gesundheit ist etwas Relatives, mein lieber Rinchen«, antwortete Tenzin. »Es mag seltsam klingen, aber der Körper kann nicht völlig gesund sein. Hättest du einen völlig gesunden Körper, würdest du niemals sterben.

Hier bei uns und gemäß den östlichen spirituellen Lehren betrachten wir selbst den Geist als krank. Wir sprechen niemals von *einem völlig gesunden Körper und Geist*, denn das ist absurd. Vor allem wird der Körper ja früher oder später sterben. Also kann die Gesundheit immer nur relativ sein.

Der Körper befindet sich nur in einem relativen Gleichgewicht. Tod und Leben sind Teil unserer Existenz, und der Tod schreitet mit dem Leben ständig voran. Am Tag, an dem wir geboren werden, beginnt der Prozess des Sterbens. Wir haben keine Wahlmöglichkeit. Und wenn wir uns ständig in einem Prozess des Sterbens befinden, wie können wir dann wirklich gesund sein? Wir sind nur relativ gesund. Also genügt es zu sagen, dass wir von *normaler Gesundheit* sind, aber *nicht völlig gesund*.

Dasselbe trifft auch auf den Geist zu. Und der ist von Natur aus nicht völlig gesund. Die Denktätigkeit bedeutet einzig, dass er relativ gesund ist, genauso wie der Körper.

Der Geist stellt eine Brücke zwischen Körper und Geist dar. Wenn wir denken, verbinden wir uns mit dem Körper. Wenn wir meditieren und nicht denken, verbinden wir uns mit dem Geist. Diese ständige Verbindung zwischen Körper und Geist, zwischen Materiellem und Immateriellem, zwischen Sterben und Nicht-Sterben führt zu einem dauerhaft unbeweglichen, angespannten und erstarrten Zustand des Verstandes. Es ist nicht leicht, sich vom Sichtbaren zum Unsichtbaren zu bewegen. Und so ist der Verstand in Wahrheit eine Tätigkeit, ein Prozess und kein festes Ding. Der Verstand ist eine Aktivität, eine Handlung, eine Übung.

Früher habe ich in einigen westlichen Ländern Meditation gelehrt. Meine Schüler regten sich dabei manchmal auf und fragten mich, warum sie während der Meditation so viel Unruhe und Spannungen ansammelten. Ich erklärte ihnen, dies liege nicht an der Meditation. Der Prozess der Meditation helfe ihnen lediglich dabei, sich ihrer Gedanken bewusst zu werden.

In jedem Augenblick begleiten uns Gedanken, aber da wir so sehr mit unseren äußeren Handlungen beschäftigt sind, sind wir uns unserer Gedanken nicht bewusst. Wenn wir meditieren, überschlagen sich unsere Gedanken, bedrängen uns, und dann empfinden wir eine innere Spannung und Druck. Der Verstand ist also anstrengend und kostet Energie. Und je mehr wir denken, desto mehr Energie wird verbraucht. Ich habe Menschen kennengelernt, die sich überhaupt keinen körperlichen Anstrengungen aussetzen. Sie denken nur den ganzen Tag lang und sind danach erschöpft, ausgelaugt und sehr müde.

Also gibt es so etwas wie einen *völlig gesunden Geist* gar nicht, deshalb ist deine Frage unsinnig. Wir werden als reine Menschen geboren, die unmittelbar mit dem Geist verbunden sind und noch keinen Verstand besitzen. Die Eltern, die Schulen und die Gesellschaft haben uns beigebracht, einen Verstand zu erwerben. Aber geboren werden wir ohne ihn. In diesem frühen Stadium ist der Verstand lediglich ein künftiges Potenzial – etwas, das in der Zukunft liegt. Im Laufe der Zeit werden wir von anderen Menschen zu bestimmten Zwecken konditioniert, und der Verstand taucht auf – wird geboren. Der Verstand hält uns stets in der Vergangenheit fest oder versucht, eine Zukunft zu schaffen. Für den Verstand existiert so etwas wie die *Gegenwart* nicht. Der Verstand ist ein Gehäuse. Darauf beziehen sich alle Zen-Geschichten, die uns raten, ›aus dem Gehäuse herauszukommen‹.

Als ich die westlichen Länder besuchte, überraschte es mich, wie wichtig die Menschen dort den Verstand nehmen. Sie haben sogar eine Wissenschaft entwickelt, die den Verstand untersucht, die Psychologie. Wir hier, im Osten der Welt, kümmern uns nicht besonders um dieses Gehäuse – den Verstand. Wir halten nach einem Ausgang, einer Tür, Ausschau, suchen nach etwas, das uns dabei hilft, aus diesem Gehäuse herauszukommen.

Nur deshalb reden wir überhaupt über den Verstand: Wir versuchen, darüber hinauszugelangen. Und sobald uns das gelingt, können wir *sehen*. Wir können das große, unendliche Universum sehen. Und dann beginnen wir zu lachen, weil wir merken, wie dumm wir gewesen sind, bis wir dem Gehäuse, dem Verstand, endlich entkommen sind. Bis dahin hatten wir angenommen, das Universum liege in diesem winzigen Gehäuse, dem unwissenden Verstand. Sobald wir uns draußen, unter dem freien Himmel, bewegen und das unendliche Universum auf uns einwirkt, werden wir *bewusst* und sind nicht mehr in diesem Gehäuse gefangen.

Solange Menschen glauben, das unendliche Universum liege in diesem Gehäuse, sind sie Gefangene. Sie sind eingeschränkt, sie begreifen Gott nicht. Sie begreifen nicht, dass Gott weder Anfang noch Ende, weder Zeit noch Raum hat. Wie sollten sie das Unendliche auch begreifen können, wenn sie an einen beschränkten Raum gefesselt sind?«

Damit war Tenzin vorläufig am Ende seiner Ausführungen angelangt. Ich dachte eine Weile nach.

»Ist es denn überhaupt möglich, aus diesem Gehäuse herauszukommen?«, fragte ich und sah beide Meister an.

»Ja, natürlich ist das möglich«, antwortete Karma Dorje. »Es gibt unendlich viele Methoden dafür. Doch manche sind den Menschen nicht bekannt. Eine der besten Methoden ist die **Stopp-Methode**. Wenn du dich selbst dazu bringen kannst, mitten in Gedankengängen mit dem Denken aufzuhören, entkommst du dem Gehäuse. Wenn du das ohne Vorsatz tust, ist es leicht. Programmiere dich nicht selbst darauf, mitten im Denken aufzuhören. Natürlich wäre es besser, wenn ein Freund von dir ohne Vorwarnung ›Stopp!‹ rufen würde und du sofort mit dem aufhören müsstest, was du gerade tust.

Du musst aufhören zu denken, aufhören zu arbeiten, und du musst sogar aufhören zu atmen.

Doch denk daran, dass das Aufhören wahrhaftig sein muss. Wenn es das nicht ist, wird es nicht klappen. Der einfache Weg besteht darin, deine sich ständig wiederholenden Gewohnheiten zu reduzieren. Wenn du dazu neigst, ein Wort, eine Geste oder einen bestimmten Satz gewohnheitsmäßig zu benutzen, solltest du damit aufhören. Jede Gewohnheit, die man aufgibt, führt zu jäher innerer Stille und lässt den Verstand schweigen.

Ein Beispiel: Falls du häufig mit dem Kopf nickst, wenn du einen Satz sagst, um deinen Worten Nachdruck zu verleihen, versuche den Satz ohne Kopfnicken auszusprechen. Wenn du das schaffst, wirst du plötzlich eine gewisse Freiheit spüren – so als höbe sich ein Schleier von deinen Augen. Du solltest jede mechanische Reaktion aufgeben. Eine mechanische Reaktion, eine Gewohnheit ist ein Trick des Verstandes. Wenn du diese Gewohnheit durchbrichst, verschwindet dein Verstand für einen Moment, und dann wirst du fähig *zu sehen*. Es ist nicht schwer, aber du musst es beharrlich üben. Du musst diese Methode so oft wie möglich anwenden«, erklärte Karma Dorje.

Und Tenzin ergänzte: »Es gibt noch eine Methode, um den Denkprozess zu stoppen und seine Gewohnheiten abzulegen. Eine Meditation, die wir als **Skulpturen-Meditation** bezeichnen. Sie ist ein sehr einfacher und wirkungsvoller Weg, sich aus den Fallen des Verstandes zu lösen. Grundlegend ist dabei, dass du dir selbst dabei zusiehst, wie du zu einer Statue erstarrst, die so schwer, massiv und dicht gefügt ist wie ein Steinblock.

Der erste Schritt besteht darin, dass du die Augen schließt und den ganzen Körper entspannst. Das kannst du tun, indem du dich auf einen Stuhl setzt oder dich hinlegst. Dann – im weiten Schritt – spürst du, dass du nur ein Steinblock bist, und kannst dich, wie eine Skulptur, überhaupt nicht bewegen. Du kannst deine Hände nicht bewegen und deine Augen nicht öffnen. Jeder Schmerz in deinem Körper legt sich. Du ähnelst einem Toten. Und plötzlich verschwindet alles in deiner Umgebung: der Stuhl, das Bett, das Zimmer, die ganze Welt ringsum. Du zentrierst dich in dir selbst, und dein Denken hört auf.

Wenn du diese Meditation korrekt durchführst, wird es dir gelingen, aus deinem Gehäuse herauszukommen. Probiere es heute Abend aus, dann wirst du es merken.«

Tenzin lächelte.

7

Gesundes Essen

Mir ist aufgefallen, dass ihr nicht viel esst. Und bei euch steht auch nur sehr wenig Gemüse auf dem Speiseplan«, bemerkte ich irgendwann.

»Stimmt. Essen ist für uns nicht die wichtigste Tätigkeit«, erwiderte Karma Dorje. »Durch unsere Studien wissen wir, dass die menschliche Leber nicht mehr als vier Inhaltsstoffe verarbeiten kann. Man kann die Leber bis zu ihrer Erschöpfung überstrapazieren. Wenn du mehr als vier Inhaltsstoffe zu dir nimmst, streikt deine Leber. Beispielsweise hat schon eine einfache Scheibe Brot mindestens vier Bestandteile: Wasser, Hefe, Mehl und Salz. In den westlichen Ländern gibt man Zusätzliches ins Brot, etwa Zucker und Backpulver. Es beansprucht deine Leber buchstäblich bis zur Erschöpfung, wenn du mehr als vier Inhaltsstoffe gleichzeitig zu dir nimmst. Deshalb essen wir gewöhnlich nur gekochten Reis oder trinken Tee. Uns reicht das, und zugleich ist es sehr gesund. Wir bringen auch gern etwas Gemüse auf den Tisch, übertreiben es allerdings nicht damit.

Es gibt einen Grund dafür, dass es in allen spirituellen Traditionen der Menschen üblich ist, vor einer Feier oder einer Zeremonie zu fasten, um Körper und Geist zuvor zu reinigen.

Doch am wichtigsten ist, wie wir unsere Nahrung zusammenstellen. Warum? Weil das uns zu einer vollständigen Verdauung des Essens verhilft. Wenn das Essen, ohne komplett verdaut zu sein, in die Gedärme eintritt, zersetzt es sich, verfault in deinem Organismus und sitzt dort jahrelang fest. Als Folge hast du dann eine ständige Quelle von schädlichen Substanzen in deinem Körper, die dich Tag für Tag vergiften. Sie setzen dich vielen Krankheiten aus und bilden eine ausgezeichnete Umgebung für schädliche Bakterien und Darmparasiten.

Es bildet sich auch ein Belag aus Schleim, der bis zu zehn Jahren im Darm bleiben kann. Allerdings kann man ihn normalerweise durch Entgiftungsmittel wie Gemüsefasern oder harntreibenden Tee beseitigen.

Die genannten Faktoren setzen den Menschen vielen Krankheiten aus, zum Beispiel Krebs, Hautkrankheiten und Verdauungsproblemen wie Verstopfung.

Wenn man Nahrungsmittel mehr als zehn Jahre lang falsch kombiniert, wird der Körper unweigerlich krank. Was passiert dabei im Magen? Wenn die Nahrung in den Magen eintritt, passt der Magensaft seine Säure und die Enzyme so an, dass die Nahrung vollständig verdaut werden kann. Wenn man jedoch zwei verschiedene Arten von Nahrung gleichzeitig zu sich nimmt, die unterschiedliche Anpassungen des Magensaftes erfordern, kann der Magensaft nicht dafür sorgen, dass beide Arten von Nahrung vollständig verdaut werden. Deshalb gelangt das Essen nur unvollständig verdaut in den Darm und wird faulig. Das führt zu einer Ansammlung giftiger Substanzen im Darm. Manche Organe, etwa die Leber, die Bauchspeicheldrüse und die Nieren, erkranken dadurch, und daraus können auch chronische Krankheiten werden.

Mittlerweile gibt es in den westlichen Ländern die neue Möglichkeit, neben industriell hergestellten Lebensmitteln auch Naturkost zu konsumieren. Zu meiner Verblüffung musste ich feststellen, dass man dort für gesunde Kost mehr bezahlen muss als für industriell produzierte. Ich hatte den Eindruck, dass den Regierungen das Problem ungesunder Ernährung durchaus klar ist, sie aber in Kauf nehmen, dass sich ihr Volk ungesund ernährt.

Wenn das die Zukunft der Menschheit ist, werden wir jede Menge Probleme bekommen.

Doch all diese chronischen Krankheiten können selbst dann auftreten, wenn wir Naturkost essen, sie aber falsch kombinieren. Ich möchte dir ein paar Regeln zur richtigen Verbindung von Nahrungsmitteln mitgeben und werde mich dabei bemühen, dir die optimalen, die neutralen und die schädlichen Kombinationen zu beschreiben.

Vor allem in den USA und in Westeuropa habe ich untersucht, wie die Menschen sich ernähren, und versucht, möglichst vollständige Informationen darüber zu sammeln. Mir ist dabei klar geworden, dass die Menschen in den westlichen Ländern der Verbindung von Nahrungsmitteln miteinander nicht viel Beachtung schenken. Dabei ist es bei der Ernährung das Wichtigste überhaupt. Ich habe bemerkt, dass die Menschen die Kombination von zehn unterschiedlichen Bestandteilen der Kost als gut und Zeichen des Wohlstands betrachten. Doch in Wahrheit zerstören sie Tag für Tag den eigenen Körper, wenn sie damit nicht aufhören.

Ich wurde dort oft zum Abendessen eingeladen. Die Menschen sollten aber begreifen, dass es der Leber sehr schadet, abends etwas zu essen. Die wichtigste Mahlzeit ist das Frühstück. Mittags sollten wir nur die Hälfte dessen essen, was wir morgens zu uns genommen haben. Und am Abend sollten wir nur Tee oder Wasser trinken.

Hier also die Regeln zur richtigen Kombination von Lebensmitteln …

Eier sollte man niemals zusammen mit Fisch oder Fleisch servieren. Riskant ist es auch, sie mit Käse, stärkehaltigen Produkten wie Brot, Nudeln, Kartoffeln, Reis, Getreideprodukten, Nüssen oder Samen zu verbinden. Sehr gut vertragen sich Eier mit frischem Gemüse.

Fleisch sollte man niemals mit Fisch, Eiern, Käse oder stärkehaltigen Weizenprodukten verbinden. Riskant ist es auch, Fleisch mit Nüssen und Samen zu kombinieren. Sehr gut verträgt sich Fleisch mit frischem Gemüse.

Fisch sollte nie in Verbindung mit Eiern, Fleisch und Käse gegessen werden. Riskant ist es auch, Fisch mit Nüssen und Samen zu kombinieren. Fisch verträgt sich sehr gut mit frischem Gemüse und stärkehaltigen Weizenprodukten.

Käse darf man nicht in Verbindung mit Fisch und Fleisch verzehren. Riskant ist es auch, Käse mit Eiern zu kombinieren. Käse verträgt sich sehr gut mit frischem Gemüse, stärkehaltigen Weizenprodukten, Nüssen und Samen.

Stärkehaltige Weizenprodukte sollte man nie mit Fleisch verbinden. Es ist auch riskant, sie mit Eiern zu verbinden. Stärkehaltige Weizenprodukte vertragen sich sehr gut mit frischem Gemüse, Käse, Fisch, Nüssen und Samen.

Frisches Gemüse verträgt sich mit jeder Art von Nahrungsmittel sehr gut.

Früchte sollte man ohne weitere Nahrungsmittel essen. Schon die Frucht macht eine ganze Mahlzeit aus!

Was geschieht, wenn wir eine unverträgliche Kombination von Nahrungsmitteln zu uns nehmen?

Der Magen kann zwei unterschiedliche Arten konzentrierten Essens nicht verdauen. ›Konzentriert‹ bezieht sich auf jegliche Nahrung, die nicht aus rohem Gemüse oder Früchten besteht. Außerdem sollten wir niemals Fleisch mit Eiern und Käse kombinieren und niemals tierische Proteine, enthalten in Fleisch, Käse und Eiern, zusammen mit Nudeln, Brot, Kartoffeln, Reis oder Pasteten verzehren. Deshalb sollte man auch keine Pommes frites zusammen mit einem Steak oder Pasta mit Fleisch essen.

Früchte und Süßes (Zucker) sollte man niemals mit anderem Essen kombinieren. Eine Frucht muss man auf leeren Magen essen, und zwar eine Stunde vor einer Mahlzeit oder mindestens zwei Stunden später. Zucker, Honig und Fruktose hemmen die Magensekretion, und wenn man sie mit einer vollen Mahlzeit kombiniert, fühlt man sich danach sehr unwohl.

Man sollte auch vermeiden, sehr fetthaltige Lebensmittel wie Butter, Sahne und Öl mit solchen zu kombinieren, die viele Proteine oder viel Stärke enthalten.

Ein anderer wichtiger Punkt ist folgender: Man sollte während oder nach einer Mahlzeit kein Wasser trinken! Es verdünnt die Magensäfte und hemmt die Verdauung. Wasser sollte man mindestens zwanzig bis dreißig Minuten *vor* den Mahlzeiten trinken. Milch oder Melonen darf man nicht mit anderen Nahrungsmitteln kombinieren. Und man darf süße und saure Früchte nicht zusammen verzehren.

Saure Früchte wie Orangen, Äpfel und Beeren kann man miteinander kombinieren. Süße Früchte muss man einzeln essen, also beispielsweise nur Bananen oder nur Birnen.

Eine Kombination von Proteinen sollte mit Gemüse, das nur geringe Speisestärke enthält, einhergehen. Geeignet sind etwa Petersilie, Spinat, Tomaten, Gurken, grüne Paprikaschoten, Broccoli und Kohlarten. Grundsätzlich sollte man sehr fetthaltige Nahrungsmittel am besten immer mit leicht verträglichem Gemüse verbinden.

Nudeln, Kartoffeln, Brot, Mais und Reis kann man zusammen mit Bohnen, Erbsen, Linsen und Kichererbsen essen. Früchte sollte man, wie gesagt, nur auf leeren Magen zu sich nehmen. Dasselbe gilt für Milch. Auch alles, was süß ist, sollte man nur bei leerem Magen essen und deshalb das Dessert nach einer Hauptmahlzeit weglassen. Nachtisch zu servieren ist eine sehr ungesunde Sitte. Besser, man holt sich einen Nachschlag bei der Hauptmahlzeit. Falls man danach noch Appetit auf ein Dessert hat, bedeutet das, dass man dem Körper nicht die Nahrung zugeführt hat, die er wirklich braucht.

Die Lust auf ganz bestimmte Nahrungsmittel hat starke Wirkkraft. In den USA habe ich Menschen gesehen, die um Mitternacht noch aus dem Haus gingen, um sich Schokolade, ein Sandwich oder Sonstiges zu kaufen!

Diese Begierde, etwas Bestimmtes zu essen, kann zweierlei bedeuten: Entweder ist das Gefühlsleben nicht im Gleichgewicht oder dem Körper fehlt ein bestimmter Bestandteil von Nahrung und er sehnt sich danach.

Es ist interessant, diese Begierden zu analysieren.

Wenn man ständig Hunger hat, braucht man Tyrosin. Man findet es vor allem in Orangen, Zitronen, Gemüse und roten Früchten. Oder man braucht Tryptophan, das in Käse, Spinat, Kartoffeln und Rosinen enthalten ist.

Wenn man stets Lust auf Salziges hat, sollte man Ziegenmilch, Fisch oder natürliches Meersalz zu sich nehmen.

Wenn man Süßes begehrt, benötigt man Chrom, das in frischen Früchten, Käse und Bohnen vorkommt, oder auch Phosphor, das einem Eier, Spinat, Rosinen, Kartoffeln oder Milchprodukte liefern können.

Wer sich nach Schokolade sehnt, braucht Magnesium, enthalten in Nüssen, Samen, Früchten und Gemüse.

Wer süchtig nach Kaffee oder Tee ist, benötigt Schwefel und Eisen. Man findet es in Eiern, Knoblauch, Zwiebeln, Salz, Fisch, Kräutern und Gemüse.

Bei Durst sollte man daran denken, dass der Körper mindestens acht Gläser Wasser pro Tag braucht. Wir bestehen zu fast siebzig Prozent aus Wasser, deshalb darf man das Wassertrinken nicht vernachlässigen. Es ist sehr wichtig für den menschlichen Körper. Leider trinken die Menschen kaum noch natürliches Quellwasser, das Leben in sich hat. Sie fahren zum Supermarkt und kaufen in Flaschen abgefülltes Wasser, das kein Leben in sich hat und mit Chlor und anderen Chemikalien angereichert ist.

Wenn man völlig appetitlos ist, braucht man die Vitamine B 1 und B 3, die in Bohnen, Nüssen, Samen, Fisch und Gemüse enthalten sind.«

Und damit beendete Tenzin seine Lektion über gesunde Ernährung und die richtige Kombination von Nahrungsmitteln.

Später, nachdem ich aus Tibet zurückgekehrt war, befasste ich mich mit der Wirkung von Energie auf Wasser. Allen, die sich für dieses Thema interessieren, empfehle ich das Werk des inzwischen leider verstorbenen Dr. Masaru Emoto. Er war ein japanischer Wissenschaftler, der in erster Linie durch seine These bekannt wurde, dass das menschliche Bewusstsein auf die molekulare und chemische Struktur von Wasser Einfluss nimmt.

Der weitgehend dokumentarische Film *What the Bleep do We (k)now!? Ich weiß, dass ich nichts weiß!* stellte Dr. Emotos Ideen erstmals einem größeren Publikum vor. Der Film ist immer noch sehr sehenswert. Danach erschien eine große Anzahl Bücher von Dr. Emoto, die seine Behauptungen detailliert nachgewiesen haben.

8

Der sechste Sinn

»Warum ist es so wichtig, im Dunkeln zu meditieren?«, fragte ich neugierig. »Mir ist aufgefallen, dass ihr mich während der Meditationswoche gebeten habt, stets nur in dem am weitesten abgelegenen Raum zu bleiben, wo nicht das geringste Licht eindringen kann.«

»Dunkelheit ist für die Entwicklung jedes spirituellen Menschen sehr wichtig«, erwiderte Karma Dorje. »Wir leben in einer Welt der Polaritäten, in der Licht und Dunkel dieselbe Intensität und dieselbe Energie haben. Wir sollten die Dunkelheit nicht fürchten. Wir sollten die Energie spüren, unabhängig davon, ob sie hell oder dunkel ist. Wir sollten die Dunkelheit genauso lieben wie das Licht und daran denken, dass die Dunkelheit sowohl draußen als auch in unserem Inneren vorhanden ist.

Während meines Aufenthalts in den USA hörte ich, dass sich moderne Physiker, die sich mit dem Aufbau des Universums befassen, Folgendes aufgezeigt haben: Jegliche Dunkelheit rings um die Planeten und Galaxien besteht aus Energie und nichts anderem – aus reiner Energie.

Wir nutzen die Dunkelheit bei unserer Meditation aus mehreren Gründen. Vor allem ist sie sehr entspannend. Versuche einmal, zunächst im Licht zu meditieren und danach in der Dunkelheit, du wirst den Unterschied sofort spüren. Bei Dunkelheit, wenn nichts zu sehen ist, stellen deine Augen in der Regel jede Bewegung ein und entspannen sich. Dann kannst du dich mühelos zentrieren. Meditierst du bei Licht, kann es geschehen, dass du selbst bei geschlossenen Augen eine gewisse Spannung in den Augen empfindest. Doch bei Dunkelheit entspannen sich deine Augen. Und wenn das passiert, kannst du dein inneres Licht erkennen. Jeder von uns besitzt dieses innere Licht.

Wenn du die **Meditation des Inneren Lichts** machen möchtest, solltest du einen dunklen Raum aufsuchen und deine Augen schließen oder sie mit einer Schlafmaske bedecken. Überzeuge dich davon, dass kein Licht eindringt.

Sobald dein Gesicht völlig entspannt ist, ›blicke‹ dich um und schau in dein Inneres. Lass die Augen dabei geschlossen und bewege weder den Kopf noch die Augen. Stell dir dich selbst inmitten von Dunkelheit vor. Entdecke, erspüre und empfinde die Dunkelheit, fühle sie in deinem Inneren. Die Dunkelheit sorgt für deine Tiefenentspannung. Sie wird sowohl draußen als auch in deinem Inneren herrschen. Spüre und liebe die Dunkelheit, wenn du diese Übung durchführst.

Plötzlich wird inmitten dieser Dunkelheit ein Licht erscheinen. Diese Meditation hilft dir zu verstehen, dass Licht und Dunkelheit ein und dasselbe sind.

Nach einer Weile wirst du merken, dass du dich überhaupt nicht mehr bewegen kannst. Du wirst dir wie eine Statue vorkommen. Auch deine Augen bewegen sich nicht mehr und deine innere Energie wird sich aufteilen und in drei Richtungen bewegen: in die Gegend des Nabels, in die Mitte der Herzregion und nach oben, zum Dritten Auge. Es ist so, als ob sich ein Feuerstrom in drei Richtungen aufspaltet.

Vermutlich wirst du spüren, wie sich deine erste Energiesphäre, die Nabel-Sphäre, mit Feuer, Tat- und Lebenskraft füllt. Oder aber deine Herz-Sphäre beginnt damit, Schwingungen zu erzeugen und zu pulsieren.

Es kann auch sein, dass du die Energie ins Dritte Auge strömen spürst. Du wirst Wärme und einen Feuerstrom spüren – eine flüssige Flamme, die einen neuen Pfad, einen neuen Weg zu finden versucht.

Heiße alles, was geschieht, willkommen. Habe keine Angst. Arbeite mit der Energie, lasse sie zu.

Unabhängig davon, ob sich die Energie zum Nabel, zum Herzen oder zum Dritten Auge hinbewegt, wird als Nächstes die Dunkelheit schwinden und ein Licht erscheinen – ein Licht, das keine Quelle hat. Das ist das ursprüngliche Licht, das heilige Licht.

Wir sind nur an Licht gewöhnt, das eine Quelle hat. Diese Quelle kann die Sonne, eine Lampe, der Mond oder etwas anderes sein. Stets existiert irgendwo eine Quelle. Doch wenn sich die Energie zu diesen drei Zentren, dem Nabel, dem Herzen oder dem Dritten Auge hinbewegt, wirst du ein Licht sehen, das keine Quelle hat. Dieses Licht gibt es in deinem Inneren, es stammt nicht aus einer äußeren Quelle. Die Energie hilft dem Schleier der Dunkelheit dabei, das Licht aufscheinen zu lassen. Wir nennen es das *Licht Gottes*, da Gottes Licht ewig ist und keine Quelle hat. Es ist das ursprüngliche Licht. Alle Heiligen Schriften und Bücher nehmen Bezug auf dieses Licht.

Manchmal wirst du einige Zeit ausharren und meditieren müssen, bis sich die Energie zu einem der drei Zentren bewegt und du das ursprüngliche Licht sehen kannst.

Wenn du es siehst, wirst du eine Verwandlung durchleben. Und das Licht ist keine Einbildung. Es ist wirklich ein Licht, ein perfektes Licht, ohne Ende und Grenzen. Dieses Licht leuchtet überall, ohne eine spezifische punktuelle Wirkung hervorzurufen, genauso, wie es sich auch bei der Sonne, dem Schatten oder der Wärme verhält.«

Interessanterweise führen überall auf der Welt indigene ethnische Gruppen – beispielsweise Stämme der Uransässigen wie die Kogi, die Maya, die Arhuaco und andere – Meditationen in vollkommener Dunkelheit durch.

In den Bergen der kolumbianischen Sierra meditieren die Kogi oft sehr lange Zeit in Dunkelheit. Die Kogi sind Nachkommen der Tairona-Kultur, die dort vor der Inlandnahme durch die Spanier blühte. Seinerzeit verfügten sie über eine fortgeschrittene Zivilisation, die viele Steinbauten und Wege durch die Dschungel hervorbrachte.

Die Kogi bezeichnen den Berg Piso Christóbal Colón – es ist der höchste Berg in Kolumbien, seine Höhe schätzt man auf 5.700 Meter – als *Gonawindua*, den *Heiligen Berg*. Dort unterziehen sich die Meister der Yogis, die man als *Mamas* bezeichnet, was in ihrer Sprache so viel wie *Sonnen* bedeutet, einer strengen Ausbildung, um Großmeister zu werden. Männliche Kinder werden schon bei der Geburt dazu auserwählt. Man bringt sie für die Zeitspanne der ersten neun Lebensjahre in eine dunkle Höhle, und dort beginnen sie ihre Ausbildung. In der Höhle sorgen ältere *Mamas* und die Mütter der Knaben für sie, geben ihnen zu essen, bilden sie aus und lehren sie, sich auf *Aluna*, das Herz der Welt, einzustellen, ehe sie in die Außenwelt zurückkehren. Durch tiefe Meditationen und Prophezeiungen unterstützen die *Mamas* die Herstellung von Harmonie und Schöpferkraft in der ganzen Welt. Alle ihre Meditationen führen sie in den Höhlen von *Gonawindua*, des *Heiligen Berges*, durch, und stets in der Dunkelheit.

Nach der Woche, die ich – wie in Kapitel 2 beschrieben – in Tibet in Dunkelheit verbracht hatte, nahm ich an einer außergewöhnlichen spirituellen Veranstaltung teil: an einem *Dark Room Retreat* in Thailand. Mit einer Gruppe von etwa fünfundvierzig Menschen verbrachte ich fast zehn Tage ohne Nahrung in völliger Dunkelheit. Wir führten dort unterschiedliche Meditationen durch. Und obwohl wir kein Essen zu uns nahmen, genossen wir diese Zeit sehr. Irgendwann am dritten oder vierten Tag begannen wir das *ursprüngliche Licht zu sehen.* Und dieses Licht kam aus unserem Inneren. Es war ein verblüffendes Erlebnis. Und uns wurde dabei klar, wie es möglich ist, dass die Meister im Dunkeln *sehen* können.

»Die **Meditation des Inneren Lichts** ist eine wunderbare Möglichkeit, dein inneres Licht zu entdecken«, erklärte mir Karma Dorje. »Eine interessante Besonderheit ist, dass das innere Licht im Unterschied zum Sonnenlicht oder zu abendlichem Kerzenschein keinen Schatten wirf. Das Licht ist überall und hat keinen speziellen Empfänger.

Das innere Licht ist ein sechster Sinn.

Ergänzt wird dieser sechste Sinn durch innere Schwingungen. Um diese zu erleben, musst du die Meditation längere Zeit praktizieren. Ich werde dich Schritt für Schritt hindurchführen. Sobald du diese einzelnen Schritte beherrschst, wirst du keine Mühe mehr mit der Meditation haben.

Wir nennen diese Meditation die **Meditation der Inneren Schwingungen**. Du musst sie 3 Mal, 9 Mal, 27 Mal, 54 Mal oder 108 Mal durchführen. Natürlich beginnst du mit der dreimaligen Durchführung.«

Anschließend leitete Karma Dorje mich durch die Meditation: »Bewege dich in dein Herz hinein und lasse die Zunge am oberen Gaumen. Schicke der Mutter Erde deine Liebe. Stelle dir die fünf wesentlichen Chakren vor: die Chakren des Perineums, des Nabels, des Herzens, des Dritten Auges und des Scheitelpunkts am Kopf. Gehe zu jedem Chakra und erspüre es. Jedes Chakra ruft ein *Gefühl*, eine Empfindung, in dir hervor und sorgt für eine jeweils spezifische Wahrnehmung.

Bei Durchführung dieser Übung rufe dir bei jedem Chakra das Bild und die Energie eines Meisters vor Augen, den du kennst und liebst. Verharre nur zwei bis drei Sekunden bei jedem Chakra. Spüre und erblicke das Bild des Meisters.

Wenn du beim Chakra des Scheitelpunkts angekommen bist, kehre auf dem Weg durch das fünfte, vierte, dritte und zweite Chakra zum ersten Chakra zurück. Erspüre und erblicke auf diesem Weg zurück in jedem Chakra den Meister.

Beginne, bis zum ersten Chakra, dem Chakra des Perineums, hinunter zu atmen. Atme normal ein, doch atme lange und langsam aus. Warte drei bis vier Sekunden bis zum nächsten Einatmen. Führe diese Übung drei Mal durch. Das Einatmen bis zum ersten Chakra hinunter erfolgt auf spezifische Weise: Es ist so, als würdest du eine Flasche mit Wasser füllen.

Versuche dir den Fluss der Luft vorzustellen, der von den Nasenlöchern bis zum ersten Chakra gelangt. Wiederhole diese Übung noch zwei Mal.

Richte deine Aufmerksamkeit nun auf das zweite Chakra, das Chakra des Nabels, und wiederhole die Prozedur wie beim ersten Chakra: Atme normal ein, aber atme lange und langsam aus. Warte drei bis vier Sekunden bis zum nächsten Einatmen. Führe diese Übung drei Mal durch. Wie beim ersten Chakra ist das Einatmen so, als würdest du eine Flasche mit Wasser füllen. Versuche dir den Fluss der Luft vorzustellen, der von den Nasenlöchern bis zum Chakra des Nabels gelangt.

Richte deine Aufmerksamkeit nun auf das dritte Chakra, das Chakra des Herzens in der Mitte deines Brustkorbs. Führe dieselbe Prozedur wie bei den ersten beiden Chakren durch und wiederhole sie noch zwei Mal.

Richte deine Aufmerksamkeit jetzt auf das vierte Chakra, das Chakra des Dritten Auges in der Stirnmitte. Führe dieselbe Prozedur wie bei den ersten drei Chakren durch und wiederhole sie noch zwei Mal, aber atme diesmal stets über das Dritte Auge ein. Erspüre, wie der Fluss des *Prana* von den Nasenlöchern direkt zum Dritten Auge führt, und wiederhole diese Übung noch zwei Mal.

Richte deine Aufmerksamkeit jetzt auf das fünfte Chakra, das Chakra des Scheitelpunkts auf deinem Kopf, wo die Fontanelle liegt. Wiederhole diese Prozedur wie bei den anderen vier Chakren.

Sieh und erspüre den Fluss des *Prana* von den Nasenlöchern ins Dritte Auge und wiederhole dieses Sehen und Erspüren noch zwei Mal.

Kehre jetzt vom fünften Chakra zum ersten Chakra zurück und benutze dort dieselbe Atemtechnik wie zuvor.

Lege eine Handfläche auf die andere – Männer die rechte Handfläche auf die linke, Frauen die linke auf die rechte – und beide Hände danach auf den Nabel. Dann lässt du die Hände sanft im Gegenuhrzeigersinn über dem Nabel kreisen, insgesamt 27 Mal.

Jetzt lege die Handflächen auf die Brust und führe dasselbe am Herz-Zentrum durch.

Nun führe dasselbe am Zentrum des Dritten Auges durch.

Verharre so mehrere Minuten lang und erspüre die Schwingungen der drei Zentren: Nabel, Herz, Drittes Auge.

Dies ist eine Meditation, die längere Zeit in Anspruch nehmen kann. Sobald du dich auf den Prozess der Meditation einlässt, wird sie zu einem sehr wirkungsvollen Erlebnis. Es heißt: Wenn du sie drei Mal durchführst, erhältst du Energie und erreichst Durchhaltevermögen für den ganzen Tag. Wenn du sie 9 Mal durchführst, erhältst du Energie für den ganzen Monat. Wenn du sie 27 Mal durchführst, wird der Körper niemals krank. Wenn du sie 54 Mal durchführst, wird der Körper leicht. Und wenn du sie 108 Mal durchführst, gewinnst du Unsterblichkeit.«

Damit beendete Karma Dorje seine Einführung in diese Art und Weise der Meditation.

Als ich diese Meditation für das erste Chakra durchführte, konnte ich mir mühelos das Bild und die Energie von Mutter Maria vor Augen rufen. Beim zweiten Chakra sah ich Buddha vor mir, beim dritten Chakra erblickte ich den Erzengel Michael, beim vierten Chakra Babaji[4] und beim fünften Chakra, dem Chakra des Scheitelpunkts, Jesus.

Hier eine Erläuterung der jeweiligen Bedeutung:

Ich fand diese Meditation so effektiv, dass ich sie nach wie vor durchführe. Es fällt überhaupt nicht schwer, das Bewusstsein auf ein Chakra nach dem anderen zu richten. Nachdem ich die Hände 27 Mal über den Chakren des Nabels, des Herzens und des Dritten Auges habe kreisen lassen, spüre ich die Schwingungen. Ich spüre, wie mein ganzer Körper vibriert und sich die Energie darin bewegt. Ich kann die Schwingungen jedes einzelnen Zentrums spüren – meine inneren Schwingungen von Nabel, Herz und Drittem Auge.

---

[4] Babaji – der Name bedeutet so viel wie »verehrter Vater« – ist ein spiritueller Meister, der von seinen Anhängern als Avatar betrachtet wird, als »Herabgestiegener«. Er wurde angeblich 203 n. Chr. in Südindien geboren und soll noch heute im nördlichen Himalaya leben. Menschen verschiedenster Glaubensrichtungen betrachten ihn als menschgewordene Gottheit. – *Der Verlag*

Mutter Maria
Erstes Chakra:
Erdchakra, EXISTENZ

Buddha
Zweites Chakra:
Nabelchakra, SEIN

Erzengel Michael
Drittes Chakra:
Herzchakra, FÜHLEN

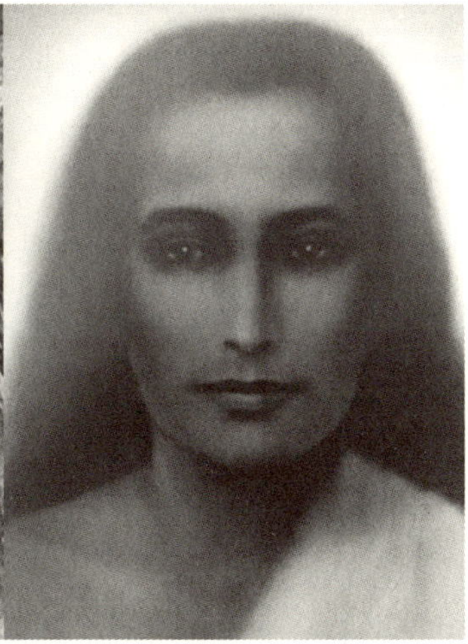

Babaji
Viertes Chakra:
Chakra des Dritten Auges, WISSEN

Jesus
Fünftes Chakra:
Chakra des
Scheitelpunkts,
GÖTTLICHKEIT

Dritter Teil

Träumen und die Reinigung von der Vergangenheit

Gewidmet allen Meistern und Lichtarbeitern,
die uns niemals aufgegeben und uns
dabei geholfen haben,
den Weg zurück ins Göttliche zu finden.

9

Träumen

Ich erinnere mich noch gut an die ersten Tage unserer Begegnung. Ihr spracht damals über Träume und sagtet, dass wir ständig träumen, bei Tag und bei Nacht. Ihr sagtet auch, dass nur wenige Menschen auf dieser Welt wach sind. Was bedeutet das?«, fragte ich die Meister.

»Wir träumen tatsächlich ständig, die ganze Zeit über«, antwortete Tenzin Dhargey. »Die Menschen glauben, dass sie nur dann, wenn sie schlafen, träumen, aber das stimmt nicht. Wir träumen auch während des Tages.«

»Während unserer Meditationen und vor allem während deiner Meditation im dunklen Raum oder bei deiner Begegnung mit unserem Lama, Meister Tenzin Tashi, hast du sicher einige Phasen der Erweckung erlebt«, ergänzte Karma Dorje. »Der Traum wirkt immer noch in dir nach, auch wenn du ihn während deiner täglichen Aktivitäten verdrängt hast. Sobald du deine Augen schließt und deinen Körper ein paar Sekunden lang entspannst, kannst du die Träume weiterhin spüren. Du kannst spüren, dass du dich nach wie vor in einem Traum befindest.«

Vermutlich sah ich wie vor den Kopf geschlagen aus, denn beide Meister begannen zu lachen.

»Ich kann wirklich kaum glauben, dass wir alle gerade träumen. Wie soll das möglich sein?«, fragte ich.

»Wie unterscheidest du die Träume der letzten Nacht von der gegenwärtigen Situation?«, lautete Tenzin Dhargeys Gegenfrage. »Woher weißt du, dass du dich jetzt nicht in einem Traum befindest? Wie unterscheidest du Träume von der ›realen Welt‹?«

»Ganz einfach dadurch, dass ich euch berühren, sehen und spüren kann. Ihr seid real, und dadurch weiß ich, dass ich jetzt wach bin«, antwortete ich und berührte Tenzin Dhargeys Hand, um ihm zu zeigen, was ich meinte.

»Genau darum geht es hier. Es gibt keinen Unterschied zwischen deinen Träumen und deiner ›Realität‹. Lass uns einen Versuch durchführen. Lass uns alle drei ein Nickerchen machen«, schlug Karma Dorje vor.

Ich willigte ein und legte mich auf das schmale Bett hinter mir. Die Meister verharrten in ihrer Lotus-Stellung. Sie schlossen lediglich die Augen, ich merkte, dass sie sofort einschliefen.

Immer noch frage ich mich, wie sie so schnell einschlafen konnten. Doch als ich die Augen schloss, wurde ich auf der Stelle in einen Traum projiziert, in dem beide Meister vorkamen. Tenzin Dhargey bat mich, seine Hand zu berühren. Ich tat es und spürte unverzüglich, dass wir träumten.

Es passiert mir nicht oft, dass mir das Träumen im Traum bewusst wird, doch in diesem Moment konnte ich erkennen, dass wir träumten.

Ich schlug die Augen auf. Die Meister warteten bereits geduldig auf mich.

»Und? Spürst du nun irgendeinen Unterschied zwischen deiner Berührung meiner Hand im Traum und deiner Berührung meiner Hand, bevor wir das Nickerchen gemacht haben?«, fragte Tenzin Dhargey mich lächelnd.

»Eigentlich nicht«, murmelte ich, fast ein wenig beschämt über diese Erkenntnis.

»Also verstehst du jetzt, um was es geht? Es geht nicht darum, dass du während des Schlafes träumst, sondern darum, dass du während des Schlafes Träume leichter spüren kannst, weil deine täglichen Aktivitäten dabei wegfallen. Wenn du morgens aufstehst, setzt sich das Träumen in deinem Inneren fort, während du *nach außen hin zu handeln beginnst.* Und diese ganze Aktivität, die ganze tägliche Aktivität, überdeckt und unterdrückt das Träumen.

Die Träume sind stets da, in deinem Inneren. Das Träumen setzt sich fort, und du bist nicht wirklich wach. Du bist tagsüber nur nicht so ins Schlafen vertieft, und das liegt an deinen Tätigkeiten. Das Träumen schafft einen Film, einen Spielfilm, der sich wie Nebel über dein Bewusstsein legt.

Während wir nachts schlafen, schlafen wir nur in gewissem Maße tiefer als am Tage. Du kannst behaupten, dass du wirklich wach bist, wenn du überhaupt nicht träumst, stimmt's?«, fragte Tenzin Dhargey.

»Ja, so ist es wohl. Im Grunde müssen wir aufhören, *innerlich zu träumen*, um wirklich wach zu sein«, erwiderte ich, verblüfft über die Wahrheit und den gesunden Menschenverstand, die sich in der Erklärung der Meister ausdrückten.

»Das ist genau das, was du tun solltest, lieber Rinchen«, sagte Karma Dorje mit fester Stimme.

»Im Inneren Selbst gibt es im Grunde keine Träume! Dort gibt es nur das reine Bewusstsein, ein Bewusstsein, das nicht träumt. Dieses Bewusstsein ist das *Erwachen* oder die *Erleuchtung.* Alle Heiligen Schriften sagen dasselbe: Wir schlafen und müssen erwachen«, setzte Tenzin Dhargey hinzu.

»Also haben wir im Grunde überhaupt keine Ahnung, wer wir wirklich sind. Es ist so, als wären wir die ganze Zeit betrunken«, rief ich ein wenig fassungslos aus.

»Genau. Es ist so, als würden wir fortwährend einen Film anschauen. Der Film wird auf die Leinwand projiziert und du bist so in den Film vertieft, dass du jetzt nur noch den Film in dir aufnimmst, die Handlung dieses Films. Du hast völlig vergessen, wer du wirklich bist. Du bist verwirrt und identifizierst dich mit den Schauspielern, statt dich selbst als den Geist, das Bewusstsein, zu betrachten, das diesen Film *anschaut.*

Träumen ist nichts anderes als ein Film. Träumen bedeutet, dass der Verstand die Welt reflektiert. Du befasst dich so intensiv damit, identifizierst dich so sehr damit, dass du völlig vergessen hast, wer du wirklich bist. Es ist schon komisch, wie das funktioniert. Du siehst alles, nur nicht dich selbst. Diese Selbstvergessenheit ist das Träumen, ist das Schlafen.

Während meines Aufenthalts in den Vereinigten Staaten fiel mir auf, dass die Menschen dort abends zu Hause Filme anschauen. Ein Familienmitglied, das mich zu sich nach Hause eingeladen hatte und dort beherbergte, war sehr überrascht, dass ich mich nicht jeden Abend zur Familie gesellte, um einen Film anzusehen. Ich meditierte lieber.

Allerdings beschloss ich eines Abends, die Einladung zum Fernsehen anzunehmen und mich der Familie anzuschließen. Ich weiß nicht mehr genau, von was dieser Film handelte. Aber es ging wohl um ein junges Mädchen und einen Jungen, die sich ineinander verliebt hatten. Doch die Eltern des Mädchens hatten etwas gegen diese leidenschaftliche Liebe.

Es war nur ein Film, eine erdachte Geschichte. Während dieser zwei Stunden löste sich die ganze Familie in Tränen auf. Zwei Stunden lang weinten sie, denn sie empfanden diesen Film als Tragödie. Für mich war das nichts als Unsinn. Es war ja nur ein Film, eine erdachte Geschichte.

Zwei Stunden lang war die Familie nicht einmal mehr präsent, sie hatte sich im Grunde mit den Schauspielern identifiziert. Als der Film zu Ende war, begannen die Familienmitglieder darüber zu lachen, dass sie während des Films geweint hatten, und sie neckten einander deswegen.

Nun ja, so ist unser Leben: ein Film, der ständig läuft, nicht nur zwei Stunden lang. Dieses Träumen läuft bei unzähligen Leben ein ganzes Leben lang, die Menschen verlieren sich in Träumereien!«, schloss Tenzin Dhargey.

»Es ist wirklich deprimierend, dass wir ständig träumen.« Ich war in gewisser Hinsicht verstört, als ich mir das klar machte.

»Es sind aber nicht nur Träume, lieber Rinchen. Für dich und alle anderen sind diese Träume die *Wirklichkeit* – deine und ihre *Wirklichkeit*«, erwiderte Karma Dorje mit einem ganz und gar herzlichen Lächeln.

»Was passiert, falls die Träume plötzlich verschwinden?«, fragte ich voller Neugier.

Die Meister Tenzin Dhargey und Karma Dorje wechselten kurz einen Blick und wurden plötzlich sehr ernst. Ich merkte, dass ich eine sehr wichtige Frage gestellt hatte und sie mir auf eine Weise antworten wollten, die ich auch verstand.

»Würde diese Traumwelt plötzlich verschwinden, wäre es ein sehr großer Schock, lieber Rinchen. An diesem Schock könntet ihr leicht sterben, denn eure Welt ist ja das Träumen.

Damit meine ich Folgendes: Was du als ›die Welt‹ betrachtest, besteht nicht aus äußeren Dingen, sondern aus unseren Träumen. Jeder lebt in seiner eigenen Traumwelt. Jeder Verstand ist eine Welt des Traums. Wenn viele denselben Traum haben, ist das Ergebnis die Welt, die du jetzt ›siehst‹. Ohne Träume könnte das Leben für Menschen sehr schwierig sein. Deshalb führen wir Meditationen durch, um nach und nach zu erkennen, dass wir träumen.

Es gibt zwar wirklich einige schnelle Methoden der Erkenntnis – Zen ist einer der bekanntesten Wege zu jäher Erleuchtung –, aber im Allgemeinen solltest du einen plötzlichen Sprung in die Ewigkeit vermeiden. Man kann diesen Sprung tun, es gibt und hat niemals etwas gegeben, das dem entgegensteht, aber dieser Sprung kann gefährlich sein. Er kann dich überfordern, da du ausschließlich an die Traumwelt gewöhnt bist und dich ihr angepasst hast. Also kannst du dich der Realität nicht stellen«, erklärte Karma Dorje.

»Gibt es denn eine Methode, die uns dabei helfen könnte, aus diesem tiefen Schlaf zu erwachen, irgendeine Vorgehensweise, um dieses Traumstadium zu transzendieren und darüber hinauszugelangen?«, fragte ich die Meister.

»Die beste Methode besteht darin, sich so zu verhalten, als wäre die ganze Welt ein einziger Traum. Wir nennen diese Übung **›Dies ist nur ein Traum‹**. Sie ist sehr einfach, aber wirkungsvoll. Was du auch tust: Denke daran, dass dies hier nichts als ein Traum ist. Während du isst, spazieren gehst, liest oder etwas beobachtest, sage dir: ›Es ist nur ein Traum.‹ Erlaube deinem Verstand, sich im Wachzustand ständig daran zu erinnern, dass alles, das ringsum existiert, nur in einem Traum existiert. Diese Meditation trägt im Laufe der Zeit dazu bei, dass du dir innerhalb deiner Träume, während des nächtlichen Schlafs, dessen bewusst wirst, dass du nur träumst. *Wenn* du dich während des Träumens daran erinnern willst, dass du dich in einem Traum befindest, beginne damit im Wachzustand. Während des Träumens glaubst du ja, dass das, was du siehst, deine Realität ist.

Wenn du mich hier siehst und danach deine Augen schließt, zu träumen beginnst und mich in deinem Traum siehst, gibt es keinen Unterschied zwischen diesem ›Sehen‹. Selbst dann nicht, wenn du mich vor dem Träumen berührst.

Denke an das Experiment, das wir vorhin durchgeführt haben. Du konntest keinen Unterschied zwischen der Situation feststellen, in der du mich im Wachzustand berührt hast, und derjenigen, in der du mich während deines Schlafes im Traum berührt hast, oder? In beiden Fällen war das, was du gesehen hast, nur ein Bild, das sich in deinen Augen gespiegelt hat. In deinen Augen hast du mich nur reflektiert.

Und das ist eine dreidimensionale Reflexion, unabhängig davon, ob du mich jetzt siehst oder in deinen Träumen, während du schläfst. Wenn du also die Übung *Dies ist nur ein Traum* durchführst, versuche nicht, den Traum zu verändern. Wenn du das tust, verleihst du dem Traum nur noch mehr Gewicht. Und die Anstrengung, den Traum zu verändern, beruht auf der falschen Annahme, dass der Traum real ist.

Du musst dich nur selbst ständig und fortwährend mindestens drei Monate lang daran erinnern, dass du dich nur in einem Traum befindest – was du auch tun magst. Falls du das drei Monate lang durchhältst, wird sich dein altes Denkmuster nach und nach auflösen. Falls du dich drei Monate lang ständig in den Wachzustand versetzen und dich daran erinnern kannst, dass *dies nur ein Traum ist*, wirst du dich in irgendeiner Nacht während des vierten Monats, wenn du träumst, plötzlich daran erinnern, dass es *nur ein Traum ist.*

Das ist ein sehr wirkungsvolles Mittel, den Traumvorgang zu beseitigen und die ganze Zeit über bewusst, wachsam und achtsam zu leben. Wenn du ein Auto siehst, sage dir: *›Es ist nur ein Traum.‹* Wenn du morgens eine Scheibe Brot abschneidest, sage dir: *›Es ist nur ein Traum.‹* Während du das Haus putzt, sage dir: *›Es ist nur ein Traum.‹* Wenn du arbeitest, sage dir: *›Es ist nur ein Traum.‹«*

Damit beendete Tenzin Dhargey seine Erklärungen.

10

Sich von der Vergangenheit reinigen

Wieso lösen unsere Erinnerungen manchmal so starke emotionale Reaktionen in uns aus? Warum verfolgt uns unsere Vergangenheit so sehr?«, fragte ich die Meister.

»Das hat mit der Lebenskraft zu tun, die du bei vergangenen Ereignissen eingebüßt hast. Es hat auch mit der Energie anderer Menschen zu tun, die du in dir gespeichert hast. Rings um deinen physischen Leib gibt es eine vollständige Energiesphäre, die all diese ›fremden Energien‹, die andere Menschen in deinem emotionalen Leib hinterlassen haben, aufbewahrt. Im Laufe der Jahre wird diese Energie zur Last. Wenn diese Sphäre gereinigt ist, kannst du alle Dinge in deinem Umfeld ohne jede Mühe erkennen, spüren und nachvollziehen«, antwortete Karma Dorje.

»Du fühlst dich dann wieder sauber und rein. Als ich die westlichen Länder besuchte«, fuhr er fort, »sah ich einige Zeichnungen dieser Sphäre. Die Menschen bezeichnen sie als *Leonar-*

do-Sphäre, wegen der Zeichnungen Leonardo da Vincis. Eigentlich ist es eine Darstellung des menschlichen Körpers innerhalb eines Kreises und eines Vierecks. Diese Darstellung ist einem Abschnitt über Geometrie und die menschlichen Proportionen in den Schriften von Vitruv entnommen. Sie wurde fast 1.600 Jahre vor Leonardo da Vinci geschaffen.«

»Der Grund dafür, dass es den meisten Menschen an Energie und Willenskraft mangelt, liegt im Wesentlichen darin, dass sie ihre Leben niemals gereinigt haben und diese Leben deshalb auch weiterhin voll belastender Emotionen, Erinnerungen und Ängste sind«, ergänzte Tenzin Dhargey.

»Meint ihr damit, dass wir unsere Lebenskräfte von der Vergangenheit befreien müssen?«, fragte ich verblüfft.

»Genauso ist es, lieber Tenzin Rinchen«, antwortete Tenzin Dhargey lächelnd. »Zugleich geht damit die Entwicklung eines höheren Bewusstseins einher. Je mehr du dein früheres Leben reinigst, desto mehr setzt du die Energie frei, die andere Menschen in deinem Inneren verankert haben. Und ohne dieses Freisetzen von Energie kannst du nicht zu einer höheren Ebene des Bewusstseins gelangen.

Unsere Energien von der Vergangenheit zu säubern ist nicht derselbe Vorgang wie der des Erinnerns. Das Erinnern ist eine alltägliche Art zu denken. Dagegen erfolgt die Reinigung unserer Energie aus der Vergangenheit durch eine *bewusste Tätigkeit.*

Diese Reinigung ist der Schlüssel dazu, zu einer höheren Stufe des Bewusstseins zu gelangen. Deshalb musst du damit anfangen, die wichtigsten Ereignisse der Vergangenheit als Erste zu klären. Durch den Denkvorgang musst du dich tatsächlich an den Ort versetzen, wo das Ereignis stattfand. Richte deine Energie genau auf die energetische Situation zur Zeit des Vorfalls«, fuhr Karma Dorje fort.

»Meinst du damit, dass ich den Vorfall so ›sehen‹ soll, als würde ich einen Film anschauen?«, fragte ich verwirrt.

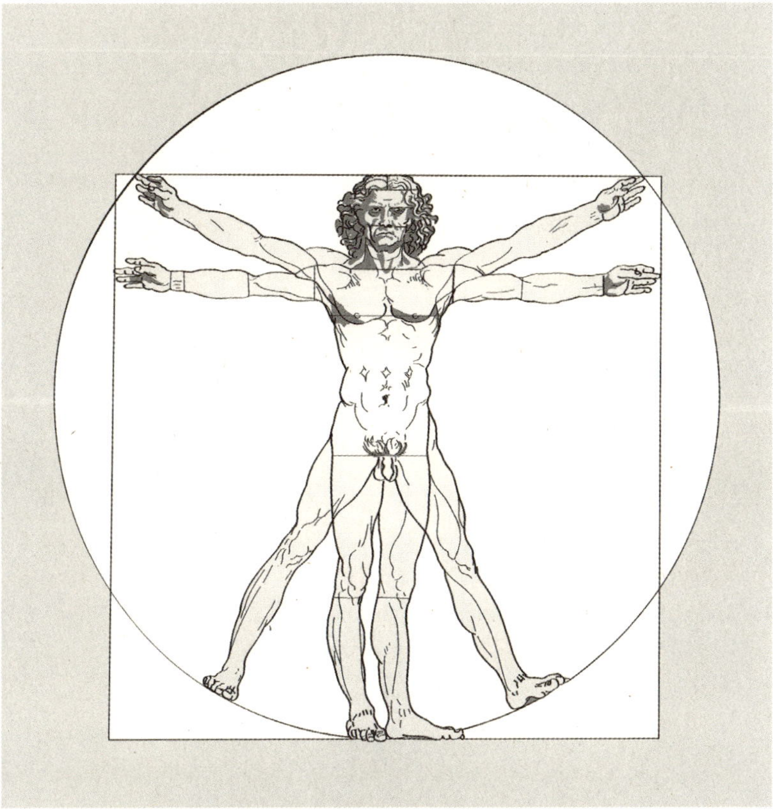

Abbildung 4: Der Vitruvianische Mensch

»Unsere Lebenskräfte von der Vergangenheit zu reinigen bedeutet, sich Ereignisse bis ins kleinste Detail in Erinnerung zu rufen und sich davon zu reinigen. Ich werde dir sagen, wie es funktioniert, und du kannst hier und jetzt damit anfangen«, antwortete Tenzin Dhargey.

»Diese Reinigung kannst du in zwei Schritten vollziehen. Beim *ersten Schritt* handelt es sich um einen kurzen Rückblick auf alle Vorfälle in deinen Leben, bei denen die Notwendigkeit ihrer Untersuchung klar auf der Hand liegt. Der *zweite Schritt* besteht darin, sich detailliert an die Vorfälle zu erinnern. Du beginnst damit an einem Punkt unmittelbar vor der Reinigungsphase und gehst theoretisch bis zum Augenblick der Geburt oder der Zeit im Mutterschoß zurück.

Du solltest wissen, dass die Reinigung deiner Leben niemals endet, auch wenn du die Reinigung beim ersten Mal überaus gründlich durchgeführt hast.

Manchmal hilft es, eine Liste mit möglichst allen Menschen zu machen, denen du im Laufe deines Lebens begegnet bist, angefangen bei der Gegenwart. Du wirst feststellen, dass du mit der Hälfte dieser Menschen irgendein Problem hattest, dass du über diese Menschen nachgedacht oder sonstwie mit ihnen interagiert hast.

Der Schlüssel der Meditation zur **Reinigung von Energien aus der Vergangenheit** ist das Atmen. Das Atmen verhilft zu immer tiefer reichenden Erinnerungen.

Am besten gehst du dabei wie folgt vor …

- Erstelle eine Liste der Vorkommnisse.
- Deine Sitzhaltung sollte bequem sein. Der Rücken ist gerade, die Hände sind einander zugewandt. Die Handflächen ruhen entspannt auf den Knien oder auf der Ebene des Herzens. Es könnte bequemer sein, sie auf die Knie zu legen.
- Bewege dich in dein Herz hinein.
- Atme tief und langsam ein und führe zugleich deine Hände zueinander, aber ohne dass sie sich berühren. Atme lange und langsam aus und führe die Hände zurück in die ursprüngliche Position – auf die Knie gelegt und einander zugewandt.
- Befasse dich mit dem ersten Vorkommnis ganz oben auf deiner Liste und bleibe dabei, bis du alle verausgabten Empfindungen rekapituliert hast. Rekonstruiere das Ereignis Stück für Stück, angefangen von der Erinnerung an die physischen Einzelheiten der Umgebung. Dann beschäftige dich mit den Menschen, mit denen du damals zu tun hattest. Wende dich

anschließend dir selbst zu, um deine damaligen Empfindungen zu untersuchen.

- Während du dich erinnerst, wird ein bestimmtes Gefühl in dir aufsteigen. Atme tief und langsam ein, führe zugleich deine Hände zueinander, aber ohne dass sie sich berühren. Diese Atmung dient dazu, die Energie wiederherzustellen. Auf diese Weise greifst du die Energie auf, die damals zurückgelassen wurde.
- Atme lange und langsam aus und führe die Hände zurück in die ursprüngliche Position – auf die Knie gelegt und einander zugewandt.
- Durch das Ausatmen wird die Energie hinausgeworfen, die ein anderer Mensch oder mehrere an diesem Vorfall beteiligten Menschen in dir hinterlassen haben.
- Vergib dir selbst und dem oder den an diesem Vorfall beteiligten Menschen.

Wenn du dir deine in der Welt hinterlassene Energie zurückholst und die Energie, die andere Menschen in dir zurückgelassen haben, von dir weist, reinigst du deine Lebenskraft. Das erhöht deine inneren Schwingungen und ermöglich es dir, losgelöst von früheren Ereignissen und ohne Vorurteile in deinem Leben weiter voranzuschreiten.

Es kann sein, dass du mehr als nur eine einzige Meditation dazu brauchst, dich von einem Vorfall zu reinigen. Du solltest diese Meditation dann mehrmals wiederholen, bis du bei dem Gedanken an diesen Vorfall ein gutes Gefühl hast und deine Lebenskraft durch die Erinnerung an das frühere Problem nicht mehr beeinträchtigt wird. Du hast dich dann völlig davon gelöst«, erklärte Karma Dorje abschließend.

11

Sich von der Tagesenergie reinigen

Ich bin sehr beeindruckt von der Meditation zur Reinigung von den Energien aus der Vergangenheit. Sie ist sehr wirkungsvoll. Gestern verbrachte ich den ganzen Tag mit dieser Übung. Ich habe wirklich das Gefühl, dass meine Energie jetzt reiner ist«, berichtete ich den Meistern – begeistert von den Ergebnissen dieser Meditation.

»Diese Meditation ist sehr wichtig. Ein Tag reicht ja bei weitem nicht aus, sich von der Vergangenheit zu reinigen. Manchmal braucht es ein ganzes Leben dazu, alle Probleme des Karmas zu klären«, erwiderte Karma Dorje.

»Es gibt zwei wichtige Meditationen, die dabei helfen, sich von der Vergangenheit zu reinigen. Die Übung zur *Reinigung von Energien aus der Vergangenheit* hilft dabei, vergangene Vorfälle zu klären. Und die Übung zur **Reinigung von Tagesenergien** trägt dazu bei, den Tag zu reinigen, der gerade zu Ende gegangen ist«, fuhr Karma Dorje fort.

»Ja, ich habe schon überlegt, wie man die ›kurzfristig‹ angesammelten Energien reinigen kann. Es gibt also tatsächlich eine Methode, sich von dem gerade erlebten Tag zu reinigen?«, wollte ich von den Meistern wissen.

»So ist es. Die dafür anzuwendende Methode ist sogar sehr leicht. Du musst nur durchhalten und sie unablässig anwenden, ohne jemals damit aufzuhören. Jeden Abend gehe im Geiste, kurz bevor du einschläfst, die Aktivitäten des ganzen Tages durch, und zwar rückwärts, vom Ende bis zum Anfang. Es ist ein Prozess der Erinnerung. Beginne bei dem Moment, in dem du zu Bett gehst, also bei deiner letzten Tätigkeit des Tages. Und dann verfolge diese Tätigkeiten Schritt für Schritt bis zur ersten Tätigkeit zurück, also bis zu deinem Erwachen am Morgen. Rufe dir den ganzen Tag mit allem, was passiert ist, ins Gedächtnis.

Betrachte alles, aber lass dich emotional nicht darauf ein. Es ist so, als würdest du einen Film anschauen. Du siehst eine Gestalt, aber nicht dich selbst. Du bist nur ein aufmerksamer Beobachter. Urteile nicht über irgendetwas, das während des Tages geschehen ist. Falls du dich mit einem Freund gestritten hast, ist es jetzt diese Gestalt, die sich streitet, nicht du selbst. Beobachte diese Auseinandersetzung, als wäre jemand anderes daran beteiligt, nicht du. Lass dich nicht hineinziehen, werde nicht wieder wütend. Falls du wieder wütend wirst, hast du dich mit der Gestalt identifiziert. Betrachte deine Vergangenheit distanziert, ohne dich mit ihr zu identifizieren.

Diese Übung haben alle Meister häufig durchgeführt, besonders Buddha und Mahavira. Buddha lehrte seine Schüler, dass diese Methode dazu beiträgt, gestaltlos zu werden – so wie Wasser, das fließt und sich ständig verändert. Das Geheimnis liegt darin, die Übung rückwärts durchzuführen, also in umgekehrter Reihenfolge des zeitlichen Geschehens.

Am besten, wir gehen die einzelnen Schritte der Meditation zur *Reinigung von Tagesenergien* noch einmal durch …

- Schalte das Licht aus, lege dich ins Bett oder auf eine Matte und entspanne dich völlig.
- Sobald du dich sehr schwer fühlst oder aber so leicht, dass du fast schwebst, beginne damit, deinen Tag rückwärts zu rekapitulieren, und zwar so, als würdest du einen Film anschauen. Du wirst dort eine Gestalt sehen, aber diese Gestalt bist nicht du selbst. Du bist nur ein aufmerksamer Beobachter, der alles, was geschieht, wahrnimmt.
- Gehe deinen Tag, vom Ende angefangen, bis zur ersten Aktivität am Morgen durch. Betrachte alles so, als ginge es nicht um dich, sondern einen anderen Menschen. Lass dich nicht auf die Situation ein, empfinde weder Zorn noch Freude. Rege dich nicht auf und empfinde auch kein Hochgefühl.
- Beginne bei dem Moment, in dem du zu Bett gehst, also bei deiner letzten Tagesaktivität, und gehe dann Schritt für Schritt bis zur ersten Tätigkeit am Morgen, nach deinem Erwachen, zurück.
- Es sind wichtige Mittel zu deiner Befreiung und Erleuchtung, wenn du dich meditativ von den *Energien aus der Vergangenheit* und von den *Tagesenergien* reinigst.
- Wenn du die Meditation zur *Reinigung von Energien aus der Vergangenheit* hin und wieder einmal, stets bei Bedarf, und die Meditation zur *Reinigung von Tagesenergien* jeden Abend durchführst, wirst du zu einer höheren Stufe des Bewusstseins gelangen und sehr bald erleuchtet werden«, erklärte Karma Dorje abschließend.

12

Die Schule des Herzens

Ich denke daran, alle Informationen, die ich hier bekomme, zusammenzustellen und nach der Rückkehr in meine Heimat eine spirituelle Organisation namens *School of the Heart* zu gründen – ›Schule des Herzens‹. Haltet ihr das für eine gute Idee?«, fragte ich die Meister eines Tages.

»Die Entscheidung liegt bei dir, lieber Rinchen, nur bei dir«, antwortete Tenzin Dhargey lächelnd. »Alle spirituellen Vereinigungen dieser Welt versuchen mit den Polaritäten zu arbeiten, in denen wir leben. Doch statt Liebe zu erschaffen, erschaffen fast alle Hass und Frustration. Das liegt daran, dass wir in einer Welt von Gegensätzen leben«, schloss er.

»Wir sind es heute gewöhnt, Dinge zu besitzen besitzen«, fuhr Karma Dorje fort. »Die führenden Köpfe dieser Organisationen oder die Gruppe, die deren Arbeit fortsetzt, wenn sie nicht mehr da sind, sind früher oder später bestechlich und weichen dann stark vom ursprünglichen spirituellen Manifest ab. Was am Anfang ein schöner Traum war, wird später zu einem Albtraum. Es ist aber immer deine ganz persönliche Entscheidung.«

Mich verblüffte diese Einschätzung der Meister, deshalb fragte ich: »Warum geschieht so etwas? Sollen diese Vereinigungen denn nicht zu Gott führen?«

»Brauchen wir jemanden, der uns zu Gott führt?«, sagte Tenzin Dhargey. »Wir haben einen freien Willen. Es steht uns frei, zu Gott zu finden, und zwar ohne alle ›Führer‹. Wir können das ohne Kirchen, Tempel oder Sonstiges tun. Aber da wir unsere Leben wie Roboter leben, benötigen wir trotz allem einen Führer. Wir brauchen jemanden, der die Zukunft für uns gestaltet. Doch die Menschen müssen begreifen, dass die Zukunft von der Vergangenheit geschaffen wird. Da wir wie Roboter leben, verhalten wir uns vorhersehbar. Unsere Zukunft ist möglich, weil sich die Vergangenheit wiederholt.

Jesus oder Buddha hatten es nicht nötig, sich nach irgendeiner Vereinigung zu richten. Sie lebten im Hier und Jetzt. Sie waren nicht berechenbar. Sie verstanden, dass die Realität im Hier und Jetzt liegt.

Aber wir leben heute alle wie Maschinen und sind ständig ›am Laufen‹. Und währenddessen sehen wir unser Leben an uns vorbeiziehen, ohne irgendetwas zu begreifen. Im Grunde stellen wir uns unsere Zukunft nur auf der Grundlage unserer Vergangenheit vor. Ist das nicht so?«

»Das Einzige, was du in deiner ›Schule des Herzens‹ lehren kannst«, fuhr Karma Dorje fort, »besteht darin, dass es nur um dieses Leben geht, lieber Rinchen. In deiner ›Schule des Herzens‹ solltest du den Menschen vermitteln, aus dem Vollen und intensiv zu leben. Wenn du sie das lehren kannst, hat diese Schule einen Sinn.«

»Also müssen wir das Beste aus der Gegenwart machen, da sie nicht wiederkehrt?«, fragte ich die Meister.

»Ja, genau. Und es sollte einen Grund dafür geben, dass du diese Schule nicht ›Schule des Verstandes‹, sondern ›Schule des Herzens‹ nennst. Der Verstand ist nur die Summe von

Gedanken. Diese Gedanken werden zu Worten, weil wir das Schweigen nicht allzu lange aushalten. Also sind wir nur Worte, leere Worte. Aber das Herz reicht darüber hinaus. Wir halten uns für den Verstand und glauben, dass einem nichts Gutes widerfährt, wenn man sich seines Verstandes nicht bewusst ist. Aber wenn wir uns mit unserem Verstand identifizieren, identifizieren wir uns in Wahrheit mit etwas, das nicht lebt, sondern nur ein Schatten ist. Deshalb musst du die Menschen lehren, ihr Herz zu ihrem Mittelpunkt zu machen. Das ist das Wichtigste, das du tun musst. Und das ist auch die wichtigste spirituelle Übung.

Gründe deine ›Schule des Herzens‹ also ruhig, wenn du meinst, dass die Menschen diese spirituelle Arbeit nötig haben«, ermutigte mich Tenzin Dhargey abschließend.

Mir fiel dabei die Geschichte von den zwölf Kindern ein, den jungen Meistern der Bildsprache des Herzens, die sich 1991 in der Umgebung von Jerusalem getroffen hatten. Sie schrieben damals auf einen Stein: »Wenn es nicht einfach ist, wird es auch nicht leicht werden.«

Bei der Bildsprache des Herzens bedienst du dich deiner Bilder und Träume und aktivierst über dein Herz den Schöpfungsprozess – wie ich es hier tue.

Vierter Teil

Die Durchführung der Übungen

Mein Selbst weggeworfen,
Raum ist geschaffen für Gott.
Und ich stehe vor Ihm,
als Er eintritt.
Allgegenwärtig, immer zugegen für mich,
wie für einen jeden …
Ich kenne Freiheit.
Nichts zu fürchten, nichts zu erlangen …
Die Freude ist grenzenlos, so wie ich.

Colette Aboulker-Muscat
(1909-2003)

»Jungney« – Atemmeditation für die Rückkehr zum Ursprung

von den Meistern übergeben in Kapitel 2

Der erste Schritt

Nimm eine gute Meditationshaltung ein, mit geradem Rücken und entspannten Schultern. In dieser Position bewegt sich dein Kinn normalerweise ein wenig zu deinem Hals, du ziehst es an – nur ein kleines bisschen. Zu diesem ersten Schritt gehört auch, die Zunge nach oben zu wölben und damit die obere Gaumenplatte zu berühren.

Der zweite Schritt

Schließe die Augen und richte sie, leicht schielend, zur Öffnung deines Dritten Auges auf deiner Stirnmitte.

Der dritte und letzte Schritt

Atme bis nach unten, in deinen Nabel-Bereich hinein.

»Tinley« – Meditation der Erleuchtung

von den Meistern übergeben in Kapitel 2

Der erste Schritt

Fokussiere dich mit einem leichten Schielen auf dein Drittes Auge, während die Zunge die Gaumenplatte an einer beliebigen Stelle berührt.

Der zweite Schritt

Betrachte dich selbst als ein leeres Gefäß, atme *Prana* ein und stelle fest, wie sich das leere Gefäß von unten nach oben füllt, genau wie ein Wasserglas.

Der letzte Schritt

Du stellst dir vor, wie sich die Essenz des *Prana* als Licht von der Oberseite deines Kopfes über dein Gesicht, deinen Rücken, deine Hände, den ganzen Körper ergießt.

»Thokmay« – Meditation ohne Hindernis

von den Meistern übergeben in Kapitel 3

Der erste Schritt

Du verbindest deine Augen oder hältst dich in einem völlig dunklen Raum auf, während du Augen und Mund verschließt und die Ohren mit Stöpseln abdichtest. Denke daran, dass deine Zunge mit dem oberen Gaumen verbunden sein muss, und richte deinen Blick, leicht schielend, auf deine Stirnmitte.

Der zweite Schritt

Mach dir die Zeit zwischen dem Ausatmen und dem Einatmen bewusst. Atme vorsichtig und tief bis zum Nabelzentrum ein und atme sehr langsam wieder aus, bis dein Körper und deine Lungen leer sind. Dann verharrst du einige Sekunden lang so und machst dir die Zeitspanne zwischen dem Ausatmen und dem nächsten Einatmen bewusst. Während dieser Zeitspanne hörst du auf zu atmen und deine Nasenlöcher bleiben verschlossen. Sie nehmen nichts von außen auf. In dieser Stille werden sich deine Energie und dein Bewusstsein durch die Stelle in der Stirnmitte allmählich nach außen bewegen.

»Ngodup« – Meditation der Verwirklichung

von den Meistern übergeben in Kapitel 3

Denke bei dieser Meditation daran, mit der Zunge die ganze Zeit über sanft den oberen Gaumen zu berühren und, leicht schielend, nach oben, zur Stirnmitte, zu blicken.

Der erste Schritt

Mache dir deine fünf Hauptzentren (Chakren) bewusst: die des Perineums, des Nabels, des Herzens, des Dritten Auges und des Scheitelpunkts oben am Kopf.

Der zweite Schritt

Atme durch die Nasenlöcher ein, und zwar bis zum Perineum oder Damm. Gehe danach beim Einatmen vom Perineum bis zum Scheitelpunkt am Kopf, so dass du alle fünf Zentren durchläufst. Zähle dabei mit. Wenn du dich im Chakra des Perineums befindest, zähle laut »eins«, im Nabelzentrum »zwei«

und so weiter. Wenn du schließlich am Scheitelpunkt angekommen bist, sagst du laut »fünf«.

Du kannst dazu auch Farben verwenden. Im Chakra des Perineums sagst du laut »rot«, im Nabelchakra »orange«, im Herzchakra »grün«. Im Chakra des Dritten Auges »blau« und im Scheitelchakra »weiß«.

Der dritte Schritt

Du atmest vom Scheitelpunkt am Kopf bis zum Perineum aus, passierst dabei alle oben genannten Stationen und zählst dabei laut rückwärts von fünf bis eins oder nennst die Farben Weiß, Blau, Grün, Orange und Rot. Zwischen dem Ausatmen und dem nächsten Einatmen verharrst du einige Sekunden lang im Perineum, sobald du die Atmung eingestellt hast und nichts mehr durch die Nase aufnimmst.

Wiederhole diese Übung fünf Mal. Du kannst sie, so oft du möchtest, wiederholen, aber stets in Fünfer-Blöcken.

Herzmeditation

Zugleich Schritt eins der Meditation des Dritten Auges, von den Meistern übergeben in Kapitel 3

Normalerweise ist dein Bewusstsein im Bereich deines Kopfes angesiedelt. Von dort aus kannst du nach unten in deinen Körper hineinschauen, als stündest du ganz oben in unserem herrlichen Kloster, das mitten auf einer Bergspitze errichtet ist. Von dort aus – dem kleinen Raum, der sich oben auf dem Kloster befindet – bewege dich die Wendeltreppe hinunter. Ganz oben, in dem kleinen Raum, ist also dein Kopf. Und du – dein Bewusstsein – bewegst dich auf der Wendeltreppe nach unten und hältst genau vor dem Herzen an. Ich meine damit dein physisches Herz.

Hier wirst du eine Tür entdecken. Öffne die Tür und betrete dein Herz, wo du ein reales Universum sehen wirst. Das Universum des Herzens! Die Welt des Herzens! Vielleicht wirst du Sterne sehen oder auch Pyramiden, Räume, Wälder und Wasserfälle – alles ist möglich!

Meditation des Dritten Auges

von den Meistern übergeben in Kapitel 3

Der erste Schritt

Siehe oben die Herzmeditation.

Der zweite Schritt

Du beginnst, bis zu deinem Nabel zu atmen, und bringst dort *Prana* hinein. Führe das ein paar Minuten lang durch. Denke daran, die Zunge während der Meditation am oberen Gaumen zu lassen und, leicht schielend, auf deine Stirnmitte zu blicken.

Der dritte und letzte Schritt

Leite dein *Prana* durch die Atmung vom Nabelzentrum bis zum Zentrum deines Dritten Auges – bis zu deiner Stirnmitte, auf die du blickst. Dieser Schritt kann mehrere Minuten beanspruchen, manchmal sogar eine ganze Stunde. Während dieses letzten Schritts wirst du spüren, dass sich das *Prana* während deiner Atmung einen Durchgang öffnet und an dieser Stelle etwas zu vibrieren beginnt.

Liebesmeditation

von den Meistern übergeben in Kapitel 4

Diese Meditation können und sollten zwei Liebende fünf Minuten lang, fünf Stunden lang, fünf Wochen lang oder auch fünf Monate lang durchführen. Am besten fängt man mit fünf Minuten an und praktiziert diese Meditation eine Woche lang.

Der erste Schritt

Empfinde Hochachtung in der Gegenwart des geliebten Menschen. Erkenne das Göttliche in ihm oder ihr. Spüre Gott in ihm oder ihr. Verwandle deine Beziehung in etwas Heiliges.

Der zweite Schritt

Plötzlich wirst du spüren, dass ihr eins seid und tief im Inneren eine Mauer zwischen euch durchbrochen wurde. Eure Körper können euch nicht voneinander trennen. Ihr werdet eins miteinander, seid in völligem Einklang und vergesst alles um euch herum.

Mutter-Erde-Meditation

von den Meistern übergeben in Kapitel 5

Der erste Schritt

Man muss eine gute Meditationshaltung einnehmen und mit geradem Rücken und entspannten Schultern sitzen bleiben. Lege deine Zungenspitze an den oberen Gaumen, schließe die Augen und wende sie, leicht schielend, nach oben, zur Öffnung deines Dritten Auges. Atme bis zu deinem Nabel herunter. Denke daran, dich ins Herz hinein zu bewegen, wie beim ersten Schritt der Meditation des Dritten Auges.

Der zweite Schritt

Sieh dich selbst inmitten der Natur und beobachte, wie du zu einem Teil von Mutter Erde wirst. Beispielsweise kannst du spüren, wie du zu einer Blume oder einem Baum wirst. Fühle dich mit starken, mächtigen Wurzeln, die tief in die Erde hinunterreichen, im Boden verankert. Spüre, wie du tatsächlich zur Erde selbst wirst. Atme ein und spüre, dass dein Körper Teil der göttlichen Mutter Erde ist. Spüre, dass dein Atem derselbe ist wie der Atem der Mutter Erde, dein Puls so wie ihr Puls geht, dein Herz wie ihr Herz schlägt.

Spüre, dass du Erde bist.

Spüre, dass du Wasser bist.

Spüre, dass du Holz bist.

Spüre, dass du Feuer bist.

Spüre, dass du Metall bist.

Spüre, dass du Erde bist, aber auch Wasser, Holz, Feuer und Metall – das sind die Fünf Elemente des Universums.

Der dritte Schritt

Spüre, dass du wirklich groß bis, gewaltig groß, so groß wie Mutter Erde, und um die Sonne kreist. Du kannst hinter dir die Venus und vor dir den Mars spüren. Du kannst ringsum das ganze Universum spüren.

Meditation des Inneren Selbst

von den Meistern übergeben in Kapitel 6

Der erste Schritt

Nimm eine gute Meditationshaltung ein. Der Rücken ist gerade und die Schultern sind entspannt. Behalte deine Zunge am oberen Gaumen, schließe die Augen und richte sie, leicht schielend, auf die Öffnung deines Dritten Auges. Atme in deinen Bauchnabel hinein. Denke daran, dich in dein Herz hinein zu bewegen, wie auch beim ersten Schritt der Meditation des Dritten Auges. Spüre die Schwingung von Mutter Erde. Lass deinen Geist bewusst in dein Herz einziehen und stelle dir mit deinem inneren Auge zwei heilige, beschaulich und heiter daliegende Berge vor. Zwischen den Bergen liegt ein wunderschöner Wasserfall. Am Fuß der Berge siehst du eine Blumenwiese mit Vögeln. Sie ähnelt einem Paradies.

Der zweite Schritt

Kreuze deine Beine zu einer perfekten Lotus-Stellung und entspanne deinen Körper und Geist. Wenn du dich dazu bereit fühlst, rufe dein Inneres Selbst. Tue es sanft, aber mit deiner ganzen Willenskraft. Dein Inneres Selbst kann dir in jeder möglichen Gestalt erscheinen: zum Beispiel als Mensch, als Engel, als Gedanke, als Lichtstrahl, als himmlisches Wesen, als geometrische Form, etwa die einer Pyramide, und als Kristall.

Der dritte Schritt

Dein Inneres Selbst ist stets voller Liebe und Mitgefühl. Es repräsentiert und reflektiert die göttliche Weisheit und das göttliche Wissen. Frage dein Inneres Selbst, was du tun musst, um aus der spirituellen Isolation herauszukommen und die Stufe deines Bewusstseins anzuheben. Behalte die Antwort deines Inneren Selbst im Gedächtnis. Spüre, wie wunderbar diese Begegnung ist. Spüre die Pracht und Herrlichkeit, die von dieser heiligen Kommunikation ausgeht.

Gewohnheiten ablegen: Die Stopp-Methode

von den Meistern übergeben in Kapitel 6

Wenn du dich dazu bringen kannst, mitten in deinen Gedanken mit dem Denken aufzuhören, brichst du mit deinen Gewohnheiten. Unabsichtlich geschieht das leicht. Programmiere dich nicht vorsätzlich darauf, mitten im Denken einfach aufzuhören. Am besten wäre es, wenn ein Freund dir ohne Vorwarnung »Stopp!« zurufen würde und du dann sofort mit dem aufhören müsstest, was du gerade tust.

Du musst aufhören zu denken, aufhören zu arbeiten, und du musst sogar aufhören zu atmen.

Aber vergiss nicht, dass es authentisch sein muss. Wenn es das nicht ist, wird es nicht klappen. Der einfache Weg besteht darin, deine Gewohnheiten nicht mehr ständig zu wiederholen. Wenn du dazu neigst, ein Wort, eine Geste oder einen bestimmten Satz gewohnheitsmäßig zu benutzen, höre damit auf. Jede Gewohnheit, die man aufgibt, führt zu jäher innerer Stille und lässt den Verstand schweigen.

Ein Beispiel: Falls du häufig mit dem Kopf nickst, wenn du etwas sagst, um deinen Worten Nachdruck zu verleihen, versuche den Satz ohne Kopfnicken auszusprechen. Wenn du das schaffst, wirst du plötzlich eine gewisse Freiheit spüren – so als wenn sich ein Schleier von deinen Augen hebt. Du solltest jede mechanische Reaktion aufgeben. Eine mechanische Reaktion, eine Gewohnheit, ist ein Trick des Verstandes. Wenn du diese Gewohnheit durchbrichst, verschwindet dein Verstand für einen Moment, und dann wirst du fähig *zu sehen*. Es ist nicht schwer, aber du musst es beharrlich üben. Du musst diese Methode so oft wie möglich anwenden.

Gewohnheiten ablegen: Die Skulpturen-Meditation

von den Meistern übergeben in Kapitel 6

Der erste Schritt

Du schließt die Augen und entspannst den ganzen Körper. Das kannst du tun, indem du dich auf einen Stuhl setzt oder dich hinlegst. Schalte die Umgebung bewusst ab.

Der zweite Schritt

Du spürst, dass du nur ein Steinblock bist und kannst dich, wie eine Skulptur, überhaupt nicht bewegen. Du kannst deine Hände nicht bewegen und deine Augen nicht öffnen. Jeder Schmerz in deinem Körper legt sich. Du ähnelst einem Toten. Plötzlich wird dann alles in deiner Umgebung verschwinden: der Stuhl, das Bett, das Zimmer, die ganze Welt ringsum. Du wirst dich in dir selbst zentrieren, und dein Denken wird aufhören.

Regeln zur richtigen Kombination von Lebensmitteln

von den Meistern übergeben in Kapitel 7

Eier sollte man niemals zusammen mit Fisch oder Fleisch servieren. Riskant ist es auch, sie mit Käse, stärkehaltigen Produkten wie Brot, Nudeln, Kartoffeln, Reis, Getreideprodukten, Nüssen oder Samen zu verbinden. Sehr gut hingegen vertragen sich Eier mit frischem Gemüse.

Fleisch sollte man niemals mit Fisch, Eiern, Käse oder stärkehaltigen Weizenprodukten verbinden. Riskant ist es auch, Fleisch mit Nüssen und Samen zu kombinieren. Sehr gut verträgt sich Fleisch mit frischem Gemüse.

Fisch sollte nie in Verbindung mit Eiern, Fleisch und Käse gegessen werden. Riskant ist es auch, Fisch mit Nüssen und Samen zu kombinieren. Fisch verträgt sich sehr gut mit frischem Gemüse und stärkehaltigen Weizenprodukten.

Käse darf man nicht in Verbindung mit Fisch und Fleisch verzehren. Riskant ist es auch, Käse mit Eiern zu kombinieren. Käse verträgt sich sehr gut mit frischem Gemüse, stärkehaltigen Weizenprodukten, Nüssen und Samen.

Stärkehaltige Weizenprodukte sollte man nie mit Fleisch verbinden. Es ist auch riskant, sie mit Eiern zu verbinden. Stärkehaltige Weizenprodukte vertragen sich sehr gut mit frischem Gemüse, Käse, Fisch, Nüssen und Samen.

Frisches Gemüse verträgt sich mit jedem Nahrungsmittel gut.

Früchte sollte man ohne weitere Nahrungsmittel essen. Schon die Frucht macht eine ganze Mahlzeit aus!

Meditation des Inneren Lichts

von den Meistern übergeben in Kapitel 8

Der erste Schritt

Suche entweder einen dunklen Raum auf und schließe deine Augen oder bedecke die Augen einfach mit einer Schlafmaske. Überzeuge dich davon, dass kein Licht hereindringt.

Wenn dein Gesicht völlig entspannt ist, »blicke« dich um und in dein Inneres. Lass die Augen dabei geschlossen und bewege weder den Kopf noch die Augen. Stell dir dich selbst inmitten von Dunkelheit vor. Sieh, spüre und fühle die Dunkelheit, fühle sie in deinem Inneren. Die Dunkelheit sorgt für deine Tiefenentspannung. Sie wird sowohl draußen als auch in deinem Inneren herrschen. Spüre und liebe die Dunkelheit, wenn du diese Übung durchführst.

Plötzlich wird inmitten dieser Dunkelheit ein Licht erscheinen. Diese Meditation hilft dir zu verstehen, dass Licht und Dunkelheit ein und dasselbe sind.

Meditation der Inneren Schwingungen

von den Meistern übergeben in Kapitel 8

- Bewege dich in dein Herz hinein und lasse die Zunge am oberen Gaumen. Schicke Mutter Erde deine Liebe.
- Stelle dir die fünf wesentlichen Chakren vor: die Chakren des Perineums, des Nabels, des Herzens, des Dritten Auges und des Scheitelpunkts am Kopf. Gehe zu jedem Chakra und erspüre es. Jedes Chakra ruft ein *Gefühl*, eine Empfindung, in dir hervor und sorgt für eine jeweils spezifische Wahrnehmung. Bei Durchführung dieser Übung rufe dir bei jedem Chakra das Bild und die Energie eines Meisters vor Augen, den du kennst und liebst. Verharre nur zwei bis drei Sekunden bei jedem Chakra. Spüre und erblicke das Bild des Meisters. Wenn du beim Chakra des Scheitelpunkts angekommen bist, kehre auf dem Weg durch das fünfte, vierte, dritte und zweite Chakra zum ersten Chakra zurück. Erspüre und erblicke auf dem Rückweg in jedem Chakra den Meister.
- Beginne, bis zum ersten Chakra, dem Chakra des Perineums, hinunter zu atmen. Atme normal ein, doch atme lange und langsam aus. Warte drei bis vier Sekunden bis zum nächsten

Einatmen. Führe diese Übung drei Mal durch. Das Einatmen bis zum ersten Chakra hinunter erfolgt auf spezifische Weise: Es ist so, als würdest du eine Flasche mit Wasser füllen. Versuche dir den Fluss der Luft vorzustellen, der von den Nasenlöchern bis zum ersten Chakra gelangt. Wiederhole diese Übung noch zwei Mal.

- Richte deine Aufmerksamkeit nun auf das zweite Chakra, das Chakra des Nabels, und wiederhole die Prozedur wie beim ersten Chakra: Atme normal ein, aber atme lange und langsam aus. Warte dann drei bis vier Sekunden bis zum nächsten Einatmen. Führe diese Übung drei Mal durch. Wie beim ersten Chakra läuft das Einatmen so ab, als würdest du eine Flasche mit Wasser füllen. Versuche dir dabei den Fluss der Luft vorzustellen, der von den Nasenlöchern bis zum Chakra des Nabels gelangt.
- Richte deine Aufmerksamkeit nun auf das dritte Chakra, das Chakra des Herzens in der Mitte deines Brustkorbs. Führe dieselbe Prozedur wie bei den ersten beiden Chakren durch und wiederhole sie noch zwei Mal.
- Richte deine Aufmerksamkeit jetzt auf das vierte Chakra, das Chakra des Dritten Auges in der Stirnmitte. Führe dieselbe Prozedur wie bei den ersten drei Chakren durch und wiederhole sie noch zwei Mal, aber atme diesmal stets in das Dritte Auge ein. Erspüre, dass der Fluss des *Prana* von den Nasenlöchern direkt zum Dritten Auge führt, und wiederhole diese Übung noch zwei Mal.
- Richte deine Aufmerksamkeit jetzt auf das fünfte Chakra, das Chakra des Scheitelpunkts auf deinem Kopf, wo die Fontanelle deine Schädelplatten trennt. Wiederhole diese Prozedur wie bei den anderen vier Chakren.
- Sieh und erspüre den Fluss des *Prana* von den Nasenlöchern ins Dritte Auge und wiederhole dieses Sehen und Erspüren noch zwei Mal.

- Kehre jetzt vom fünften bis zum ersten Chakra zurück und benutze dabei dieselbe Atemtechnik wie zuvor.
- Lege eine Handfläche über die andere (Männer legen die rechte Handfläche über die linke, Frauen die linke über die rechte) und die Hände danach auf den Nabel. Dann lässt du die Hände gegen den Uhrzeigersinn sanft über dem Nabel kreisen, insgesamt 27 Mal.
- Jetzt lege die Handflächen über die Brust und führe dasselbe am Herz-Zentrum durch.
- Nun führe dasselbe am Zentrum des Dritten Auges durch. Verharre so mehrere Minuten lang und erspüre die Schwingungen der drei Zentren (Nabel, Herz, Drittes Auge).

»Dies ist nur ein Traum«

von den Meistern übergeben in Kapitel 9

Was du auch tust: Denke daran, dass dies hier alles nichts als ein Traum ist. Während du isst, spazieren gehst, liest oder etwas beobachtest, sage dir: »Es ist nur ein Traum.« Erlaube deinem Verstand, sich im Wachzustand ständig daran zu erinnern, dass alles, das ringsum existiert, in einem Traum existiert.

Du musst dich selbst ständig und fortwährend mindestens drei Monate lang daran erinnern, dass du dich immer nur in einem Traum befindest – was du auch tun magst. Wenn du das drei Monate lang durchhältst, wird sich dein altes Denkmuster nach und nach auflösen.

Wenn du dich drei Monate lang ständig in den Wachzustand versetzen und dich daran erinnern kannst, dass *dies nur ein Traum ist,* wirst du dich in irgendeiner Nacht während des vierten Monats, wenn du träumst, plötzlich daran erinnern, dass es »nur ein Traum ist«.

Das ist ein sehr wirksames Mittel, den Traumvorgang zu beseitigen und die ganze Zeit über bewusst, wachsam und achtsam zu leben. Wenn du ein Auto siehst, sage dir: *»Es ist nur ein Traum.«* Wenn du morgens eine Scheibe Brot abschneidest, sage dir: *»Es ist nur ein Traum.«* Während du das Haus putzt, sage dir: *»Es ist nur ein Traum.«* Wenn du welcher Tätigkeit auch immer nachgehst, sage dir: »Es ist nur ein Traum.«

Reinigung von Energien aus der Vergangenheit

von den Meistern übergeben in Kapitel 10

- Erstelle eine Liste von Vorkommnissen.
- Deine Sitzhaltung sollte bequem sein. Der Rücken ist dabei gerade und die Hände sind einander zugewandt. Die Handflächen ruhen entspannt auf den Knien oder auf der Ebene des Herzens. (Es könnte bequemer sein, sie auf die Knie zu legen.)
- Bewege dich in dein Herz hinein.
- Atme tief und langsam ein und führe zugleich deine Hände zueinander, aber ohne dass sie sich berühren. Atme lange und langsam aus und führe die Hände zurück in die ursprüngliche Position – auf die Knie gelegt und einander zugewandt.
- Befasse dich mit dem ersten Vorkommnis ganz oben auf deiner Liste und bleibe dabei, bis du alle in diesem Zusammenhang verausgabten Empfindungen rekapituliert hast. Rekonstruiere den Vorfall Stück für Stück, angefangen von der Erinnerung an die physischen Einzelheiten der Umgebung. Dann beschäftige dich mit den Menschen, mit denen du damals während des Vorkommnisses zu tun hattest. Wende dich danach dir selbst zu, um deine seinerzeitigen Empfindungen zu untersuchen.

- Während du dich erinnerst, wird dabei ein bestimmtes Gefühl in dir aufsteigen. Atme tief und langsam ein, führe zugleich deine Hände zueinander, aber ohne dass sie sich berühren. Diese Atmung dient dazu, die Energie wiederherzustellen. Auf diese Weise greifst du die Energie auf, die damals zurückgelassen wurde.
- Atme lange und langsam aus und führe die Hände zurück in die ursprüngliche Position – auf die Knie gelegt und einander zugewandt.
- Durch das Ausatmen wird die Energie hinausgeworfen, die ein anderer Mensch oder mehrere an dem Vorfall beteiligten Menschen in dir hinterlassen haben.
- Vergib dir selbst und dem oder den an diesem Vorfall beteiligten Menschen.

Reinigung von Tagesenergien

von den Meistern übergeben in Kapitel 11

- Schalte das Licht aus, so dass Dunkelheit herrscht, lege dich nieder und entspanne dich völlig.
- Sobald du dich sehr schwer fühlst oder aber so leicht, dass du fast schwebst, beginne damit, deinen Tag rückwärts zu rekapitulieren, und zwar so, als würdest du einen Film anschauen. Du wirst dort eine Gestalt sehen, aber diese Gestalt bist nicht du selbst. Du bist nur ein aufmerksamer Beobachter, der alles, was geschieht, wahrnimmt.
- Gehe deinen Tag, vom Ende angefangen, bis zur ersten Aktivität am Morgen durch. Beobachte alles so, als wärest nicht du daran beteiligt, sondern ein anderer Mensch. Lass dich nicht auf irgendwelche Situation gleich welcher Art ein,

empfinde weder Zorn noch Freude. Rege dich nicht auf und empfinde auch kein Hochgefühl.

- Beginne bei dem Moment, in dem du zu Bett gegangen bist, also bei deiner letzten Tagesaktivität, und gehe dann Schritt für Schritt bis zur ersten Tätigkeit am Morgen, nach deinem Erwachen, zurück.

Fünfter Teil

Unbelastet und frei

Ich sitze hier
unter dem Baum des Lebens,
allein mit dem Einen.
Das Eine ist der Baum.
Das Eine bin ich.
Das Eine bist du.

Daniel Mitel

Die Zeit wurde flüssig. Es gab keine Vergangenheit, keine Gegenwart, keine Zukunft mehr. Tage und Monate vergingen, aber intuitiv war mir klar, dass irgendwann der Tag kommen würde, an dem die Meister mich bitten würden, in die Welt zurückzukehren.

Das geschah an einem wunderbaren Sommertag. Sanft berührte die Sonne unsere Gesichter.

»Es ist an der Zeit, lieber Rinchen«, teilte mir Karma Dorje mit und sah mir dabei in die Augen. Ich stellte keine Fragen. Mir war klar, was er meinte.

Tenzin Dhargey vollendete den Gedanken des anderen Meisters und sagte: »Du bist bereit.«

Ich konnte auch die Gegenwart der *Dharmapala*, der Beschützerin des Klosters, spüren.

»Unser Lama-Meister, Tenzin Tashi, schickt dir seine Liebe und seinen Segen. Er sagt, dass du dich daran erinnert hast, wer du wirklich bist«, erklärte Karma Dorje.

Ich schwieg. Ich wusste, dass sie recht hatten.

»Denke daran, lieber Rinchen, dass es weder Vergangenheit noch Zukunft gibt. Es gibt nur das Hier und Jetzt. Wo immer du auch bist, wirst du bei uns sein, wenn du dir die Kraft des Hier und Jetzt bewusst machst. Alles, was wir haben, ist ein ewig währendes Hier und Jetzt. Das hier ist die Ewigkeit.«

Als ich den beiden in die Augen sah, erkannte ich, dass sie Ewigkeit bedeuteten. Sie waren rein, unbelastet und frei von früheren Bürden, unbelastet von Gedanken an die Zukunft.

Ich lächelte, und sie erwiderten das Lächeln.

Ja, es stimmt: Dieses Hier und Jetzt ist alles, was wir haben.

Hier und JETZT ist die Ewigkeit!

Zweites Buch

Bildsprache des Herzens

Vorwort

Meister machen Erfahrungen und lehren. Wir lernen und machen Erfahrungen. Es gibt dabei einen großen Unterschied: Wir sind Nachfolger, keine Wegbereiter. Ein Meister ist ein bewusster Schöpfer, und wir versuchen bewusste Empfänger zu sein. In einer Welt der Polarität ist dieser Versuch nicht einfach. Die einfache Handlung des Versuchens ist das, was uns hier, in dieser Dimension, in einem erschöpfenden, niemals endenden Rad von Reinkarnationen festhält.

Bildsprache des Herzens hilft euch dabei, noch einmal ein Bewusstsein zu entwickeln, das dem eines Kindes ähnelt, und zu einem wiedergeborenen Menschen zu werden. Es schenkt euch ein neues Leben und die Möglichkeit, die eigene Energie zum kosmischen Bewusstsein zu lenken. Und warum sollten wir das anstreben? Weil wir es satt haben, Maschinen zu sein – Roboter, Menschen ohne Persönlichkeit.

Wir sind erschöpft und nicht mehr aufnahmefähig, und das liegt an unseren sich ständig wiederholenden Gesten, Gedanken und Handlungen. Was wir heute ringsum sehen, ist ein Beweis dafür, dass der Verstand versagt hat. Wenn der Verstand versagt, bleibt uns nur noch eines: das Herz.

Bildsprache des Herzens ist die Fortsetzung des Buches *JETZT ist die Ewigkeit!* Es offenbart uns Übungen und Meditationen, die mit dem ältesten spirituellen System verbunden sind: der Bildsprache des Herzens. Es ist ein Schatz voller Ratschläge, Meditationen und Übungen, die direkt von zweien der letzten Großmeister der Bildsprache des Herzens stammen.

Diese Meister lebten im Gebiet von Tibet, doch das spielt hier keine Rolle. Genau wie bei anderen Großmeisterinnen und Großmeistern der Bildsprache des Herzens (beispielsweise Anastasia aus Russland, Colette Aboulker-Muscat aus Jerusalem oder Ana Pricop aus Rumänien) waren der Ort und die Zeit, in der sie auf diesem Planeten lebten, ohne weitere Bedeutung. Sie hatten die Fähigkeit, alles zu verändern: die Vergangenheit, die Gegenwart und die Zukunft. Sie konnten jede Handlung, jeden Gedanken grundlegend revidieren. Über unser Begriffsvermögen geht das hinaus.

Denkt daran, dass alles in eurer Umgebung nichts anderes ist als ein Traum. Und wenn ihr es wirklich wollt, könnt ihr jeden Moment daraus erwachen.

Daniel Mitel

Erster Teil

Lernen und erfahren

Gewidmet euch,
meinen geliebten Leserinnen und Lesern.

Denkt daran,
dass dieses Buch nicht zufällig
in eure Hände gelangt ist.
Euer Höheres Selbst gab es euch
aus einem bestimmten Grund:
damit ihr euch daran erinnert,
wer ihr in Wirklichkeit seid.

1

Entkomme dem Gefängnis des Verstandes

Ihr Meister«, sagte ich eines Tages zu Karma Dorje und Tenzin Dhargey. »Warum sind eure Meditationen so kraftvoll? Wie ist es möglich, dass ein einziges einfaches Bild, das ihr mir gebt, eine so starke Wirkung entfaltet? Ist es die Wirkung des Bildes oder die Kraft meines Verstandes? Ich spüre sowohl in als auch außerhalb von mir starke Energiewellen, wenn ich diese Bilder sehe oder mich in sie einfühle.«

Karma Dorje und Tenzin Dhargey tauschten einen kurzen Blick aus und verstummten für einen Moment.

Es gab Momente in unseren Diskussionen, in denen ich das Gefühl hatte, gleich würde etwas Wichtiges gesagt werden.

Das war einer dieser Momente.

»Lieber Tenzin, diese Meditationen arbeiten mit der Bildsprache des Herzens. Sie helfen dir dabei, in dein Herz zu gelangen und dort zu bleiben. Sie schenken dir Harmonie und Frieden. Eines Tages könntest du das Gefühl haben, dass die ganze Welt zusammenbricht und du deinen Verstand verlierst. Habe in diesem Moment keine Angst, dass du verrückt wirst; das wird nicht geschehen! Dieser Moment bietet dir die beste Gelegenheit, in dein Herz zu gelangen«, erklärte Tenzin Dhargey.

»Gibt es eine bessere Möglichkeit, aus dem Gefängnis des Verstandes zu entkommen, als in dem Moment, in dem der Verstand zu arbeiten aufhört? All deine Glaubensmuster und vorgefassten Vorstellungen verschwinden. Dein Geist ist frei, dein Bewusstsein befreit, und das gibt dir die einmalige Gelegenheit, in das Herz hineinzusinken«, sagte Karma Dorje.

»Dies ist eine neue Vision des Lebens, lieber Tenzin«, fuhr Tenzin Dhargey fort. »Du beginnst, dein Ego fallen zu lassen, weil du alles in deiner Umgebung von deinem Herzen aus siehst. Die Bildsprache des Herzens ist eine Erfahrung und in dieser Erfahrung sind wir alle gleich. Wir sind bescheidene Mitschöpfer. Wir sind zu neuem Leben erweckt und wir leben einfach in diesem Moment. Wir sind ewig jung. Jedes Bild bereitet dich auf die endgültige Hingabe vor. Du wirst so viele Bilder auf einem Hintergrund sehen, der durch das Nichts, durch das ewige Universum, geschaffen wurde, dass du plötzlich deine eigene Auflösung in das Nichts erfahren wirst. Du wirst dich mit allem Leben überall verbinden und du wirst das gesamte Universum in dir selbst sehen, spüren und fühlen.«

»Ist es für jemanden, der keine Übungen in der Bildsprache des Herzens durchgeführt und sich bisher auch noch keine Techniken der Meditation angeeignet hat, überhaupt möglich, das unendliche Nichts zu erfahren?«

»Ja, das ist möglich«, antwortete Karma Dorje und setzte seine Erläuterungen fort. »Vor einiger Zeit haben wir dir erklärt, dass es jede Nacht acht Zyklen des Träumens gibt. Zwischen jedem Zyklus erleben wir im wahrsten Sinne des Wortes eine kurze, sehr kurze Zeit der puren, unermesslichen Weite – des unendlichen Nichts. Tatsächlich ähnelt die Zeit, in der du das Nichts erlebst, der Zeit deines Sterbens. Es ist so, als würde man jede Nacht acht Mal sterben!«

»Und ist es möglich, von einem Traum zum nächsten zu gelangen, ohne durch dieses Nichts zu gehen?«, fragte ich.

»Ja, das ist möglich«, sagte Tenzin Dhargey, »aber es geschieht selten. Erinnerst du dich noch daran, was wir über Träume besprochen haben? Es gibt nur drei Möglichkeiten. Erstens: Deine Träume sind ein Produkt deines unterbewussten Verstandes. Diese Situation erlebt fast jeder Mensch ständig. In deinen Träumen ist es so, als wärest du nur ein einziges Auge. Du siehst, spürst und fühlst alles aus der Perspektive dieses einen Auges. Wenn du auf diese Weise träumst, bist du nur selten in der Lage, deinen Körper zu sehen. Du bist nur ein Auge.

Im zweiten Fall verwendest du deinen Traumkörper, erlebst eine unbewusste, aber reale Bewegung deines Traumkörpers. Du benutzt deinen Traumkörper unbewusst. Gewöhnlich bemerkst du das und bekommst Angst. Wenn das geschieht, versuchst du, schnell aufzuwachen. Du versuchst, wieder in deinen physischen Körper zurückzukehren.

Die dritte Situation besteht darin, dass sich dein Traumkörper bewusst und real bewegt. Nur wenige Menschen sind dazu in der Lage, es erfordert eine sehr hohe Stufe des Bewusstseins.«

»Wie kann ich auf bewusste Weise in meinen Traumkörper gelangen?«, fragte ich sehr neugierig.

»Zunächst musst du verstehen, dass der Traumkörper nicht der physische Körper ist«, sagte Karma Dorje. »Der Traumkörper ist anorganisch, während der physische Körper organisch ist. Der Traumkörper ist Energie in einer ähnlichen Form wie dein physischer Körper, aber er ist nur das: Energie, Licht in bestimmter Gestalt. In deinem Traumkörper wirst du niemals etwas essen können. Und wenn du es versuchst, dann wirst du nichts schmecken können, denn das ist dem physischen Körper vorbehalten. Andererseits gibt es weder Schwerkraft noch Materie, die dich aufhalten können, wenn du dich in deinem Traumkörper befindest. Du kannst mühelos fliegen oder durch Wände gehen. Du wirst in deinen Traumkörper gelangen, wenn du so weit bist, ihn bewusst zu gebrauchen. Der Traumkörper ist eine Ebene des Bewusstseins. Je mehr du meditierst und dir deiner selbst bewusst wirst, desto leichter wird die Verbindung mit dem Traumkörper. Sie wird dir zur zweiten Natur.«

»Ist es gut, zu träumen?«, fragte ich weiter.

Nun begann Tenzin Dhargey, das Phänomen des Träumens detaillierter zu beschreiben: »Träumen ist eine Folge deiner Wünsche und Sehnsüchte. Es ist das, was du auf den Bildschirm deines Verstandes projizierst; es kann zum Beispiel mit Liebe, Macht, Geld und Prestige zu tun haben. Die Meister träumen nicht. Träumen beeinträchtigt die Vision. Wenn du innehältst, um deine Träume zu analysieren, wirst du immer etwas über dein Ego herausfinden. Das Ego und die Träume sind eng miteinander verbunden. Wenn der Traum verschwunden ist, verschwindet auch das Ego. Denk daran, was wir dir vor einiger Zeit gesagt haben: Wir leben in einem Traum und wir schlafen sogar, wenn wir wach sind.

Denk daran, wie wichtig die Übung ***›Dies ist nur ein Traum‹*** ist. Erinnere dich daran, alles ringsum so zu betrachten, als wäre es nichts als ein Traum. Die Häuser, die Leute auf der Straße, die Busse und so weiter sind allesamt Traumgebilde. Du wirst einen plötzlichen Geistesblitz erleben und spüren, dass auch du lediglich ein Traum bist. Wenn die Objekte der Herzensbilder und die Menschen ringsum nur Traumgebilde sind, dann bist offensichtlich auch du selbst ein Traum. Du bist nicht real.

Wenn du verstehst, dass du nicht real bist, dann verschwindet dein Ego, weil im Traum das Ego einzig in Beziehung zu dir existiert! In diesem Moment verschwinden deine Träume, denn Träume sind nur Teil der Kulisse – eine Inneneinrichtung, die der träumende Verstand geschaffen hat. Sobald die Träume verschwunden sind, wirst du vollkommen verändert aufwachen. Paradoxerweise wirst du sehr, sehr tief schlafen, aber du wirst wach sein! Es ist eine andere Bewusstseinsebene! Wahrnehmung und Träumen können nicht gemeinsam existieren, lieber Tenzin!«, schloss Karma Dorje mit einem Lächeln.

»Meister, warum meditieren die Menschen nicht? Ist Meditation nicht gut? Woher kommt diese ›spirituelle Trägheit‹? Wenn man nur über die Möglichkeiten nachdenkt, die man hat, sofern man den Traumkörper nutzt, sollte doch jeder damit anfangen, es zu tun, nicht wahr?«, fragte ich fast verzweifelt.

Vermutlich sah ich dabei sehr komisch aus, denn beide Meister lachten, bis ihre Augen tränten. »Tenzin, Tenzin! Mein lieber Tenzin!« Karma Dorje lachte so sehr, dass er die Worte nur mit Mühe herausbrachte. »Du willst wirklich die Welt retten, nicht wahr?« Doch plötzlich wurden beide Mystiker ernst.

Ich wusste, dass sie mir gleich etwas Wichtiges sagen würden. Ihre Augen, die wie Sterne an einem schönen Nachthimmel leuchteten, musterten mich gründlich.

»Meditation ist nicht schwierig, wenn du bereit bist, deinem Fokus jeden Tag eine andere Richtung zu geben«, erklärte Tenzin Dhargey. »Normalerweise konzentrierst du dich auf das Außen. In der Meditation konzentrierst du dich auf das Innere. Du musst buchstäblich nach innen gehen. Und das geschieht gewöhnlich, wenn du es satt hast, nach außen zu gehen – satt hast, zwecklos in all dem Elend der Probleme und Qualen des Lebens umherzuirren. Meditation ist eine Kunst der Transformation. Du verwandelst dich selbst durch eine Reise nach innen.«

»Warum verfügen wir da draußen nicht über solche Hilfestellungen und Erläuterungen?«, fragte ich die Meister.

»Natürlich gibt es diese, lieber Tenzin«, antwortete Tenzin Dhargey. »Denk zum Beispiel an das Christentum. Wie oft hat Jesus genau das erklärt und niemand hat zugehört? Hat er nicht gesagt: ›Suchet, so werdet ihr finden‹? Und Jesus hat sich dabei nicht auf Tibet, Mekka oder irgendeinen anderen Ort bezogen, sondern auf die Reise nach innen. Hat er nicht gesagt: ›Klopfet an, so wird euch aufgetan‹? Wo anklopfen? Draußen? An der Tür eines Hauses? Nein, natürlich nicht. Jesus hat sich auf die Tür deines Herzens bezogen, auf die innere Tür. Hat er nicht gesagt: ›Bittet, so wird euch gegeben‹? Wen bitten? Freunde? Die Nachbarn? Den Himmel? Nein, Jesus hat damit gemeint, sich mit der Bitte an das Innere Selbst zu wenden. Eigentlich hat Jesus gesagt: ›Hört damit auf, eure Zeit zu verschwenden, und begebt euch nach innen.‹ Wenn du das tust, ändert sich dein Bewusstsein vollständig. Es nimmt dann andere Eigenschaften an, gelangt auf eine andere Stufe!«

»Die Leute müssen sich also anstrengen, nach innen zu gelangen, richtig?«, fragte ich.

»Keineswegs!«, entgegnete Karma Dorje und setzte seine Erläuterungen fort. »Jegliche Anstrengung, dich nach innen zu bewegen, hält dich vom Inneren fern! Eine Reise bleibt eine Reise; alle Reisen sind Reisen irgendwohin, verstehst du, lieber Tenzin? Aber du bist ja bereits dort. Du musst einfach nur aufhören zu rennen. Wenn du deine Energie von allem, was du tust, vollständig abziehst, wenn es überhaupt keine Bewegung gibt, wenn es keinen Wunsch gibt, irgendwohin zu gelangen, wenn das ›Gehen‹ aufhört, dann bist du nach innen gewandt. Sich nach innen zu wenden, ist nicht, sich nach innen zu bewegen, denn du bist bereits innen.«

»*Was ist die beste Übung, um aus dem Gefängnis des Verstandes zu entkommen?*«, wollte ich von den Meistern wissen.

»Der beste Weg, die Kontrolle des Verstandes zu vermeiden«, antwortete Karma Dorje, »besteht darin, bewusst zu atmen. Du kannst das entweder als Meditation oder auch als Übung beim Einkaufen, Laufen, Fernsehen und so weiter tun. Diese Übung kann jeder leicht durchführen. Normalerweise wirst du nach etwa zehn bis fünfzehn Minuten eine Art Erleichterung spüren, eine Loslösung und Freiheit von allem, das dich umgibt, und das wird dir inneren Frieden und Freude schenken. Wie gesagt, es ist sehr einfach. Aber du musst dazu als Erstes in dein Herz gelangen. Und das machst du wie folgt …«

Wie man in sein Herz gelangt

- Schließe deine Augen.
- Nimm drei Atemzüge. Hole dabei zunächst wie gewohnt Luft und atme danach lange und langsam durch den Mund aus. Während du das tust, sieh all deine Fragen, Probleme und inneren Konflikte hinausgehen und verschwinden. Anschließend atmest du wieder normal ein und aus.
- Stell dir eine Wendeltreppe vor, die von der Mitte deines Gehirns bis zur Mitte deiner Brust hinunterreicht.
- Gehe die Treppe hinunter.
- Verlasse die Treppe und wende dich langsam nach links.
- Es gibt dort eine Tür, die geradewegs in dein Herz führt. Es darf jede Art von Tür sein, die du dir vorstellen kannst.
- Öffne die Tür und tritt in dein Herz ein. Denke daran, die Tür wieder hinter dir zu schließen.
- Erkenne, erspüre und empfinde einen Moment lang die Kraft und Liebe, die von deinem Herzen ausgeht.

Anschließend wendest du dich deiner Atmung zu …

Meditation der bewussten Atmung

- Bewege dich in dein Herz hinein.
- Richte deine Aufmerksamkeit behutsam auf deine Atmung, ohne den Atemfluss zu stören.
- Atme ganz natürlich ein und aus und versuche, den normalen Prozess zu beobachten, der in dir stattfindet.
- Wenn ein Geräusch in deiner Umgebung dich ablenkt oder eine Empfindung in deinem Körper, richte deine Aufmerksamkeit behutsam wieder auf den Atemvorgang.
- Setze diese Meditation so lange fort, wie es die Zeit erlaubt; sie kann zwanzig Minuten oder auch zwei Stunden dauern.

»Diese Übung«, erklärte Tenzin Dhargey, »ist völlig anders als andere, weil du dich dabei nicht in der Stille deiner Meditationsecke aufhalten musst. Du kannst sie draußen, mitten in der Stadt und im Alltag durchführen.

Jedes Mal, wenn du dich im Laufe des Tages daran erinnerst, fange einfach an, bewusst zu atmen. Atme auf natürliche Weise ein und aus, aber versuche, diesen Vorgang zu beobachten. Deine Aufmerksamkeit wird sich aufteilen und sowohl auf deine Tätigkeit als auch auf den Atemvorgang richten.

Indem du diese Übung durchführst, wirst du dein Tun sehr bewusst und fokussiert wahrnehmen. Die Ergebnisse deiner Aktivitäten geraten dir dadurch viel besser, als wenn du sie ohne eine Beobachtung des Atemvorgangs machst.«

2

Der Sinn des Lebens

Meister, was geht da draußen nur vor sich? Wann ist die Menschheit in solches Elend geraten? Welche Veränderungen haben in uns stattgefunden und uns in diesen Zustand unseres Daseins versetzt?«, fragte ich meine Meister Karma Dorje und Tenzin Dhargey.

»Tenzin«, antwortete Karma Dorje, »als Erstes musst du begreifen, dass wir alle gesund und glücklich auf die Welt gekommen sind. Das Glück ist so selten geworden, weil eine kleine Gruppe will, dass man unglücklich ist. Doch unabhängig von dem, was andere wollen, bist du es, der die Entscheidung trifft, im Elend oder glücklich zu leben.

Warum erinnerst du dich an einen Meister? Du erinnerst dich an Jesus und Buddha, weil sie Ausnahmen in unserem täglichen Elend waren. Die Welt sollte voller Buddhas sein, voller glücklicher Menschen, die das Glücklichsein nicht als Ausnahme von der Regel betrachten. Wäre die ganze Welt voller Buddhas, würdest du dir nicht so viele Gedanken um Jesus und Buddha machen, denn sie wären die Normalität.«

»Es sollte eine natürliche Ordnung in eurem Leben geben, lieber Tenzin«, setzte Tenzin Dhargey nach. »Wenn Unordnung herrscht, brauchst du Ordnung, stimmt's? Deshalb besteht das Erste, was ein Meister tut, darin, ein natürliches Leben zu führen. Auf diese Weise fehlt seinem Leben nichts. Der Meister wird zum Dasein selbst.«

»Du meinst also, wir sollten einfach inmitten der Natur leben? Ohne Fernseher, Handy oder irgendwelchen anderen technischen Schnickschnack in unserem Leben?«

»Mein lieber Tenzin, zweifellos kannst du all diese modernen Dinge in deinem Alltagsleben nutzen«, sagte Karma Dorje. »Die Frage ist nur, ob es dir gelingt, sie einfach nur als Mittel zum Zweck zu verwenden oder ob sich deren Gebrauch in eine Sucht, Gewohnheit oder Abhängigkeit verwandelt hat. Eine andere Frage ist, welche Wirkung sie auf dein Leben haben. War jemand zum Beispiel schon so neugierig zu untersuchen, wie es sich auf die Emotionen auswirkt, wenn man zu viel fernsieht? Wollte schon jemand herausfinden, welche Wirkung Handys auf die Zirbeldrüse ausüben? Die Menschheit hat vergessen, ein Leben zu führen, in dem man klassischer Musik lauscht, Gedichte liest oder einen wundervollen Sonnenuntergang bestaunt. Mittlerweile ist es ja bereits ein Luxus, aus dem Haus zu gehen und die Milchstraße am Nachthimmel zu betrachten.«

»Spiritualität resultiert aus Freude, lieber Tenzin«, sagte Tenzin Dhargey. »Man kann einen Apfel mit solcher Freude und Dankbarkeit verzehren, dass es einer Meditation gleichkommt. Es ist ein großes Missverständnis, dass man leiden muss, um ein spiritueller Mensch zu werden, oder dass man ein Märtyrer sein muss, um spirituelle Eigenschaften zu erwerben. Das trifft überhaupt nicht zu. Wenn du dieses Leben nicht genießt, wie willst du dann fähig sein, das Nachleben zu genießen? Wenn du hier nicht Freude beim Anblick eines Baums, des grünen Grases und der Blumen empfinden kannst, wie willst du das alles dann jemals im Paradies genießen können?«, fragte er lächelnd.

»Demnach kommt es also darauf an«, antwortete ich mit breitem Lächeln, »den Augenblick zu genießen und im Hier und Jetzt zu leben.«

»Das ist richtig, lieber Tenzin. Wenn du den Augenblick nicht genießen kannst, bezweifle ich, dass du die Ewigkeit genießen kannst. Das ist der ganze Sinn unseres Lebens hier, in dieser Dimension: zu lernen, den Augenblick zu genießen. Es gibt so viele Philosophien, die sich mit dem Sinn des Lebens auf der Erde befassen, aber denke an das, was ich dir jetzt sage: Der einzige Grund dafür, dass wir hier sind, liegt daran, sich am Augenblick zu erfreuen.«

»Und das ist tatsächlich der innere Wandel, der uns zur Wahrnehmung Gottes führt«, erklärte Karma Dorje lächelnd.

»Und was wäre der beste Weg, das Leben auf der Erde zu genießen?«, fragte ich.

»Das Geheimnis liegt darin, das Tempo zu drosseln«, sagte Tenzin Dhargey. »Gehe langsam, nimm dein Essen langsam ein, sprich langsam, bewege dich langsam. Du kannst das bereits. Ich habe gesehen, dass du deine Tai-Chi-Übungen sehr gut machst. Ich nehme an, du fühlst dich auch wirklich gut, wenn du Tai Chi machst, und das liegt daran, dass du dich dabei langsam bewegst, langsam atmest und dich von deinen Gedanken löst. Die Folge ist, dass du innerlich große Stille empfindest, habe ich recht?«

»Ja«, flüsterte ich fast.

»Was mir bei meinem Aufenthalt in Amerika und Europa auffiel«, fuhr Tenzin Dhargey fort, »war, dass die Menschen dort es vollkommen grundlos immer eilig haben. Die Geschwindigkeit ist unglaublich. Selbst, wenn sie gar kein Ziel haben, hasten sie. Sie sind nicht fähig, die Schönheit des Lebens zu erkennen. Diese ganze Geschwindigkeit führt dazu, dass die Menschen voller

Anspannung und mit innerem Druck leben. Deshalb ist es erst einmal das Wichtigste, die Geschwindigkeit zu drosseln. Führe einfache Dinge, normale Dinge, langsamer durch, und du wirst zu innerer Ruhe gelangen. Warum esst ihr so schnell? Wieso sollte man sich beeilen, das Essen zu beenden? Es ist nicht gesund. Der Magen hat keine Zähne. Das Essen verbleibt unverdaut in euren Därmen, und das jahrelang. Ihr tragt reines Gift mit euch herum, und das nur, weil ihr es beim Essen so eilig habt. Iss langsam, kaue die Nahrung, bis sie flüssig wird. Du musst wissen, dass man sein Essen tatsächlich 27, 54 oder 108 Mal durchkauen muss. Das Mindeste ist 27 Mal!

Wenn du nichts zu tun hast, versuche nicht, etwas zu tun zu finden. Setze dich einfach still hin und betrachte das Gras. Setze dich still hin und betrachte die Steine. Setze dich still hin und schließe die Augen. Atme völlig entspannt ein und aus. Vielleicht hörst du hin und wieder sogar zu atmen auf. Gerate dann nicht in Panik, sondern lass es zu. Genieße den Augenblick. Wie schön ist es doch, sich im Universum einfach treiben zu lassen, ohne etwas zu tun, und sich stattdessen mit dem Selbst zu verbinden. Wenn du diesen Frieden findest, dann erkennst du, was das Leben ist.«

»Was ist die beste Übung, die uns dabei hilft, den Sinn des Lebens zu verstehen?«, hakte ich bei den Meistern nach.

»Lieber Tenzin, das ist eine knifflige Frage«, lächelte Karma Dorje, »denn alle diese Übungen und Tätigkeiten führen dazu, den Sinn des Lebens zu begreifen. Allerdings«, fuhr er fort, »besteht das beste Vorgehen bei dem Versuch, den Sinn des Lebens zu verstehen, in der Kontemplation. Das tägliche Nachsinnen über Mutter Natur bringt uns immer näher dahin, das Universum und das Leben selbst zu verstehen.

Die Übung der Kontemplation ist sehr einfach. Suche dir einen Ort inmitten der Natur, an dem du dich angenehm und entspannt fühlst. Es kann ein Garten oder Park sein, aber auch irgendein anderer Ort, der von Bäumen, Gras, Tieren und Vögeln umgeben ist.«

Kontemplationsübung

- Bewege dich in dein Herz hinein, wie bei der Übung, um ins Herz zu gelangen.
- Falls deine Augen geschlossen sind, öffne sie und beginne, über die Natur ringsum nachzusinnen.
- Du kannst jetzt entweder weitere Elemente der Natur oder Mutter Erde anschauen, vielleicht auch nach etwa einer Minute einen speziellen Teil der Natur – einen Baum, eine Blume, das Gras oder anderes aussuchen und betrachten.
- Löse dich völlig von allem anderen und lass deinen Blick auf Mutter Natur ruhen, ohne dass du die Umgebung ringsum analysierst.
- Fahre damit fort, bis du dich mit Mutter Natur verbunden fühlst – als Teil der Vorgänge und Tätigkeiten der Natur.

»Wenig später«, sagte Tenzin Darghey, »wirst du ein Gefühl der Vervollkommnung, Erkenntnis und Erfüllung empfinden. Du wirst anfangen, die Sprache der Natur ringsum zu verstehen. Du wirst auf andere Weise sehen, spüren und empfinden. Dein Leben wird sich in die Vollkommenheit des Universums und des Göttlichen einfügen.«

»Außerdem«, setzte Tenzin Dhargey nach, »wirst du sehen, spüren und empfinden, welchen Stellenwert du an diesem wunderschönen Ort hast.«

3

Wir brauchen Klarheit

Meister, warum sehen wir die Dinge so falsch? Was löst in unserem Verstand etwas aus, das uns so abartige, schwierige Wege wählen lässt? Sind es Gedankenverbindungen?«, fragte ich Karma Dorje und Tenzin Dhargey.

»Versuche als Erstes zu verstehen, dass unsere Gedanken Energie sind. Noch wichtiger ist, dass unsere Gedanken individuell sind. Wie jede Energie bewegen sich unsere Gedanken sehr schnell – so schnell, dass wir den zeitlichen Abstand, der zwischen zwei Gedanken liegt, nicht erkennen oder spüren können. Aber täusche dich nicht: Dieser Abstand ist dein wahres Selbst! Dein Verstand macht dich nicht als Mensch aus. Deine Gedanken machen dich nicht als Mensch aus. Wenn du alle deine Gedanken weglässt, was bleibt dann von deinem Verstand übrig? Nichts! Der Verstand an sich existiert überhaupt nicht. Das Einzige, das existiert, ist dein Denken. Da du nicht aufhörst zu denken, kannst du deinen Weg nicht deutlich sehen. Wie solltest du ihn sehen, wenn du so viele Gedanken hast, die deine Sicht beeinträchtigen?«

»Wir brauchen Stimmigkeit, Übersichtlichkeit und Klarheit«, flüsterte ich vor mich hin.

»Das stimmt, mein lieber Tenzin«, sagte Karma Dorje. »Du brauchst Klarheit. Du musst zwischen deinen Gedanken aufmerksam sein. Du musst in dieses Intervall, diesen Raum, der zwischen deinen Gedanken existiert, hineinschauen. Du musst den Daseinszustand nutzen, in welchem du den Verstand ausschaltest. Sobald dein Verstand hereinplatzt, verlierst du dein wahres Selbst. Dann bist du von Wolken umgeben, bist verwirrt und büßt die Klarheit ein.«

»Aber wenn ich daran denke, in einen Zustand zu gelangen, in dem die Gedanken ausgeschaltet sind, ist das ja ebenfalls ein Gedanke«, meinte ich. »Und wenn ich denke, dass ich ein Erleuchteter bin, ist auch das ein Gedanke. All diejenigen, die hinausposaunen, dass sie Meister und großartige Lehrer sind, verbreiten tatsächlich einen Gedanken. Sie stellen ihren Verstand, ihr Ego zur Schau.«

»Richtig«, entgegnete Tenzin Dhargey. »Aber sie versuchen wirklich, ihr Bestes zu geben. Sie versuchen, liebevoll, mit innerem Frieden und im Gleichgewicht zu leben. Es gelingt ihnen nur nicht, denn immer, wenn sie das versuchen, ist auch das nur ein Ausprobieren, es ist ein Gedanke. Sobald du in diese kurze Zeitspanne gelangst, in der dein Verstand ausgeschaltet ist und du klar siehst, hast du es nicht mehr nötig, irgendetwas zur Schau zu stellen. Deine innere Ruhe und Stille sind wahrhaftig und authentisch. Du bist dann so durchsichtig wie ein Bergsee und hast dessen Klarheit.

Es gibt eine einfache und wirkungsvolle Meditation, durch die du Klarheit erlangst.«

Meditation zur Erlangung von innerer Klarheit

- Bewege dich in dein Herz hinein, wie bei der Übung, um ins Herz zu gelangen.
- Blicke dich um und erkenne das Universum des Herzens. Vielleicht wirst du dort etwas sehen, vielleicht auch nur die Energie des Herzens spüren.
- Was immer du sehen oder empfinden magst: Lass es ganz einfach geschehen. Beeinträchtige es nicht durch deine Gedanken oder deine Willenskraft. Verharre einfach in deiner Wahrnehmung, ohne etwas zu tun.
- Jetzt suche dir einen möglichst bequemen Sitzplatz. Vielleicht möchtest du dich auf einen Stuhl setzen oder eine halbe Lotus-Stellung einnehmen.
- Denke über alle Gedanken und Tätigkeiten nach, die dich in einem Zustand der Verwirrung festhalten; an alles, das in deinem Inneren Verwirrung schafft. Es kann mit deiner geistigen oder auch mit deiner körperlichen Verwirrung zu tun haben. Denke darüber nach.
- *Jetzt höre auf damit*, irgendetwas zu denken oder zu sehen. Verharre ein paar Minuten lang in absoluter Stille in deinem Herzen, ohne etwas zu tun. Verharre dort einfach in der Stille und lass sie auf dich einwirken.
- Plötzlich wirst du in dieser Stille deutlich eine Antwort auf deine verwirrten Gefühle oder Handlungen sehen. Du wirst erkennen, was zu tun ist. Du wirst eine Lösung für dein Dilemma erhalten.
- Die Antwort kann als ein plötzlicher Gedanke in der Stille auftauchen. Vielleicht hast du auch das Gefühl, mitten durch einen Wald zu laufen, dich darin verirrt zu haben und nun plötzlich den Pfad zu sehen. Vielleicht siehst du auch

jemanden, der dir eine Botschaft übermittelt oder dir ein Geschenk macht.

- Verharre weiterhin – ruhig und still sitzend – in deinem Herzen, bis du dich bereit fühlst, zurückzukehren. Dann öffne deine Augen.

»Diese Meditation ist sehr wichtig«, erklärte Karma Dorje, »wenn du es nötig hast, eine klare Sicht zu bekommen, deine Seele zu beruhigen und eine Entscheidung zu treffen. Du musst dabei aufhören, etwas anderes zu tun. Sonst wird alles, was du tust, auf Verwirrung, Zweifel und Unwissenheit beruhen. Wenn du verwirrt bist und dich verloren fühlst, wie kannst du dann erwarten, eine klare Entscheidung zu treffen? Wenn du in deinen Handlungen nicht innehältst, wird all deinen Tätigkeiten Verwirrung, Mangel an Klarheit und Unsicherheit zugrunde liegen. Wenn du dich mitten in einer dir fremden Stadt verlaufen hast und verwirrt bist, was wirst du dann unternehmen? Wirst du ständig herumrennen, um den gesuchten Ort zu finden? Nein, natürlich nicht. Du musst aufhören, herumzulaufen, dich ein paar Minuten ausruhen, dich von all deinen Gedanken lösen – und plötzlich wirst du durchblicken.«

»Ist das so ein Gefühl, wie mit dem Dritten Auge zu sehen?«, fragte ich die Meister.

»Es hilft sicher, etwas zu sehen, zu empfinden und zu spüren, indem man das Dritte Auge nutzt«, antwortete Karma Dorje. »Es gibt auch eine Übung, um genau für diesen Zweck das Dritte Auge zu erspüren. Sie ist leicht durchzuführen, und das Ergebnis ist ganz erstaunlich.«

Erspüre dein Drittes Auge

- Bewege dich in dein Herz hinein, wie bei der Übung, um ins Herz zu gelangen.
- Schließe deine Augen und kreuze deinen inneren Blick vorsichtig. Stelle dir vor, dass es eine Linie gibt, die den Punkt zwischen deinen Augenbrauen mit der Mitte deiner Stirn verbindet. Blicke auf den Punkt zwischen deinen Augenbrauen und richte den Blick dann sehr langsam nach oben, bis du zur Mitte deiner Stirn gelangt bist.
- Wiederhole diese Augenbewegung mehrmals. Plötzlich werden deine Augen in einer sehr angenehmen Position innehalten. Erspüre den Punkt, und plötzlich werden deine Augen darauf fixiert sein. Falls es dir schwerfällt, sie zu bewegen, weißt du, dass du den richtigen Punkt gefunden hast.
- Richte deine Aufmerksamkeit weiter auf diesen Punkt, und du wirst ein interessantes Phänomen erleben: Du wirst beobachten, wie deine Gedanken vor dir so abrollen, als würdest du sie auf einer Kinoleinwand sehen. Du wirst sehen, wie deine Gedanken an dir wie Wolken an einem blauen Himmel vorbeiziehen.
- Jetzt richte die Aufmerksamkeit auf deine Atmung. Versuche deine Augen dabei auf dem gefundenen Punkt zu lassen. Du wirst nun fähig sein, die zarten, feinen Schwingungen deines Atems zu erspüren, und bemerkst die Essenz von *Prana*, der Atemkraft.

4

Bewegungsübungen zur Vorbereitung

Gibt es irgendwelche körperlichen Übungen oder besonderen Atemtechniken, die mit der Bildsprache des Herzens zu tun haben?«, fragte ich die Meister.

»Ja«, antwortete Karma Dorje. »Es gibt insgesamt sieben Übungen, die ein Engländer vor einigen Jahren aus einem tibetischen Kloster zu uns mitgebracht hat. Er hatte eine gewisse Zeit mit einer Gruppe von Meistern verbracht, ähnlich, wie du sie jetzt hier mit uns verbringst.«

»Wir haben bemerkt«, fuhr Tenzin Dhargey fort, »dass nur fünf dieser Übungen in den spirituellen Gemeinschaften außerhalb Tibets verwendet werden, und sie werden nicht korrekt durchgeführt. Die Atemtechnik wurde niemals angemessen erklärt. Es wurde nicht erklärt, wie jeder Atemzug mit der körperlichen Bewegung koordiniert werden muss.«

»Den wichtigsten Teil der Übungen – das ist die Atmung – muss man richtig verstehen, wenn man durch diese Übungen irgendeine energetische Wirkung erzielen will«, ergänzte Karma Dorje. »Alle sieben Übungen muss man mit einer Umkehrung der normalen Atmung durchführen, genau wie du es morgens bei deinen Tai-Chi-Übungen machst, lieber Tenzin.«

Tatsächlich atme ich beim Tai Chi umgekehrt wie bei der normalen Atmung. Bei der natürlichen Atmung dehnen wir beim Einatmen unseren Bauch und den Unterleib aus. Und wenn wir ausatmen, machen wir das rückgängig. Die natürliche Atmung bezeichnen wir auch als »Atmung nach der Geburt«, denn das *ist* die normale Atmung nach der Geburt. Und die umgekehrte Atmung ist das genaue Gegenteil der natürlichen Atmung. Das bedeutet: Beim Einatmen ziehen wir den Bauch und den Unterleib zusammen, und beim Ausatmen entspannen und dehnen wir beides. Wenn wir einatmen, ziehen wir gleichzeitig den Damm-Muskel unten an unserem Körper vorsichtig zusammen, und dabei geschieht das gleiche auch ein wenig mit unseren Genital- und Anus-Muskeln.

Die umgekehrte Atmung wird sehr gerne und häufig in manchen traditionellen spirituellen Schulen verwendet: beim Tai Chi, Qigong, Kriya Yoga, Kundalini-Yoga und bei anderen Übungen aus den ältesten Traditionen.

»Die Menschen glauben, dass diese Übungen aus Tibet stammen, aber das stimmt nicht«, sagte Karma Dorje. »Sie stammen aus derselben Quelle wie die Bildsprache des Herzens: vom Menschengeschlecht der Adamiten. Diese Übungen gelten sogar als ›physische‹ Bestandteile der Bildsprache des Herzens. Die Wirkung dieser sieben Übungen reicht über das menschliche Begriffsvermögen hinaus, lieber Tenzin«, fuhr Karma Dorje lächelnd fort.

Tenzin Dhargey beschrieb die Wirkung dieser Übungen. »Viele Menschen, die sie praktizieren, haben das Gefühl, stärker und kraftvoller zu werden, sogar jünger. Doch wenn wir über die Bildsprache des Herzens reden, sind die wichtigsten

Ergebnisse für uns die Reinigung der Seele und die Verbindung unserer Energie mit der Quelle – mit dem Meer des *Prana* in dem Universum, das uns umgibt, und dem Universum in uns selbst. Manche Menschen glauben, dass man einen starken Körper braucht, um diese Übungen durchzuführen, besonders für die Übungen zwei, vier und fünf. Aber es geht dabei nicht um den Körper, sondern um den starken Wunsch und den Willen, diese Übungen zu machen. Natürlich kann man sich, wenn man körperliche Probleme hat, auch dafür entscheiden, nur einige der Übungen, die dem Gesundheitszustand angemessen sind, zu praktizieren.«

»Man muss diese sieben Übungen unbedingt mit leerem Magen und vor Beginn der Übungen zur Bildsprache des Herzens durchführen«, warf Karma Dorje ein. »Üblicherweise führt man sie immer drei Mal durch. Es sind dann also insgesamt einundzwanzig Übungen. Man kann das natürlich auf sechs, neun, zwölf, fünfzehn oder einundzwanzig Durchgänge erhöhen. Wenn du jede Übung einundzwanzig Mal durchführst, gelangst du zu hundertsiebenundzwanzig Übungen. Das erfordert viel Zeit und große Willenskraft! Es empfiehlt sich übrigens, nach jeder Übung fünf bis zehn Sekunden zu pausieren.«

»Wenn du diese Übungen durchführst«, setzte Tenzin Dhargey nach, »musst du ein besonderes Mantra nutzen, das deine Zellen mit Energie auflädt: ›Ich bin reine Liebe und Glückseligkeit. Ich befinde mich im Licht und in innerem Frieden.‹ Dieses Mantra musst du bei jedem Ein- und Ausatmen verwenden. Wenn du einatmest, sprichst du innerlich üblicherweise die erste Hälfte des Mantras: ›Ich bin reine Liebe und Glückseligkeit.‹ Und wenn du ausatmest, sprichst du innerlich den zweiten Teil: ›Ich befinde mich im Licht und in innerem Frieden.‹«

»Haben diese Übungen auch noch eine andere Wirkung, als die Seele zu reinigen und auf die Bildsprache des Herzens vorzubereiten?«, fragte ich die Meister.

»Ja, sie haben auch noch andere kraftvolle Wirkungen, lieber Tenzin«, erklärte Karma Dorje. »Sie helfen dir dabei, chronische Spannungen und emotionale Traumata aufzulösen, die sich seit Jahren, vielleicht sogar schon dein ganzes Leben lang, in deinem Körper angestaut haben.«

»Es gibt Orte in unseren Körpern, in denen sich emotionale Traumata festsetzen«, erklärte Tenzin Dhargey. »Das sind die Lendenmuskeln, der Herzmuskel und der mittlere und untere Teil unseres Gehirns. Wenn wir ein traumatisches Erlebnis haben, geschehen drei Dinge: Erstens beginnen sich die Lendenmuskeln, die seitlich von der Wirbelsäule in der Lendenregion liegen und den Rand des Beckens schützen, zusammenzuziehen, und sie bleiben so, bis die Gefahr oder der Schock überwunden ist. Zweitens entwickelt der Herzmuskel eine ähnlich tiefgreifende chronische Spannung, bis das emotionale Trauma verschwunden ist. Drittens speichern sowohl die Hypophyse als auch die Zirbeldrüse in unserem Gehirn das traumatische Erlebnis, bis es Vergangenheit ist.«

Während sich Karma Dorje darauf vorbereitete, mir die Übungen zu zeigen, sagte er: »Die sieben uralten Übungen zur Bildsprache des Herzens sind dazu da, die Spannungen an diesen drei Orten zu lösen. Die Übungen haben die Wirkung, dass sie in diesen drei mächtigen Zentren nachklingen und auf natürliche Weise jedes emotionale Trauma auflösen.«

Bewegungsübung 1: *Das Rad*

- Berühre mit deiner Zungenspitze den oberen Gaumen. Rolle deine Zunge so weit wie möglich zurück. Falls du das Gaumenzäpfchen berühren kannst oder sogar noch tiefer, bis in die Nasenhöhle, vordringst, kannst du deiner Energie buchstäblich dabei helfen, bis zu deinem Gehirn zu gelangen und auf deine Hypophyse und Zirbeldrüse einzuwirken.

- Steh auf, strecke deine Arme gerade aus, wobei die Handflächen zum Boden weisen. Der Abstand zwischen deinen Füßen und der zwischen deinen Achseln sollte ungefähr gleich sein.
- Drehe dich mehrmals von links nach rechts (von oben gesehen im Uhrzeigersinn). Lass deine Augen dabei geöffnet und höre auf, sobald dir leicht schwindelig wird.
- Wende dich nach Osten und lege beide Handflächen vor deiner Brust wie zum Gebet zusammen. Verwende die umgekehrte Atmung und sprich innerlich das Mantra: »Ich bin reine Liebe und Glückseligkeit.«
- Atme aus und öffne leicht die Handflächen, als würdest du eine unsichtbare Mauer von dir wegschieben, und sprich in Gedanken das Mantra: »Ich befinde mich im Licht und in innerem Frieden.«
- Führe nach jeder Drehung mindestens zwölf Mal das Ein- und Ausatmen durch.
- Vollführe drei, sechs, neun oder zwölf Drehungen.

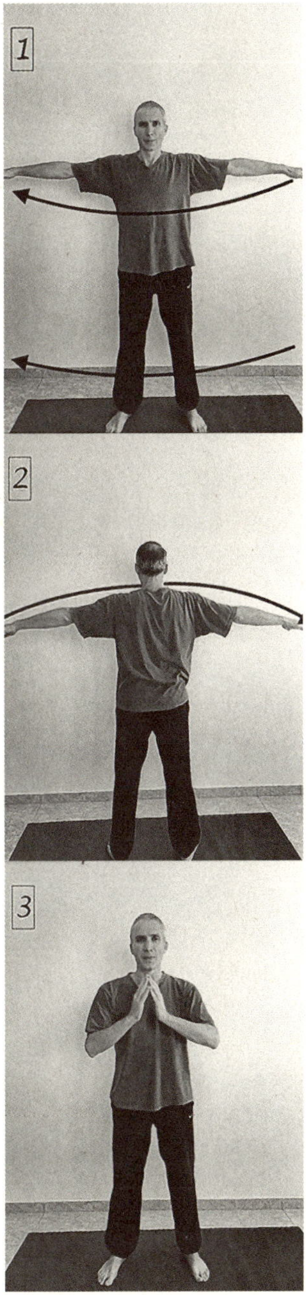

- Wenn du deine Augen geöffnet lässt, wirst du auch die Rotation deiner Mer-Ka-Ba (deines Lichtkörpers) spüren.
- Sobald du diese Bewegungsübung durchgeführt hast, wiederhole sie nochmals im Geiste mit geschlossenen Augen. Versuche, ihre Wirkungen zu erspüren, selbst wenn du sie nicht körperlich durchführst.

Bewegungsübung 2: *Tibetisches Bauchmuskeltraining*

- Berühre mit deiner Zungenspitze den oberen Gaumen. Rolle deine Zunge so weit wie möglich in den Rachen zurück. Falls du das Gaumenzäpfchen berühren kannst oder sogar noch tiefer, bis in die Nasenhöhle, vordringst, kannst du deiner Energie buchstäblich dabei helfen, bis zu deinem Gehirn zu gelangen und auf deine Hypophyse und Zirbeldrüse einzuwirken.
- Lege dich in voller Länge auf eine Yoga-Matte, die Arme am Körper ausgestreckt, so dass die Hände nahe bei den Hüften sind.
- Verwende die umgekehrte Atmung und hebe die Beine durchgestreckt an, ohne die Knie zu beugen. Hebe zugleich den Kopf.

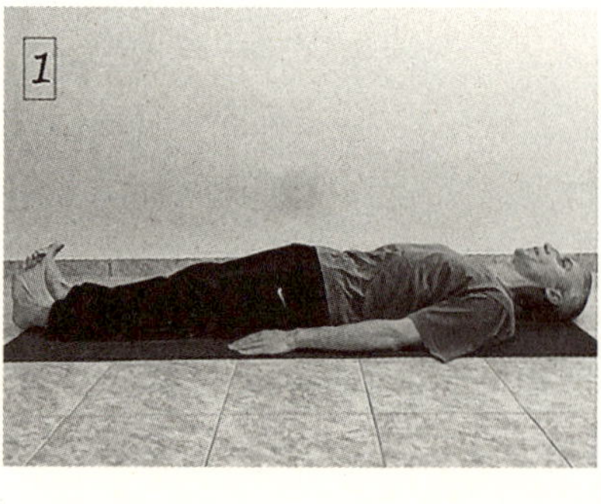

- Vielleicht wirst du es hilfreich finden, dich beim Anheben der ausgestreckten Beine ein wenig in die Matte zu krallen, während du den Kopf anhebst, und die Hände wieder zu entspannen, wenn du ausatmest und den Kopf und die Füße wieder absenkst.

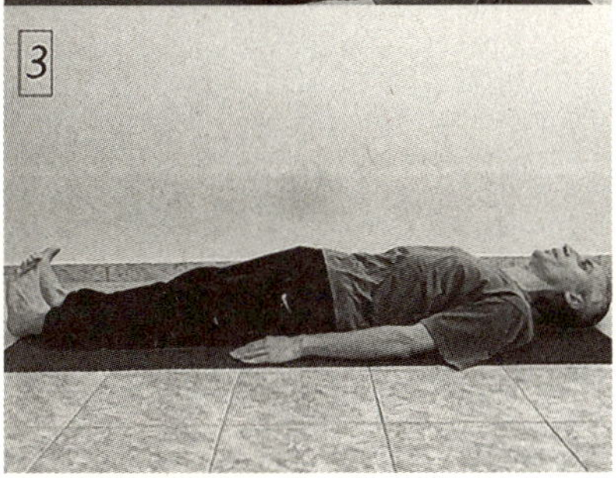

- Halte diese Position jeweils drei Sekunden lang und lass beim Ausatmen sowohl die Füße als auch den Kopf gleichzeitig zu Boden sinken.
- Führe diese Übung drei, sechs oder neun Mal durch.
- Sobald du diese Bewegungsübung durchgeführt hast, wiederhole sie nochmals im Geiste mit geschlossenen Augen. Versuche, ihre Wirkungen zu erspüren, selbst wenn du sie nicht körperlich durchführst.

Bewegungsübung 3: *Die Wand*

- Berühre mit deiner Zungenspitze den oberen Gaumen. Rolle deine Zunge so weit wie möglich in den Rachen zurück. Falls du das Gaumenzäpfchen berühren kannst oder sogar noch tiefer, bis in die Nasenhöhle, vordringst, kannst du deiner Energie buchstäblich dabei helfen, bis zu deinem Gehirn zu gelangen und auf deine Hypophyse und Zirbeldrüse einzuwirken.

- Knie dich auf eine Yoga-Matte. Lasse die Arme zu beiden Seiten deines Körpers hängen, die Handflächen sind an den Seiten deiner Beine.
- Nutze die umgekehrte Atmung und zieh dein Kinn an die Brust.
- Halte den Atem drei Sekunden lang an. Wenn du dann ausatmest, lege deine Fäuste an die Nieren und drücke mit beiden Daumen sanft auf das dritte Chakra. (Das ist der Punkt direkt hinter deinem Nabel an der Wirbelsäule.)
- Beuge den Kopf so weit wie möglich nach hinten und zugleich auch die Körpermitte. Deine Zehen werden verhindern, dass du nach hinten umfällst.
- Halte den Atem erneut drei Sekunden lang an (deine Lunge ist entleert) und führe die ganze Übung nochmals durch.
- Führe sie insgesamt drei, sechs, neun oder zwölf Mal durch.
- Sobald du mit dieser Bewegungsübung zu Ende bist, wiederhole sie nochmals im Geiste mit geschlossenen Augen. Versuche, ihre Wirkungen zu erspüren, selbst wenn du sie nicht körperlich durchführst.

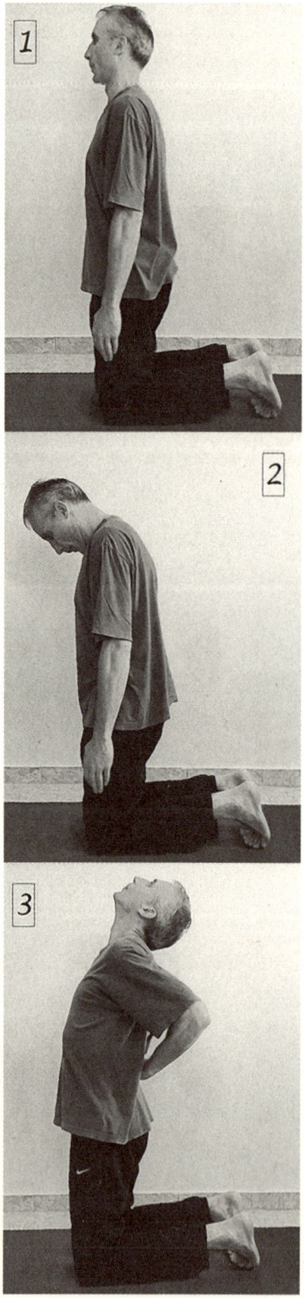

Bewegungsübung 4: *Der Tisch*

- Berühre mit deiner Zungenspitze den oberen Gaumen. Rolle deine Zunge so weit wie möglich zurück. Falls du das Gaumenzäpfchen berühren kannst oder sogar noch tiefer, bis in die Nasenhöhle, vordringst, kannst du deiner Energie buchstäblich dabei helfen, bis zu deinem Gehirn zu gelangen und auf deine Hypophyse und Zirbeldrüse einzuwirken.
- Setze dich mit aufgerichtetem Oberkörper auf eine Yoga-Matte und lege die Handflächen neben dir auf. Die Beine müssen nach vorn ausgestreckt sein.
- Zieh das Kinn ein, bis es fast deinen Brustkorb berührt. Dann setze die umgekehrte Atmung ein. Während du einatmest, stemme deinen Körper hoch und beuge zugleich die Knie so, dass die Beine nahezu einen rechten Winkel zum Boden bilden.
- Behalte diese Position drei Sekunden lang bei und kehre beim Ausatmen in die Ausgangsposition zurück.

- Halte jetzt deinen Atem drei Sekunden lang an (deine Lunge ist entleert) und führe diese Übung in allen Schritten nochmals durch.
- Führe sie insgesamt drei, sechs, neun oder zwölf Mal durch.
- Sobald du diese Bewegungsübung durchgeführt hast, wiederhole sie nochmals im Geiste mit geschlossenen Augen. Versuche, ihre Wirkungen zu erspüren, selbst wenn du sie nicht körperlich durchführst.

Bewegungsübung 5: *Der Hund und die Schlange*

- Berühre mit deiner Zungenspitze den oberen Gaumen. Rolle deine Zunge so weit wie möglich zurück. Falls du das Gaumenzäpfchen berühren kannst oder sogar noch tiefer, bis in die Nasenhöhle, vordringst, kannst du deiner Energie buchstäblich dabei helfen, bis zu deinem Gehirn zu gelangen und auf deine Hypophyse und Zirbeldrüse einzuwirken.
- Platziere die Handinnenflächen etwa in Schulterhöhe neben dir.
- Nutze die umgekehrte Atmung, während du die Beine nach hinten ausgestreckt lässt, die Füße schulterbreit vonein-

ander entfernt. Stemme den Körper so weit wie möglich hoch, gestützt auf Zehen und Hände. Zieh das Kinn an die Brust heran.

- Halte den Atem drei Sekunden lang an.
- Atme aus und entspanne deine Bauch- und Damm-Muskeln und lasse deinen Körper langsam hinunter zur Schlangen- oder Kobra-Position des Yoga sinken.
- Halte deinen Atem erneut drei Sekunden lang an (deine Lunge ist entleert) und wiederhole alle Schritte der Übung.
- Führe sie insgesamt drei, sechs, neun oder zwölf Mal durch.
- Sobald du diese Bewegungsübung durchgeführt hast, wiederhole sie nochmals im Geiste mit geschlossenen Augen. Versuche, ihre Wirkungen zu erspüren, selbst wenn du sie nicht körperlich durchführst.

Bewegungsübung 6: *Die Leere*

- Berühre mit deiner Zungenspitze den oberen Gaumen. Rolle deine Zunge so weit wie möglich zurück. Falls du das Gaumenzäpfchen berühren kannst oder sogar noch tiefer, bis in die Nasenhöhle, vordringst, kannst du deiner Energie buchstäblich dabei helfen, bis zu deinem Gehirn zu gelangen und auf deine Hypophyse und Zirbeldrüse einzuwirken.

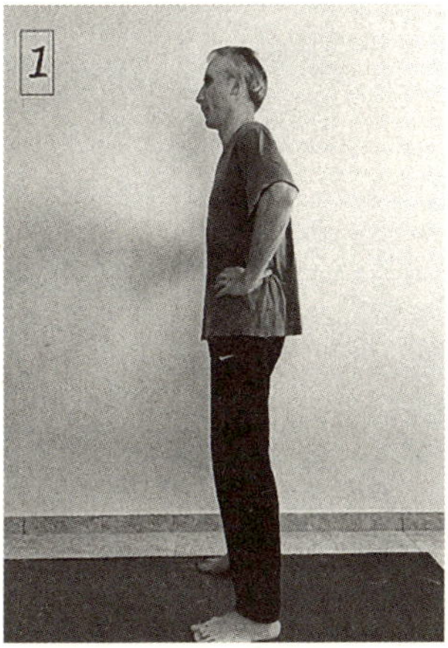

- Nimm eine »normale« Position ein: Stelle dich entweder aufrecht hin, wobei du vollständig ausatmest, oder setze dich auf einer Yoga-Matte auf ein Meditationskissen. Nimm dort den halben Lotussitz ein. Du kannst dich auch auf einen Stuhl setzen.

- Beuge dich vor, wobei du die Hände an die Hüften oder auf die Knie legst, und lasse dabei den letzten Rest der Luft heraus.
- Kehre mit entleerten Lungen in die aufrechte Position zurück.
- Lege oder behalte die Hände an den Hüften und schiebe die Schultern hoch, indem du die Hände nach unten drückst. Ziehe den Bauch so weit wie möglich ein und hebe deinen Brustkorb an, wobei du die Lungen entleert lässt.
- Behalte diese Position bei – so lange, wie du es mit entleerten Lungen schaffst.
- Atme durch die Nase, bis sich deine Lungen mit Luft gefüllt haben.
- Atme durch den Mund aus. Lass es zu, dass deine Arme sich entspannen und frei herunterbaumeln.
- Hole mehrmals tief Luft, ehe du die Übung wiederholst.
- Führe diese Übung insgesamt drei, vier oder fünf Mal durch.
- Sobald du diese Bewegungsübung beendet hast, wiederhole

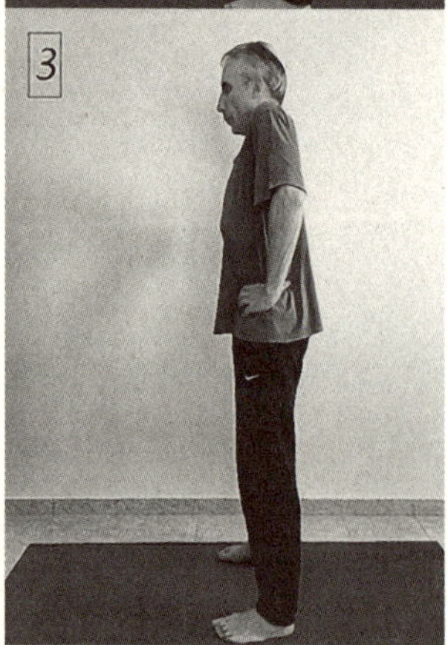

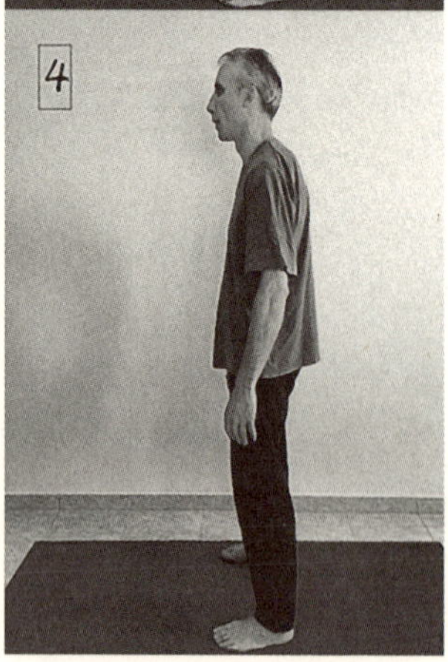

sie nochmals im Geiste mit geschlossenen Augen. Versuche, ihre Wirkungen zu erspüren, selbst wenn du sie nicht körperlich durchführst.

Bewegungsübung 7: *Der Kreis*

In dieser Übung setzen wir Bewegungen des Kopfes ein.

- Berühre mit deiner Zungenspitze den oberen Gaumen. Rolle deine Zunge so weit wie möglich zurück. Falls du das Gaumenzäpfchen berühren kannst oder sogar noch tiefer, bis in die Nasenhöhle, vordringst, kannst du deiner Energie buchstäblich dabei helfen, bis zu deinem Gehirn zu gelangen und auf deine Hypophyse und Zirbeldrüse einzuwirken.
- Benutze die umgekehrte Atmung. Während du den Atem anhältst, beuge den Kopf vor. Erspüre die Energie im vorderen Bereich deines Kopfes. Ohne dein Kinn wieder in Nor-

malposition zu bringen, führe den Kopf langsam in eine Position, in der er sich zur linken Schulter neigt – so, als wolltest du versuchen, die linke Schulter mit dem linken Ohr zu berühren.
- Erspüre die Energie in der linken Seite des Gehirns (oberhalb deines linken Ohrs).
- Führe von dieser Position aus sowohl deinen Kopf als auch den Fluss der Energie langsam zurück zum hinteren Bereich des Gehirns.
- Führe den Kopf langsam in eine Position, in der er sich zur rechten Schulter neigt. Versuche, deine rechte Schulter mit dem rechten Ohr zu berühren.
- Erspüre wie stets, wenn du eine neue Position einnimmst, den Fluss der Energie.
- Kehre langsam zur ursprünglichen Position zurück, bei der dein

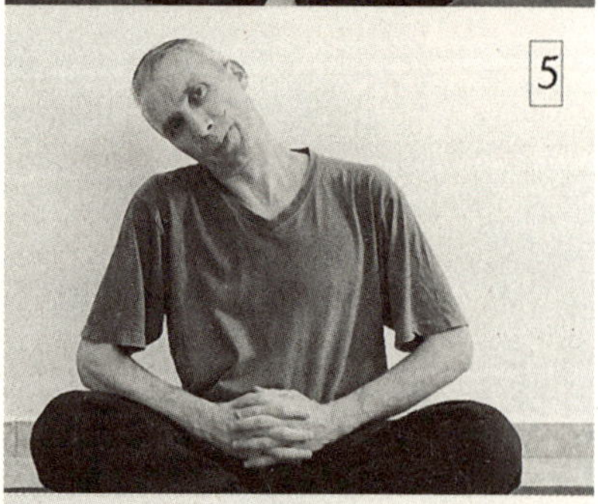

Kopf nach vorne gebeugt ist. Jetzt richte den Kopf langsam auf und halte dein Kinn parallel zum Boden, während du sanft ausatmest.

- Zehn Sekunden lang wird sich deine Aufmerksamkeit zum mittleren Teil deines Gehirns bewegen, in die »Höhle des Brahma« unterhalb der Fontanelle.
- Führe alle Schritte dieser Übung insgesamt drei, sechs, neun oder zwölf Mal durch.

Abbildung 5: Metatrons Würfel – das kraftvollste Symbol der Heiligen Geometrie

Zweiter Teil

Bilder, Heilige Geometrie und Weisheitslehren

»Bei Gott haben keine zwei ›Selbste‹ Platz.
Du sagst ›ich‹ und Gott sagt ›ich‹.
Entweder du stirbst vor IHM
oder du lässt IHN vor dir sterben.
Dann wird es keine Dualität mehr geben.
Doch für IHN ist es unmöglich zu sterben,
weder subjektiv noch objektiv, denn ER ist der
lebendige Gott, der UNSTERBLICHE.«

Die spirituellen Lehren von Rumi XXV 58

5

Bilder und Heilige Geometrie mit dem Herzen sehen

Also täuschen wir uns in gewisser Weise: Alles in unserem Umfeld sind nur eigene Träume, eigene Projektionen. Aber das ist der normale Lauf, nicht wahr? Wir allein sind dafür verantwortlich, oder?«, fragte ich die Meister.

»Genauso ist es, lieber Tenzin«, antwortete Karma Dorje. »Versuche einen Tag lang alles in deiner Umgebung zu sehen, ohne zuzulassen, dass dein Verstand etwas dazu sagt. Betrachte ein Bild oder ein Gemälde, ohne zuzulassen, dass dein Verstand es beurteilt. Sage nicht ›wunderbar‹ oder ›fürchterlich‹. Bleibe neutral, völlig unparteiisch. Je mehr du den Verstand dabei außer Acht lässt, desto mehr lässt du zu, dass dich das Licht erfüllt und du zur Wahrheit gelangst. Schau dir dieses Bild an«, fügte er hinzu und zeigte mir eine schlichte alte Ansichtskarte, auf der ein wunderbares Foto des Grand Canyon abgebildet war.

»Und nun schließe deine Augen!«, forderte er mich auf, bevor ich mich auch nur fragen konnte, woher er diese Karte hatte. »Gehe jetzt in dein Herz«, fuhr er fort. »Öffne erneut die Augen und blicke kurz auf das Bild. Danach schließe die Augen, um das Bild mit deinem Herzen zu sehen.«

Warme Energie und ein wärmendes Gefühl begannen mich wie die freundliche Berührung einer unsichtbaren Hand einzuhüllen. In meinem Herzen erwachte das Foto fast zum Leben. Einige Minuten lang fühlte ich mich anders als zuvor: losgelöst von allen weltlichen Gedanken und Problemen. Ich fühlte mich, als hätte ich das Bild erschaffen.

»Schön, nicht wahr?«, fragte er lächelnd.

Im Folgenden geht es darum, inneres Gleichgewicht, inneren Frieden und Heilung zu erlangen. Es geht darum, seinen geistigen, seinen emotionalen und seinen physischen Körper miteinander in Einklang zu bringen. Die Methode dazu ist ebenso einfach wie wirkungsvoll …

Bewege dich einfach in dein Herz hinein. Öffne dazu die Augen fünf Sekunden lang und betrachte das Bild vor dir. Dann schließe deine Augen und erblicke dasselbe Bild in deinem Herzen. Du kannst deine Augen ein paar Sekunden oder auch ein paar Minuten lang geschlossen lassen und der Wirkung des Bildes nachspüren. Vielleicht lachst du oder weinst du dabei, vielleicht schläfst du sogar dabei ein. Dein geistiger, emotionaler und physischer Körper werden sich nach einigen Bildern im Gleichklang befinden.

Du kannst diese Übung draußen inmitten der Natur durchführen, aber auch drinnen, indem du Bilder der Natur betrachtest. Du kannst dafür aber auch Abbildungen der Heiligen

Geometrie benutzen. Jedes Bild, ob es ein Foto oder eine Abbildung Heiliger Geometrie ist, hat mannigfaltige Auswirkungen auf deine Chakren und Körper. Die größte Wirkung erzielen diese Bilder während eines Workshops zur Bildsprache des Herzens unter der Leitung eines Meisters der Bildsprache.

In den Workshops, die ich überall auf der Welt durchführe, konnte ich während dieser Übungen einen unglaublichen Wandel der Energien beobachten. Deshalb möchte ich euch sehr ermutigen, an einem solchen Workshop zur Bildsprache des Herzens teilzunehmen. Die Termine der von mir durchgeführten Workshops findest du unter www.danielmitel.com.

Bevor du diese Übungen machst, musst du deinen Geist vom Gehirn ins Herz verlagern.

Wie man in sein Herz gelangt

- Schließe deine Augen.
- Nimm drei Atemzüge. Hole dabei zunächst wie gewohnt Luft und atme danach lange und langsam durch den Mund aus. Während du das tust, sieh all deine Fragen, Probleme und inneren Konflikte hinausgehen und verschwinden. Anschließend atmest du wieder normal ein und aus.
- Stell dir eine Wendeltreppe vor, die von der Mitte deines Gehirns bis zur Mitte deiner Brust hinunterreicht.
- Gehe die Treppe hinunter.
- Verlasse die Treppe und wende dich langsam nach links.
- Es gibt dort eine Tür, die geradewegs in dein Herz führt. Es darf jede Art von Tür sein, die du dir vorstellen kannst.
- Öffne die Tür und tritt in dein Herz ein. Denke daran, die Tür wieder hinter dir zu schließen.

- Erkenne, erspüre und empfinde einen Moment lang die Kraft und Liebe, die von deinem Herzen ausgeht.
- Führe alle Schritte dieser Übung mehrmals durch, bis du dich daran gewöhnt hast und den Unterschied zwischen dem Sein im Gehirn und dem Sein im Herzen wahrnimmst.

Am besten führen wir jetzt eine einfache Übung durch, um zu sehen, zu spüren und zu empfinden, wie diese spirituelle Technik funktioniert. Wir werden dazu drei Abbildungen benutzen. Eine ist ein wunderschönes Bild aus der Natur, das Knospen zeigt, ein anderes zeigt einen Adler und die dritte Abbildung ist die einer Figur der Heiligen Geometrie. Darin verborgen findest du das meistverbreitete Bild der Heiligen Geometrie. Es wurde viele tausend Jahre lang von allen spirituellen Schulen benutzt: *die Blume des Lebens.*

Analysiere nicht, was du hier siehst. Entspanne dich auf deinem Stuhl und lass das Bild zu dir »sprechen«!

Bilderübung

- Bewege dich in dein Herz hinein.
- Öffne deine Augen und blicke fünf Sekunden lang auf das Bild. Danach schließe sanft deine Augen. Denke an das Bild, das du vor wenigen Sekunden angeschaut hast, und sieh es jetzt in deinem Herzen vor dir. Sieh, spüre und empfinde die Energie, die davon ausgeht.
- Lass zu, dass dein geistiger, emotionaler und physischer Körper miteinander ins Gleichgewicht kommen. Lass alles zu, was du in deinem Herzen empfindest.
- Verharre zehn bis fünfzehn Sekunden auf diese Weise und freue dich an der Energie, die von dem Bild ausgeht. Dann lass zu, dass es sich im Universum auflöst.

- Atme und öffne die Augen, um das nächste Bild anzuschauen. Dann wiederhole alle diese Schritte mit dem nächsten Bild. Und wieder mit dem nächsten …
- Nachdem du diese Übung mit drei Bildern durchgeführt hast, entspanne dich mindestens zwei bis drei Minuten, bis du die Übung wiederholst.

Hier sind die drei Abbildungen, die du verwenden kannst:

6

Verwende die Bildsprache des Herzens von Erleuchteten

»Verwenden auch andere Meister in ihrer spirituellen Arbeit Übungen zur Bildsprache des Herzens?«, wollte ich von meinen Meistern wissen.

»Alle Wege dazu, Gott auf diesem Planeten wahrzunehmen, sind tief mit der Bildsprache des Herzens verbunden, lieber Tenzin«, antwortete Karma Dorje. »Egal, ob du über Jesus oder Buddha, Rumi oder Shiva sprichst: Sie alle nutzen die Bildsprache des Herzens. Auch Moses nutzte sie. Die Meister des Tai Chi, Qigong und der Kampfkünste, die Naguale und Schamanen haben sie genutzt. Es gibt sogar in den sibirischen Wäldern Russlands eine Meisterin der Bildsprache des Herzens, die sie täglich nutzt. Ihre Lehren werden bei vielen Menschen die Sichtweise auf ihre Art zu leben verändern.« (Tatsächlich habe ich einige Jahre später die unschätzbar wertvollen Lehren Anastasias, der sibirischen Meisterin, entdeckt.)

»Aber ich habe Rumis Lehren gelesen, und darin wurde die Bildsprache des Herzens mit keinem Wort erwähnt«, sagte ich. »Und auch in der Bibel, im Koran und im Zohar, dem bedeutendsten Schriftstück der Kabbala, fand ich nicht die geringste Erwähnung. Auch das Buch *Der Prophet* habe ich gelesen und selbst dort keine Erwähnung der Bildsprache des Herzens gefunden«, erklärte ich enttäuscht.

»Das lag daran, dass du dir dessen nicht gewärtig warst«, erwiderte Tenzin Dhargy lächelnd. »Wer hat diese Heiligen Schriften gelesen? Du oder dein Verstand? Auf welche Weise hast du sie gelesen? Wie eine mathematische Übung? Hast du sie gelesen, als du den Ruf spürtest, sie zu lesen? Oder hast du jedes Buch wie eine Gleichung analysiert? Hast du denn auch mit geschlossenen Augen den Lehren jedes Buches nachgesonnen?«

»Selbst dem Yijing, dem Buch der Wandlungen, liegt jedem Hexagramm ein System der Bildsprache des Herzens zugrunde«, ergänzte Karma Dorje. »Und Tarot ist nicht nur ein Satz von Spielkarten. Jedes Symbol hat einen bildhaften Sinn und eine bildhafte Bedeutung.«

Ich war verlegen, weil mir klar wurde, dass sie recht hatten. Ich hatte alle diese Bücher wie einfache Lektionen gelesen, ohne die wirkliche Botschaft, die dahinter steckt, zu spüren.

»Sei nicht beunruhigt, lieber Tenzin«, sagte Karma Dorje, der mein Unbehagen bemerkt hatte. »Jetzt wirst du genau dieselben Bücher so lesen, als wären sie völlig andere! Lass dich nicht entmutigen. Es ist Teil deiner Entwicklung und deines zunehmenden Verständnisses.«

»Damit du besser verstehst, was wir dir sagen, werden wir jetzt gemeinsam einige Übungen durchführen«, eröffnete mir Tenzin Dhargey.

An einige der Übungen erinnere ich mich noch sehr gut, aber es gibt andere, die in meinem Herzen nach wie vor darauf warten, dass ich sie finde.

Ehe ihr diese Übungen durchführt, denkt daran, zunächst die Übung »Wie man in sein Herz gelangt« durchzuführen, die ich hier wiederhole, denn sie ist die wichtigste Übung in diesem Buch. Sie hilft euch dabei, die Schwingungen eures Herzens wahrzunehmen.

Führt diese Einstiegsübung gleich nach dem Aufwachen durch. Dafür braucht ihr zehn bis fünfzehn Sekunden. Ehe ihr irgendetwas sagt, bewegt euch ins Herz. Ehe ihr irgendetwas tut – esst, redet, arbeitet, lest oder euch der Liebe hingebt – bewegt euch in euer Herz.

Wie man in sein Herz gelangt

- Schließe deine Augen.
- Jetzt nimm als Erstes drei Atemzüge.
- Hole dabei zunächst wie gewohnt Luft und atme danach lange und langsam durch den Mund aus. Während du das tust, sieh all deine Fragen, Probleme und inneren Konflikte hinausgehen und verschwinden. Anschließend atmest du wieder normal ein und aus.
- Stell dir eine Wendeltreppe vor, die von der Mitte deines Gehirns bis zur Mitte deiner Brust hinunterreicht.
- Gehe die Treppe hinunter.
- Verlasse die Treppe und wende dich langsam nach links.

- Es gibt dort eine Tür, die geradewegs in dein Herz führt. Es darf jede Art von Tür sein, die du dir vorstellen kannst.
- Öffne die Tür und tritt in dein Herz ein. Denke daran, die Tür wieder hinter dir zu schließen.
- Erkenne, erspüre und empfinde einen Moment lang die Kraft und Liebe, die von deinem Herzen ausgeht.
- Führe alle Schritte dieser Übung mehrmals durch, bis du dich daran gewöhnt hast und den Unterschied zwischen dem Sein im Gehirn und dem Sein im Herzen wahrnimmst.

Und jetzt folgen praktische Übungen aus Heiligen Schriften und von großen Meistern …

Die spirituellen Lehren von Rumi 1

Übung 1 zur Bildsprache des Herzens

- Bewege dich in dein Herz hinein (siehe die Einstiegsübung).
- Atme ein Mal tief und langsam durch deinen Mund aus.
- Sieh, spüre und empfinde, dass Hunderttausende von Männern in einem einzigen Mann verborgen sind.
- Sieh, spüre und empfinde, dass Hunderttausende von Frauen in einer einzigen Frau verborgen sind.
- Sieh, spüre und empfinde, dass Hunderte von Bögen und Pfeilen in einem einzigen Pfeilwurf enthalten sind.
- Atme einmal aus und öffne die Augen.
- Halte dein Erlebnis schriftlich fest.

Die spirituellen Lehren von Rumi 2

Übung 2 zur Bildsprache des Herzens

- Bewege dich in dein Herz hinein (siehe die Einstiegsübung).
- Atme ein Mal tief und langsam durch deinen Mund aus.
- Sieh, spüre und empfinde, dass Frühling und Sommer eine Ausdehnung bedeuten und Herbst und Winter ein Zusammenziehen.
- Sieh, spüre und empfinde den Garten deines Herzens, der grün, frisch, neu und voller Rosenknospen, Zypressen und Jasmin ist.
- Sieh, spüre und empfinde, dass du Blütenstaub bist und in bunten Rosen heranwächst.
- Atme einmal aus und öffne die Augen.
- Halte dein Erlebnis schriftlich fest.

Die spirituellen Lehren von Rumi 3

Übung 3 zur Bildsprache des Herzens

- Bewege dich in dein Herz hinein (siehe die Einstiegsübung).
- Und jetzt atme ein einziges Mal tief und langsam durch deinen Mund aus.
- Sieh, spüre und empfinde, dass dein Körper ein Garten voller Rosen ist. Dein Herz ist ein wundervoller Tempel in diesem schönen Garten.
- Sieh, spüre und empfinde, dass das Herz alles Existierenden dein vertrauter Freund ist, würdest du die Tür dieses Tempels auch nur für einen Moment öffnen.

- Sieh, spüre und empfinde, dass du in der immerwährenden Gegenwart Zeuge und zugleich Bezeugter bist.
- Atme einmal aus und öffne die Augen.
- Halte dein Erlebnis schriftlich fest.

Die spirituellen Lehren von Rumi 4

Übung 4 zur Bildsprache des Herzens

- Bewege dich in dein Herz hinein (siehe die Einstiegsübung).
- Atme ein Mal tief und langsam durch deinen Mund aus.
- Sieh, spüre und empfinde, dass dein Herz die Vorkammer des Auges ist. Denn zweifellos ist alles, das dein Herz erreicht, durch das Auge eingetreten und nimmt in der Vorkammer Gestalt an.
- Sieh, spüre und empfinde, dass du dein illusorisches Selbst hinter dir lassen musst, um dein wahres Selbst zu finden.
- Sieh, spüre und empfinde, dass du dann, wenn du deinen Verstand der Liebe zu Gott opferst, er dir zehn Mal oder siebenhundert Mal mehr Vergleichbares schenken wird.
- Atme einmal aus und öffne die Augen.
- Halte dein Erlebnis schriftlich fest.

Die spirituellen Lehren von Rumi 5

Übung 5 zur Bildsprache des Herzens

- Bewege dich in dein Herz hinein (siehe die Einstiegsübung).
- Atme ein Mal tief und langsam durch deinen Mund aus.

- Sieh, spüre und empfinde, dass du Licht in deinem Herzen schaffen oder in dein Herz rufen kannst. Blick dich um und mache es, wie der Schöpfer sagte: »Es werde Licht.« Und dann warte, um zu sehen oder zu spüren, wie Licht in dein Herz kommt.
- Sieh, spüre und empfinde, wie jedes Lebewesen die Zeit auf Noahs Arche genießt. Sieh, spüre und empfinde das unendliche Meer, das die Arche umgibt.
- Atme einmal aus und öffne die Augen.
- Halte dein Erlebnis schriftlich fest.

Die spirituellen Lehren des chinesischen Yijing 1

Übung 6 zur Bildsprache des Herzens

- Bewege dich in dein Herz hinein (siehe die Einstiegsübung).
- Atme ein Mal tief und langsam durch deinen Mund aus.
- Sieh, spüre, empfinde und begreife, dass das Yijing, das Buch der Wandlungen, auch Buch der Weisheit genannt, dir dabei hilft, persönliche Einsichten über deine Vergangenheit, Gegenwart und Zukunft zu gewinnen.
- Sieh, spüre, empfinde und begreife die acht Trigramme, die zur Weisung dienenden Symbole des Yijing: Himmel, Wasser, Berg, Donner, Wind, Feuer, Erde und Regen.
- Sieh, spüre, empfinde und begreife, dass der Himmel dich kreativ und stark macht; dass das Wasser dich Probleme und Gefahren begreifen lässt; dass der Berg dir Stille und Gelassenheit verleiht; dass der Donner dir dabei hilft, über dich hinauszuwachsen und Initiativen zu ergreifen; dass der Wind dich sanft und aufrichtig macht; dass das Feuer dir Klarheit gibt und dich bewusst macht; dass die Erde dich aufnahme-

bereit und lernfähig macht; dass der Regen dir Lebensfülle und Aufgeschlossenheit schenkt.

- Atme einmal aus und öffne die Augen.
- Halte deine Erfahrungen schriftlich fest.

Die spirituellen Lehren des chinesischen Yijing 2

Übung 7 zur Bildsprache des Herzens

- Bewege dich in dein Herz hinein (siehe die Einstiegsübung).
- Atme ein Mal tief und langsam durch deinen Mund aus.
- Sieh, spüre und empfinde, dass die Kraft des Kosmos grenzenlos und unendlich ist.
- Sieh, spüre und empfinde die bildliche Vorstellung des Anfangs allen Seins.
- Sieh, spüre und empfinde, dass dein Mangel an Erfahrung dir dabei hilft, auf deinem spirituellen Weg voranzukommen, und dir Weisheit verleiht.
- Atme einmal aus und öffne die Augen.
- Halte deine Erfahrungen schriftlich fest.

Die spirituellen Lehren des chinesischen Yijing 3

Übung 8 zur Bildsprache des Herzens

- Bewege dich in dein Herz hinein (siehe die Einstiegsübung).
- Atme ein Mal tief und langsam durch deinen Mund aus.
- Sieh, spüre und empfinde den Strom des Universums.
- Sieh, spüre und empfinde, dass du Geduld und Entschluss-

kraft besitzt. Erkenne, dass diese beiden Eigenschaften dich auf deiner spirituellen Reise voranbringen.

- Sieh, spüre und empfinde, dass in jedem Konflikt Wahrheit verborgen ist. Denke daran, sorgfältig zu planen, bevor du etwas unternimmst, und begreife, dass dein Sieg in einem Streit nur weitere Konflikte in der Zukunft zur Folge haben wird, die neue Herausforderungen bereithalten.
- Atme einmal aus und öffne die Augen.
- Halte deine Erfahrungen schriftlich fest.

Die spirituellen Lehren des chinesischen Yijing 4

Übung 9 zur Bildsprache des Herzens

- Bewege dich in dein Herz hinein (siehe die Einstiegsübung).
- Atme ein Mal tief und langsam durch deinen Mund aus.
- Sieh, spüre und empfinde, dass jeder edle Geist Glück bringt und keine Fehler begeht.
- Sieh, spüre und empfinde, dass jeder weise Anführer eine schwierige Situation durch mäßigende Vermittlung in Ordnung bringt.
- Sieh, spüre und empfinde, dass sich schwächere Menschen nach Erfolg sehnen, doch dass es ihnen Unglück und Probleme einbringen wird.
- Atme einmal aus und öffne die Augen.
- Halte deine Erfahrungen schriftlich fest.

Die spirituellen Lehren des chinesischen Yijing 5

Übung 10 zur Bildsprache des Herzens

- Bewege dich in dein Herz hinein (siehe die Einstiegsübung).
- Atme ein Mal tief und langsam durch deinen Mund aus.
- Sieh, spüre und empfinde das Bild von Eintracht.
- Sieh, spüre und empfinde, dass du durch Aufrichtigkeit und Ehrlichkeit mit anderen starke Beziehungen aufbaust.
- Sieh, spüre und empfinde, dass du deine Ziele dadurch erreichen kannst, dass du dich großzügig und bescheiden verhältst.
- Atme einmal aus und öffne die Augen.
- Halte deine Erfahrungen schriftlich fest.

Die spirituellen Lehren von Khalil Gibran 1

Übung 11 zur Bildsprache des Herzens

- Bewege dich in dein Herz hinein (siehe die Einstiegsübung).
- Atme ein Mal tief und langsam durch deinen Mund aus.
- Sieh, spüre und empfinde, dass du, wenn du liebst, nicht sagen solltest »Gott ist in meinem Herzen«, sondern lieber »Ich bin im Herzen Gottes«.
- Sieh, spüre und empfinde, dass du den Verlauf deiner Liebe nicht lenken kannst. Denn wenn die Liebe dich als würdig empfindet, wird sie den Verlauf bei dir lenken.
- Sieh, spüre und empfinde dein Selbst, wenn du in deinem Herzen ein Gebet für diejenigen, die du liebst, sprichst und ein Loblied auf den Lippen hast.

- Atme einmal aus und öffne die Augen.
- Halte deine Erfahrungen schriftlich fest.

Die spirituellen Lehren von Khalil Gibran 2

Übung 12 zur Bildsprache des Herzens

- Bewege dich in dein Herz hinein (siehe die Einstiegsübung).
- Atme ein Mal tief und langsam durch deinen Mund aus.
- Sieh, spüre und empfinde, dass Freude und Kummer nicht voneinander zu trennen sind. Je tiefer dein Kummer in dein Dasein einschneidet, desto mehr Freude kannst du in dir finden und in dich aufnehmen.
- Sieh, spüre und empfinde, dass, wenn ein Unwetter aufzieht und ein starker Wind am Wald rüttelt, du ehrfürchtig und voller Ruhe im Herzen sagen kannst: »Gott setzt voller Leidenschaft etwas in Bewegung«.
- Sieh, spüre und empfinde, dass du ein Atemzug in Gottes Sphäre und ein Blatt in seinem Wald bist.
- Atme einmal aus und öffne die Augen.
- Halte deine Erfahrungen schriftlich fest.

7

Verbinde dich mit unseren Vorfahren und Mutter Natur

»Schafft die Bildsprache des Herzens eine Verbindung zu unseren Vorfahren? Wie können wir uns wieder mit dem verbinden, was wir wirklich sind, und mit unseren Wurzeln? Wie können wir uns durch Übungen zur Bildsprache des Herzens wieder mit Mutter Natur verbinden?«, fragte ich meine Meister Karma Dorje und Tenzin Dhargey.

»Das alles vermag die Bildsprache des Herzens«, antwortete Karma Dorje lächelnd. »Sie ist die stärkste Verbindung zwischen uns und unseren Vorfahren. Gespräche zwischen den Dimensionen finden durch Bilder statt. Ich weiß noch, wie sich Menschen bei meinem Besuch in westlichen Ländern über Kornkreise unterhielten. Sie freuten sich darüber, dass andere Zivilisationen von anderen Planeten Verbindung mit uns aufgenommen hatten, fragten sich jedoch, wieso sie diese

Form der Kommunikation dazu benutzten. Doch welche anderen Mittel als Bilder kann es zwischen uns geben? Es ist die leichteste Möglichkeit für sie, mit uns auf diesem Planeten zu kommunizieren, nicht wahr?«

»Wenn wir es nicht schaffen, unseren Vorfahren durch Meditation zu begegnen, besteht die einzige andere Möglichkeit in der Bildsprache des Herzens«, ergänzte Tenzin Dhargey.

»Gilt das auch für die Kommunikation mit Mutter Natur?«, wollte ich von ihm wissen.

»Ja. Die besten Möglichkeiten, mit Mutter Natur zu kommunizieren, bestehen in der Bildsprache des Herzens und in der Meditation«, bestätigte Tenzin Dhargey.

Die folgenden vier Übungen zur Bildsprache des Herzens sind äußerst wirkungsvolle Methoden, uns dabei zu helfen, wieder mit unseren Vorfahren und Mutter Natur in Verbindung zu treten. Man kann sie jederzeit und an jedem Ort durchführen. Die Übungen erfordern lediglich Stille, damit jedes Bild zu dir sprechen kann.

Das Erste und Wichtigste ist dabei, sich an die einzelnen Schritte der **Herzmeditation** zu erinnern …

- Schließe deine Augen.
- Nimm drei Atemzüge. Hole dabei zunächst wie gewohnt Luft und atme danach lange und langsam durch den Mund aus. Während du das tust, sieh all deine Fragen, Probleme und inneren Konflikte hinausgehen und verschwinden. Anschließend atmest du wieder normal ein und aus.
- Stell dir eine Wendeltreppe vor, die von der Mitte deines Gehirns bis zur Mitte deiner Brust hinunterreicht.

- Gehe die Treppe hinunter.
- Verlasse die Treppe und wende dich langsam nach links.
- Es gibt dort eine Tür, die geradewegs in dein Herz führt. Es darf jede Art von Tür sein, die du dir vorstellen kannst.
- Öffne die Tür und tritt in dein Herz ein. Denke daran, die Tür wieder hinter dir zu schließen.
- Erkenne, erspüre und empfinde einen Moment lang die Kraft und Liebe, die von deinem Herzen ausgeht.
- Anschließend verbindest du dich mit deinen Vorfahren und Mutter Natur.

Der heilige Ort

- Bewege dich in dein Herz hinein.
- Atme ein Mal lange und langsam durch deinen Mund aus.
- Sieh, spüre und empfinde, dass das Herz der heilige Treffpunkt ist, wo du und deine Vorfahren gleich miteinander kommunizieren werden.
- Sieh, spüre und empfinde, dass du diesen heiligen Ort in dir vorbereiten musst. Lass Licht hinein. Lass zu, dass der innere Ton in dir widerhallt und sich die reine Energie manifestiert. Lass zu, dass sich die göttlichen Farben in deinem Herzen offenbaren.
- Und jetzt empfinde Freude über den heiligen Ort der Begegnung, an dem du auf deine Vorfahren treffen wirst. Suche dir dort einen angenehmen Platz und denke über deine Umgebung nach.
- Atme einmal aus und schließe die Augen.
- Halte deine Erfahrungen schriftlich fest.

Die spirituellen Lehren der Vorfahren

- Bewege dich in dein Herz hinein.
- Atme ein Mal lange und langsam durch deinen Mund aus.
- Sieh, spüre und empfinde, dass du jetzt bereit bist, deinen Vorfahren zu begegnen.
- Erkenne, dass dein Höheres Selbst dir bei der Begegnung mit deinen Vorfahren hilft und dich unterstützt.
- Erkenne das Universum vor dir. Beginne, dich zwischen Sternen, Planeten und Galaxien zu bewegen, bis du die Sphäre deiner Vorfahren findest.
- Sieh, spüre und empfinde, dass deine Vorfahren bereit sind, mit dir zu kommunizieren. Lausche auf das, was sie dir zu sagen haben.
- Die Vorfahren führen dich zu Mutter Erde. Sie erscheint vor dir. Lausche auf das, was sie dir zu sagen hat.
- Jetzt führen dich die Vorfahren zu deinem Vater, der Sonne. Er erscheint vor dir. Lausche auf das, was er dir zu sagen hat.
- Sieh, spüre und empfinde, dass du Teil des Universums bist. Du bist das kosmische Kind von Mutter Erde und Vater Sonne.
- Atme einmal aus und öffne die Augen.
- Halte deine Erfahrungen schriftlich fest.

Der Meditationsort

- Bewege dich in dein Herz hinein.
- Atme ein Mal lange und langsam durch deinen Mund aus.
- Sieh, spüre und empfinde, dass du dich in der Mitte deines Herzens befindest und von dort aus Bäume und Wälder sehen kannst.

- Beobachte, wie die Bäume zu dir sprechen. Ihre Bewegungen zeigen die Buchstaben des Kosmos.
- Spüre, wie du mit ihnen atmen kannst. Atme tief ein und spüre die Energie so, wie die Bäume sie spüren.
- Atme einmal aus und öffne die Augen.
- Halte deine Erfahrungen schriftlich fest.

Das heilige Herz

- Bewege dich in dein Herz hinein.
- Atme ein Mal lange und langsam durch deinen Mund aus.
- Sieh, spüre und empfinde, dass alle vier Herzkammern aus Licht bestehen. Spüre, dass alle Blutgefäße zu strahlenden, glänzenden Kanälen werden, die Ströme von Licht durch dich tragen statt organisches Blut.
- Erkenne, wie sich dein aus Licht gemachtes Herz ausdehnt, immer größer wird, bis sich dein ganzes Selbst in deinem Herzen befindet.
- Spüre, wie du selbst zu Licht wirst und zur Sonne aufsteigst.
- Sieh dich selbst im Herzen der Sonne.
- Jetzt sieh, dass du dich weiter ins Herz des Universums hinein bewegst.
- Sieh, spüre und empfinde dich selbst als Teil des Gewebes, aus dem das Universum besteht.
- Empfinde deine Verantwortung in diesem Universum und denke daran, dass Verantwortung keine Last, sondern ein Geschenk ist. Sei dankbar dafür.
- Sieh, spüre und empfinde dich selbst als Wesen, das gleichzeitig in mehreren Dimensionen existiert.
- Atme einmal aus und öffne die Augen.
- Halte deine Erfahrungen schriftlich fest.

Dritter Teil

Eine Reise ins Herz

»Falls du dein Herz auf dem Pfad der Liebe verloren hast, flüchte unverzüglich zu mir: Ich bin eine Festung. Unbezwingbar.«

Rumi, D17925

8

Die Tür zum Mittelpunkt des Universums

Mehrmals war es schon so, dass ich in meinem Herzen diffuse Nebel, Sterne, Galaxien und interstellare Wolken spürte. »Wie ist das möglich?«, fragte ich die Meister.

»Das Herz ist im wahrsten Sinne des Wortes eine Tür zum Universum, eine Pforte, ein Portal«, erklärte Tenzin Dhargey. »Sobald du die Energie deines Herzens zu spüren beginnst und dir klar wird, dass du wirklich aus deinem Herzen heraus leben kannst, ist dein Leben für immer verändert.«

»Sobald du dich in dein Herz bewegst«, fuhr Karma Dorje fort, »wirst du einen realen Ort entdecken. Er ist sogar realer als diese Welt, und zwar in dem Sinne, dass diese Welt in deinem Herzen geschaffen wurde!«

Wahrscheinlich drückte meine Miene Verwirrung aus, denn beide Meister lächelten.

»Lass dich nicht verwirren, lieber Tenzin«, sagte Tenzin Dhargey. »Denke daran, dass sich innerhalb deines physischen Herzens ein besonderer Ort befindet. Diejenigen, die es schaffen, sich dort aufzuhalten, bezeichnen ihn als ›Ort der Schöpfung‹. Dieser Ort ist tatsächlich die Leitstelle für alles, was du tust. Du magst annehmen, dass sich eine ›Leitstelle‹ in deinem Gehirn befindet, aber sie ist lediglich eine zeitweilige Regung deines Bewusstseins, bis es dir gelingt, in dein Herz zurückzukehren.«

»Das Merkwürdige ist, dass die Menschen glauben, das Gehirn gäbe dem Herzen Befehle, dabei ist es genau umgekehrt«, bemerkte Karma Dorje amüsiert.

»Gibt es zu diesem wichtigen Thema irgendetwas Schriftliches oder Dokumentiertes?«, fragte ich.

»Alle Heiligen Schriften enthalten deutliche Hinweise auf die Bedeutung des Herzens. Sie weisen darauf hin, wie wichtig es ist, aus dem Herzen zu leben«, sage Karma Dorje. »Ich erinnere mich, dass ich, als ich eine griechische Gemeinde in den USA besuchte, Gelegenheit hatte, innerhalb weniger Tage ein umfangreiches Buch zu lesen, das mit der klösterlichen Kultur der orthodoxen Christen zu tun hatte. Ich weiß ja nicht, wie gut die englische Übersetzung im Vergleich zu den ursprünglichen Texten war, die ihren Ursprung schon im vierten Jahrhundert nach Christus haben, doch eines steht fest: In diesem Werk fand ich einen deutlichen Hinweis auf das Herz und darauf, wie man in sein Herz gelangt.«

»Ich nehme an, du beziehst dich auf die Textsammlung *Philokalie* aus dem vierten bis fünfzehnten Jahrhundert, die Grundlage der Herzensgebete?«, fragte ich.

»Ja, so ist es«, antwortete Karma Dorje.

»Also ist die Meditation darüber, wie man in sein Herz gelangt, wahrscheinlich die wichtigste Methode, die ihr mir gezeigt habt, oder?«

»Ja, das stimmt.«

»Und wie kann ich zu diesem besonderen Ort gelangen, von dem ihr gesprochen habt?«

»Ganz leicht«, meinte Tenzin Dhargey. »Lass dich einfach von deinem Herzen leiten, durch deine Intuition. Früher oder später wirst du dorthin gelangen. Manchen gelingt das in einem einzigen Augenblick. Andere brauchen dazu ihr ganzes Leben. Es hängt von den früheren spirituellen Erfahrungen ab. In deinem Fall sollte es sehr schnell klappen.«

»Kann ich es jetzt gleich versuchen? Helft ihr mir dabei?«

»Ja, natürlich«, sagte Tenzin Dhargey.

Wir begannen mit der Meditation. Nach einer Weile hörte ich Karma Dorje mit warmer Stimme sagen: »Bewege dich in dein Herz hinein, lieber Tenzin.«

Nachdem ich die Tür zu meinem Herzen geschlossen hatte, setzte Karma Dorje seine Anweisungen fort. Es war so, als machten wir diese Reise gemeinsam.

»Jetzt blicke dich um«, sagte er.

Es kam mir so vor, als ginge ich durch eine andere – innere – Welt. Ich war mir bewusst, mich in meinem Herzen zu befinden, aber zugleich war mir klar, dass mein Herz nur ein Eingang zu einer anderen Dimension war. Ich konnte alles ringsum besser als in meinem realen Körper auf der Erde sehen, spüren und empfinden. Deutlich konnte ich den Nachthimmel und die Sterne sehen, doch plötzlich merkte ich, dass ich im wahrsten Sinne des Wortes zwischen den Sternen im Universum schwebte.

»Jetzt setze dein Vorhaben um und konzentriere dich auf den Ort der Schöpfung«, hörte ich Karma Dorje so sagen, als wäre er Lichtjahre von mir entfernt.

Kaum hatte ich meine Gedanken auf dieses Vorhaben gerichtet, da zog mich schon eine gewaltige Kraft durch das Universum. Blitzartig zogen Millionen von Lichtjahren an mir vorbei. Ich konnte sehen, spüren und empfinden, wie Milliarden von Welten durch mich hindurch zogen, und ich sah auch mich selbst in diesen Welten. Ich fühlte mich wirklich gut. Ich empfand dabei ein eigenartiges Hochgefühl, so als führte mich etwas Uraltes, Vergessenes zurück zum Ursprung.

Und dann hielt ich ganz unerwartet inne. Seltsamerweise sah ich mich nun in der Vergangenheit – in meiner Kindheit. Mein Großvater hielt meine Hand und lächelte mich an. Auch meine beiden Meister waren in seiner Nähe und lächelten mich ebenfalls an. Mir rannen Tränen des Glücks über die Wangen. Ich blickte auf meine kleinen, kindlichen Hände und merkte, dass ich vier oder fünf Jahre alt war. Deutlich erinnerte ich mich daran, dass ich seinerzeit von dieser Reise durch das Universum geträumt hatte.

»Ist das also passiert, als ich vier Jahre alt war? Oder geschieht es jetzt?«, fragte ich die Meister mit meiner zarten, kindlichen Stimme.

»Spielt das wirklich eine Rolle, lieber Tenzin?«, antwortete Karma Dorje und sah mich, das kleine Kind, an.

»Falls dir das wichtig ist: Es ist beide Male passiert, damals und jetzt«, sagte Tenzin Dhargey. »Mir ist klar, dass das für dich schwer zu begreifen ist. Aber ja, es ist möglich, sich gleichzeitig in verschiedenen Zeiten aufzuhalten. Denke daran, dass alles relativ und im Fluss ist, nicht wahr?«

»Wie lange kann ich hier bleiben?«, fragte ich die Meister.

»So lange, wie du möchtest, lieber Tenzin«, entgegnete daraufhin Karma Dorje.

»Jetzt werden wir dir eine schöne Zeit mit deinem Großvater gönnen. Und wenn du zur Erde zurückkehren möchtest, werden wir für dich da sein«, erklärte Tenzin Dhargey.

Ich wandte mich wieder meinem Großvater zu, der mich anlächelte. Als ich hinter mich blickte und nach meinen Meistern Ausschau hielt, waren sie fort.

Ich begann ein Gespräch mit meinem Großvater. Es war ein sehr herzliches Gespräch, und es war so schön für mich zu erfahren, dass er sich, nachdem er vor wenigen Jahren gestorben war, auf der anderen Seite des Universums so glücklich fühlte.

Dann, nach einer Weile, öffnete ich vorsichtig die Augen. Immer noch rannen Tränen an meinen Wangen herunter. Aber wie versprochen waren meine Meister bei mir.

»Ich bin am Ort der Schöpfung gewesen«, sagte ich staunend zu ihnen. »Kann ich dort wirklich jeden sehen, der von uns gegangen ist?«

»Ja, du kannst jeden sehen, an jedem Ort und in jeder Zeit«, bestätigte Tenzin Dhargey.

Schweigend blieb ich eine Weile sitzen und sann über die eindrucksvolle Erfahrung nach, die ich gerade gemacht hatte. Intuitiv wusste ich, dass diese Übung das Potenzial hatte, die Menschheit zu verändern.

»Ich habe gespürt, dass ihr mir dabei geholfen habt, zum Ort der Schöpfung zu gelangen. Kann jeder Mensch diese Übung mühelos durchführen? Oder ist immer ein Meister nötig, der einem sanft einen Anstoß dazu gibt?«, fragte ich.

»Wenn du erst die Schwingungen deines Herzens spürst, wird es sehr leicht, lieber Tenzin«, erklärte Karma Dorje.

»Diejenigen, die aus dem Herzen heraus leben, werden früher oder später die Reise zum Ort der Schöpfung machen«, sagte Tenzin Dhargey. »Es ist ein Ruf, der alle Wesen, ob menschlich oder nicht, erreicht, wenn sie zu dem Zustand gelangt sind, aus dem Herzen heraus zu leben. Und nicht menschliche Wesen spüren dann eine ganz ähnliche Herzensenergie.«

9

Das gesündeste Organ des menschlichen Körpers

Ist das Herz das wichtigste Organ des menschlichen Körpers?«, wollte ich von den Meistern wissen.

»Alle Organe sind wichtig, lieber Tenzin«, antwortete Karma Dorje. »Wie sollte es möglich sein, ohne Leber, Lungen oder Nieren zu leben? Wie kann man ohne Gehirn überleben? Doch das Herz spielt wegen seiner enormen Energie eine besondere Rolle. Von allen Organen hat das Herz bei weitem das stärkste Energiefeld. Wegen dieses großen Energiefelds hat das Herz gegenüber anderen Organen einen gewissen Vorteil. Beispielsweise bekommt das Herz niemals Krebs.«

»Das stimmt!«, rief ich aus, von dieser Offenbarung verblüfft.

»Was hat Krebs an sich, dass wir ihn nicht begreifen können?«, fragte ich die Meister und dachte dabei an die verheerenden Wirkungen, die diese Krankheit verursacht.

»Lieber Tenzin, als Erstes und Wichtigstes musst du verstehen, dass wir alle tote Zellen in unseren Körpern haben«, erklärte Tenzin Dhargey. »Unser Körper ist ein wirkmächtiger Erneuerer, der seine Zellen ständig auffrischt. Abgesehen von den ersten acht Zellen, die im Steißbein liegen und niemals sterben, werden die übrigen Zellen – Aberbillionen von Zellen – innerhalb des Körpers erneuert und wiedergeboren. Wenn eine Gruppe dieser Zellen nicht beseitigt wird und außer Kontrolle gerät, dann hast du Krebszellen, die drastisch auf die Entwicklung deines Körpers einwirken können.«

»Überraschenderweise kann man Krebs und viele andere Krankheiten durch das verhindern, was man isst und trinkt«, fügte Karma Dorje hinzu. »Als ich die westliche Welt besuchte, fand ich heraus, dass ihr eine Möglichkeit besitzt, den Säuregehalt und den Laugengrad eines Körpers mit Hilfe eines pH-Werts zu messen. Die Ärzte sagten mir, dass wir bei einem pH-Wert niedriger als sieben einen säurehaltigen Körper haben. Wenn der pH-Wert größer als sieben ist, haben wir einen basischen, laugenartigen Körper. Na ja, es ist ganz einfach: Krebs kann in einer laugenartigen Umgebung nicht überleben. Deshalb muss man vor allem darauf achten, was man isst.«

»In den westlichen Ländern sind wir auf wunderbares grünes Gemüse gestoßen, das den Körper im Gleichgewicht und krebsfrei hält: Broccoli, Gurken, Sellerie, Avocados, Blattgemüse, aber auch Mandeln und anderes. Doch das wichtigste Element ist natürliches Quellwasser. Das schenkt uns das wirksamste Gegenmittel gegen alle Krankheiten!«, erklärte Tenzin Dhargey.

»Du hast recht«, sagte ich. »Wir nehmen jede Menge gesättigter Fette, Natrium und Chloride zu uns. Viele Menschen leiden bereits darunter. Wie können sie diese Giftstoffe wieder aus ihren Körpern herausspülen?«

»Die Reinigung des Körpers hat größtenteils mit der Leber zu tun. Die Leber säubert den Körper. Und diese Reinigung ist sehr einfach. Ihr habt bei euch etwas, das wir nicht haben: eine magische Frucht, die Zitrone. Mische ein Glas natürliches Wasser mit natürlichem Zitronensaft, ohne jeden Zucker, und trinke es jeden Morgen. Auch Avocados und Knoblauch sind sehr gesund und reinigen die Leber sehr wirkungsvoll. Außerdem sind Kräuter wie Thymian, Koriander und Gewürze sehr gesund, vor allem Kurkuma«, ergänzte Karma Dorje und bewies damit seine Kenntnis des menschlichen Körpers.

»Denke an das, was wir dir bereits gesagt haben: Die Leber kann nicht mehr als vier Elemente gleichzeitig verarbeiten. Wenn du eine einzige Scheibe Brot isst, musst du wissen, wie viele Bestandteile darin enthalten sind: Mehl, Hefe, Wasser und Salz, also bereits vier. Deshalb besteht eine weitere Möglichkeit, die Leber zu reinigen, darin, zu fasten oder nur Wasser und natürliche Säfte zu trinken«, fuhr Karma Dorje fort.

»Ich bin lange Vegetarier gewesen«, sagte ich. »Habe nicht einmal Eier und Käse gegessen. Viele reden davon, dass man tierische Produkte wie Fleisch, Eier und Milch vermeiden soll. Ich habe gehört, dass dies alles gefährlich für das Herz ist. Und ich habe gesehen, dass ihr kaum etwas verzehrt, und wenn doch, nehmt ihr entweder einen kleinen Salat oder nur Tee zu euch.«

»Es ist sehr gesund, einzig Gemüse zu essen«, entgegnete Tenzin Dhargey. »Unser Magen ist nicht dazu gemacht, Fleisch zu verdauen. Wenn du Fleisch isst, solltest du stets daran denken, dass ein Stück Fleisch die emotionalen Energien des Tieres verkörpert und umfasst. Dein Magen verdaut das Fleisch, und dein emotionaler Körper verleibt sich die emotionalen Energien des Tieres ein. Du wirst förmlich damit aufgeladen, und dann erfüllen dich die Anspannung und all das Leid, das dieses Tier durchgemacht hat. Genau diese Aufladungen haben negative Auswirkungen auf dein Herz.«

»In ähnlicher Weise«, setzte Karma Dorje nach, »wirken sich die Energien deines Partners oder deiner Partnerin, wenn du eine sexuelle Beziehung hast, auf die Energie deines Herzens aus. Es handelt sich dabei nicht nur um einen simplen Akt der Fortpflanzung, des gemeinsamen Spiels und der Freude aneinander. Ich möchte es dir auf diese Weise erklären: Alle Menschen, mit denen du eine sexuelle Beziehung hattest oder hast, hinterlassen Energien in deinem emotionalen Körper. Und ihre Energien wirken sich auf deine eigene Energie, dein Herz und die rechte Gehirnhälfte aus, denn diese Hälfte ist unmittelbar mit deinem emotionalen Körper verbunden.«

»Also können sich solche Energien von einem Menschen auf einen anderen übertragen?«, fragte ich. »Falls ein Mann oder eine Frau sexuelle Beziehungen mit hundert Menschen hatte und jemand nun eine sexuelle Beziehung mit diesem Mann oder dieser Frau beginnt, übernimmt derjenige oder diejenige dann alle Energien dieser hundert früheren Sexualpartner durch diese eine, neue sexuelle Beziehung?«

»Nein, so läuft das nicht«, antwortete Karma Dorje lächelnd. »Der emotionale Körper hält sich nicht an Mathematik und Logik, lieber Tenzin. Es liegt auf der Hand, dass sich die Vergangenheit des Sexualpartners auf die neue Beziehung auswirken wird, aber nicht in dem Sinne, dass der neue Partner die Energien all dieser hundert Menschen in sich aufnimmt.«

»Selbst wenn du jemanden umarmst, berührst du ihn nicht nur körperlich«, erklärte Tenzin Dhargey. »Dein mentaler und dein emotionaler Körper tauschen sich aus. Die Energien verknüpfen sich miteinander, vermengen sich zu einer alchemischen Verbindung. Es ist eine Handlung, die Verbindung und zugleich Schöpfung ist. Es ist heilsam, einen anderen Menschen zu umarmen. Die schlichte und schöne Geste, jemanden zu umarmen, erzeugt genügend Energie, eure Körper zu reinigen. Das ganze Gefüge des menschlichen Körpers empfängt einen erfrischenden Strom von *Prana* und reiner Energie.«

10

Koordinator unserer körperlichen Energien

»Wie sind unsere Herzen mit der Energie des Universums verbunden?«, fragte ich die Meister.

»Alle Organe sind mit der Energie des Universums oder mit *Prana* verbunden, lieber Tenzin«, antwortete Tenzin Dhargey. »Aber unsere Herzen spielen eine besondere Rolle dabei, Energie innerhalb und außerhalb unserer Körper zu übertragen. Unsere Herzen schaffen ein großes Energiefeld in unserer Umgebung, und das erhält unsere Körper frisch und lebendig. Dieses Feld gleicht einem Strudel, einem rotierenden Feld, das vom Herzen ausgeht und alle Organe, Knochen und Muskeln ›wäscht‹ und reinigt. Und es reicht noch tiefer: Es säubert die Kanäle der Energien, die unseren Körper durchströmen. Dies sind die Meridiane der Energien.«

»Versuche es dir auf folgende Weise vorzustellen: Unsere Herzen sind die Erzeuger und Hauptempfänger von Energie«, sagte Karma Dorje. »Wenn wir wirklich aus dem Herzen heraus leben, erfährt das Herz, wann, wo und wie es Energie innerhalb und außerhalb unseres Körpers aussendet, und zwar deshalb, um uns zu schützen. Versuche, unsere Herzen als unsere ›Fürsprecher‹ zu betrachten. Stell es dir so vor, dass unsere Herzen miteinander verbunden sind und miteinander sprechen, selbst wenn es nach außen hin so wirken mag, als würden wir Unsinniges reden.«

»Stell dir einfach vor, dass es eine Wesenheit in diesem Universum gibt«, fuhr Tenzin Dhargey fort, »die ein Zentrum in sich birgt. Dieses Zentrum ähnelt unserem Herzen, empfängt jede Botschaft, die aus einer ähnlichen ›Vorrichtung‹ eintrifft, und wandelt sie um.«

»Versuche dir nur einmal die unendliche Zahl von Herzen im ganzen Universum vorzustellen, die alle durch dünne, aber wirkungsvolle Fäden von Licht miteinander verbunden sind«, sagte Karma Dorje.

Ich schloss kurz meine Augen und spürte das unendliche Netz von Lichtfäden, das unsere Herzen miteinander verbindet. Ich sah mich selbst und erkannte sofort, dass ich Teil dieses riesigen kosmischen Gewebes von Licht und Liebe bin.

Absichtlich schickte ich eine Botschaft von Liebe und Mitgefühl von meinem Herzen aus durch dieses Netz. Es war so, als würde ich einen Kieselstein in einen See werfen und dadurch kleine Wellen auslösen.

Ich konnte buchstäblich sehen, wie die Millionen dünner Fäden durch meine Botschaft von Liebe und Mitgefühl in Schwingungen gerieten und aufleuchteten.

Noch erstaunlicher war jedoch, dass ich nach wenigen Sekunden sehen konnte, wie die Fäden die Schwingungen mit großer Intensität zu mir zurück schickten und sie erwiderten. Mein Herz füllte sich mit der Liebe und der Dankbarkeit, die ich aus dem Universum empfing. Ich empfand Ehrfurcht, Bewunderung und ehrerbietigen Respekt für unsere perfekten

Herzen. Und mir wurde klar, dass wir Liebe erzeugen können. Je mehr wir geben, desto mehr empfangen wir. Genau genommen empfangen wir sogar viel mehr Liebe, als wir geben.

Ich öffnete die Augen und sah die Meister voller Hochachtung und Dankbarkeit an.

»Es ist schön, Liebe anzubieten und zu schenken, lieber Tenzin, stimmt's?« Tenzin Dhargey lächelte mir zu.

»Ja, so ist es, Meister«, flüsterte ich mit Tränen in den Augen.

»Ich habe jetzt begriffen, dass das Herz eine wunderbare Schöpfung und eine Tür zum Ort des Lichts ist. Aber gibt es eine Übung zur Bildsprache des Herzens, die die Kraft unserer Herzen stärkt und festigt?«, fragte ich die Meister.

»Ja, es gibt dazu eine sehr alte Übung, die mehr Energie und Licht ins Herz bringt. Am besten, wir führen sie gemeinsam durch«, antwortete Karma Dorje.

Hände aus Licht

- Bewege dich in dein Herz hinein.
- Atme ein einziges Mal lange und langsam durch deinen Mund aus.
- Sieh, spüre und empfinde, wie deine linke Hand zur Erde weist und sich immer mehr verlängert, bis sie durch Mutter Erde dringt und das Herz der Erde, die Erdmitte, berührt.
- Sieh, wie deine linke Handfläche die Energie und das Licht, die vom Herz der Erde ausgestrahlt werden, berührt, und dass sich die Handfläche jetzt mit Licht füllt, bis sie ganz aus Licht besteht.

- Belasse deine linke Hand unten im Herz der Erde und richte deine Aufmerksamkeit jetzt auf deine rechte Hand, die zum Himmel weist.
- Sieh, wie sich deine rechte Hand immer mehr verlängert, bis sie durch den Himmel bis zur Sonne vordringt. Und nun verlängert sie sich ein weiteres Mal, bis sie das Zentrum der Sonne berührt.
- Beobachte, wie deine rechte Hand von der Sonne Licht und Energie empfängt und sich mit Licht füllt, bis sie ganz aus Licht besteht.
- Erkenne jetzt, dass deine beiden Hände aus Licht gemacht sind. Die linke Hand berührt den Mittelpunkt der Erde, die rechte Hand den Mittelpunkt der Sonne.
- Nun beobachte, wie deine Hände wieder normale Größe annehmen, die Handflächen jedoch weiterhin mit Licht und Energie gefüllt sind.
- Nun lege beide Hände über dein Herz. Sieh, spüre und empfinde, wie sich dein Herz mit Licht füllt.
- Betrachte einen anderen Ort in deinem Körper, an dem deine Energie erschöpft ist oder wo du eine Wunde hast, und lege deine Handflächen auf diese Stelle. Erspüre die positive Wirkung des Lichts.
- Atme einmal aus und öffne die Augen.
- Halte deine Erfahrungen schriftlich fest.

Ich öffnete die Augen, und ich konnte es kaum fassen: Mein Herz war buchstäblich voller Licht.

»Was für eine wunderbare Übung«, rief ich begeistert aus.

»Ja, diese Übung ist nicht nur gut für dein Herz, sondern hilft dir auch bei jedem Problem, das du in deinem Körper spürst«, sagte Tenzin Dhargey.

Vierter Teil

Nutze die Bildsprache des Herzens!

»Wenn du dich selbst verstehst, bist du frei.«

Ana Pricop, rumänische Mystikerin und Meisterin der Bildsprache des Herzens

11

Einführung in den Ursprung der Methode

Heute werden wir uns einem sehr wichtigen Thema nähern. Wenn du auch nur einen Bruchteil davon verstehst, wird dein Bewusstsein zur höchsten Ebene gelangen. Es geht um die Bildsprache des Herzens – *Snying Gnasjal*«, erklärte Karma Dorje mit hintergründigem Lächeln.

»Ja, ich erinnere mich vage daran, dass wir darüber vor langer Zeit gesprochen haben«, sagte ich, verwirrt darüber, dass Karma Dorje dem Thema einen so hohen Stellenwert beimaß.

»Wir beginnen mit einer Reihe von Übungen, die wir mehr oder weniger einen ganzen Monat lang fortsetzen werden. Mit ›wir‹ meine ich Tenzin, mich selbst und dein Höheres Selbst. Manche Übungen werden aus dir selbst kommen – von deinem Höheren Selbst. Später wirst du dich an die meisten wichtigen Übungen erinnern und andere, immer noch schlafende Menschen bei ihrer Erweckung unterstützen. Weißt du noch, dass ich dir bei unserer ersten Begegnung sagte, du würdest schlafen?«, fügte der Meister lächelnd hinzu. »Damals hast du ständig geschlafen. Tatsächlich träumen wir ja alle bei Tag und bei Nacht.«

»Gehören diese Übungen zur tibetischen Tradition von Meditationen?«, fragte ich Karma Dorje neugierig.

»Nein. Nichts von dem, was wir dich lehren, ist Teil der tibetischen Tradition«, antwortete der Meister.

Ich muss wohl eindeutig schockiert gewirkt haben, denn nun begannen beide Meister zu lachen.

»Wer sind wir deiner Meinung nach?« Tenzin Dhargey sah mir bei dieser Frage direkt in die Augen.

»Tibetische Meister«, murmelte ich – nun völlig verwirrt.

»Wieso tibetische? Und wieso sagst du ›tibetische‹ Tradition? Glaubst du, dass die Ebene deines Bewusstseins etwas mit deinem Geburtsort zu tun hat? Glaubst du nicht auch, dass alle Meister auf dieser Welt dieselben Lehren verbreiten? Lehren wir nicht alle dasselbe?«, fragte mich Karma Dorje.

»Ja, so wird es wohl sein …«, antwortete ich.

»Diese Übungen sind älter als Tibet selbst, mein lieber Rinchen. Als der irdische Sohn und die irdische Tochter Gottes, die wir hier Adam und Eva nennen, unsere DNA und unser Bewusstsein auf eine höhere Stufe hoben, begannen die Menschen, die nach ihnen kamen, damit, Methoden der Bildsprache des Herzens anzuwenden. Diese Bildsprache wurde von allem von der violetten Rasse, auch adamitische Rasse genannt, benutzt. Und später von den Veden und Sumerern.

Die ersten Nachkommen von Adam und Eva, die adamitische Rasse oder Adamiten, hielten an den Übungen zur Bildsprache des Herzens fest und verwendeten sie mehr als siebentausend Jahre lang weiter. Das Zentrum ihrer Zivilisation lag nahe bei Kopet-Dag am Kaspischen Meer und in der Nachbarschaft des Iran. Dort, im Hochland von Kopet-Dag, befand sich der Hauptsitz der adamitischen oder violetten Rasse.

Vier verschiedene Gruppen von Adamiten verließen Kopet-Dag. Die erste Gruppe wanderte nach Nord- und Südamerika aus, die zweite Gruppe nach Griechenland sowie zu den Mittelmeerinseln und in den Nahen Osten, die dritte Gruppe ging nach Indien und Tibet, wo sie die Anditen-Arier bildeten. Die vierte Gruppe zog nach Europa.

Die Anditen hatten versucht, die spirituellen Übungen der Bildsprache des Herzens mehr als 15.000 Jahre lang im Tal des Flusses Tarim, in Sinkiang und im Süden der tibetischen Hochlandgebiete zu bewahren, denn dorthin waren die Anditen aus der Region Mesopotamien gezogen. Das Tarim-Tal war das Zentrum der wahren anditischen Kultur gewesen. Dort errichteten die Anditen Siedlungen und gingen Handelsbeziehungen mit den fortschrittlichen Chinesen im Osten und mit den Andoniten im Norden ein. In ihren spirituellen Lehren übernahmen sie das, was von den effektivsten Methoden der Bildsprache des Herzens überlebt hatte, und nutzten diese Methoden dazu, ihre Energien ins Gleichgewicht zu bringen und die höheren Dimensionen verstehen zu lernen«, schloss Tenhzin Dhargey seine Ausführungen.

Über diese Geschichtslektion, die mir Tenzin Dhargey und Karma Dorje gerade gegeben hatten, was ich wirklich verblüfft.

»Woher wisst ihr über alle diese Einzelheiten Bescheid?«, fragte ich neugierig.

»Wir waren dort«, lautete Karma Dorjes lakonische Antwort.

Intuitiv erkannte ich, dass meine Meister Dinge zu tun vermochten, die jenseits meines Begriffsvermögens lagen.

Plötzlich spürte ich, dass sie tatsächlich zur Gruppe adamitischer Meister gehörten, und mir wurde klar, dass sie mehr als bloße Menschen waren.

»Die Übungen sind alle sehr einfach und wirkungsvoll. Die Reihenfolge der Übungen, so wie sie uns vermittelt wurde, ist keineswegs zufällig. Jede Übungsreihe ist mit deiner feinstofflichen Energie verbunden und lenkt sie in die passende Richtung. Aus Sicht des Lehrers liegt das Geheimnis dieser Übungen darin zu erkennen, wann sich der menschliche Verstand einschaltet und geschwätzig wird, das heißt: wann der logische Teil des Gehirns, die linke Hälfte, sich einzumischen beginnt. Als Vermittler dieser Methoden muss man das bemerken, ehe es eintritt, und dann die nächste Übung vorgeben«, erklärte Tenzin Dhargey.

»Wir werden einen Monat lang Tag und Nacht die Übungen zur Bildsprache des Herzens mit dir üben – so lange, bis du deinen Verstand vollständig zum Schweigen gebracht hast und dich daran erinnerst, wer du in Wahrheit bist.

In späteren Jahren wirst du dich vielleicht an die Übungen, die deine Energie am wirkungsvollsten beeinflusst haben, erinnern können. Und vielleicht möchtest du dein Wissen dann mit anderen Menschen teilen.

Du wirst dann verstehen, dass Leben und Tod miteinander verbunden sind und alles in unserer Umgebung nichts anderes als ein Bild ist. Du wirst verstehen, dass der Tod dir dabei hilft, über dieses Leben hinauszuschauen und andere Dimensionen zu erkennen. Dir wird der Tod so tief bewusst sein, dass dir die Zukunft zur Gegenwart wird. Du wirst den Tod und das Leben als Teil der Schöpfung erkennen.« Tenzin Dhargey lächelte mir zu.

»Doch ehe wir mit den Übungen beginnen, musst du deine wichtigsten Chakren nochmals reinigen. Wir werden leise Gesänge und einige uralte Mantren dazu verwenden, die Energien deiner Chakren zu reinigen. Du wirst dabei auch Farben, Bilder, Lichter und andere Erscheinungsformen der fünf Hauptchakren erblicken. Du wirst sie mit deinen Sinnen wahrnehmen können«, erläuterte Karma Dorje.

»Wir bezeichnen diese Übungen als *Meditation der göttlichen Gesänge*. Meistens singen dabei einige junge Mönche sehr leise im Hintergrund. Du kannst dazu ersatzweise auch leise Meditationsmusik verwenden – am besten eine Musik, die in deinem Herzen den meisten Widerhall findet.«

Meditation der göttlichen Gesänge

- Bewege dich in dein Herz hinein. Richte deine Aufmerksamkeit auf das erste Chakra, auf dein Perineum. Entdecke eine schöne rote Farbe. Die Mantra-Silbe für dieses Chakra ist ***LAM***. Singe das Mantra leise aus deinem Herzen heraus, bis du spürst, dass es sich in deinem ganzen Körper ausbreitet.
- Richte deine Aufmerksamkeit nun auf dein zweites Chakra hinter deinem Nabel und erblicke eine leuchtende orangegelbe Farbe. Die Mantra-Silbe für dieses Chakra ist ***VAM***. Singe das Mantra leise aus deinem Herzen heraus, bis du spürst, dass es sich in deinem ganzen Körper ausbreitet.
- Richte deine Aufmerksamkeit auf das dritte Chakra hinter deiner Brustmitte und erblicke eine satte grüne Farbe, die der des Grases im Frühling ähnelt. Die Mantra-Silbe für dieses wundervolle Chakra ist ***YAM***. Singe das Mantra leise aus deinem Herzen heraus, bis du spürst, dass es sich in deinem ganzen Körper ausbreitet.
- Richte deine Aufmerksamkeit jetzt auf das vierte Chakra in deiner Stirnmitte und erblicke eine dunkelblaue oder indigoblaue Farbe. Sie ähnelt der Farbe eines sommerlichen Nachthimmels. Hier befindet sich der Sitz deines Dritten Auges oder deiner Träume und Visionen. Die Mantra-Silbe für dieses Chakra ist ***SHAM***. Singe das Mantra leise aus deinem Herzen heraus, bis du spürst, dass es sich in deinem ganzen Körper ausbreitet.

- Richte deine Aufmerksamkeit auf das fünfte Chakra am Scheitelpunkt deines Kopfes und erblicke ein glänzendes gold-weißes Licht. Das ist das Chakra des Scheitelpunkts oder der Sitz der universellen Göttlichkeit. Die Mantra-Silbe für dieses Chakra ist ***AUM***. Singe das Mantra leise aus deinem Herzen heraus, bis du spürst, dass es sich in deinem ganzen Körper ausbreitet.«

Ich begann diese Meditation durchzuführen und spürte in meinen Chakren sofort eine Entlastung von unsteten Energien. Und ich merkte, dass die Schwingungen meines Gesanges tatsächlich alle meine Körper reinigten – den physischen, mentalen und emotionalen Körper. Während ich die Mantren wechselte, sangen die Meister leise dieselben Silben im göttlichen Einklang ihrer wunderbaren Stimmen. Wenn sie sangen, war ich stets entzückt von ihren weichen und zugleich mächtigen Stimmen. Sie erzeugten damit eine seltsame Verbindung von Alpha- und Theta-Wellen, die mich wie von selbst in einen meditativen Zustand versetzten.

»Könnt ihr mir noch mehr über die Bildsprache des Herzens erzählen?«, bat ich die Meister. »Sie scheint eine so einfache, aber effektive spirituelle Lehre zu sein.«

»Die Bildsprache des Herzens ist eine überaus alte spirituelle Lehre. Die Schulen der Tibeter, Sumerer und der Veden, die sich mit den spirituellen Mysterien beschäftigten, haben sie viele tausend Jahre genutzt. Diese Bildsprache steht in Beziehung zur höchsten Zahl dieser Schulen, der Zahl 555. Wir werden später auch über die heilige Zahlensymbolik sprechen«, sagte Tenzin Dhargey und nickte Karma Dorje zu.

»Die Bildsprache des Herzens lehrt dich und hilft dir dabei, deinen mentalen, emotionalen und physischen Körper ins Gleichgewicht und deine Energien in Einklang miteinander zu bringen. Zukünftig, wenn Mutter Erde ihren Schwerpunkt von der männlichen zur weiblichen Energie verlagert, wird die Bildsprache des Herzens die wichtigste Methode überhaupt dafür sein, innere und äußere Harmonie herzustellen!

Übungen in der Bildsprache bieten äußerst wichtige Erfahrungen. Sie sind aufeinander abgestimmte Schlüssel dazu, deine Fähigkeiten zu entwickeln, andere Dimensionen zu sehen, mit den Sinnen zu erspüren und zu empfinden.

Im Unterschied zu anderen spirituellen Lehren befreien dich die Übungen zur Bildsprache des Herzens von den Illusionen des Egos, die der Verstand erzeugt.«

»Genau dieser Teil, bei dem es um das Herz geht, hilft dir dabei, ein Meister zu werden und in deinem Inneren die Achtsamkeit zu entwickeln, die Licht und Liebe schafft«, übernahm Tenzin Dhargey wieder. »Derzeit schläft der Meister in deinem Herzen noch, und der Diener – der Verstand – spielt die Rolle des Meisters. Und dieser Diener ist nicht einmal dein eigener Diener, sondern wird von der Außenwelt geschaffen. Er befolgt das, was die Außenwelt ihm sagt, und deren Gesetze. Sobald du durch die Übungen zur Bildsprache des Herzens deine Achtsamkeit erweckst und sie dich erleuchtet, hebt diese Erleuchtung die ganze Sklaverei auf, die dein Verstand geschaffen hat. Du wirst dann Herr über dein eigenes Schicksal, über deine eigene Bestimmung sein.«

»Durch die Bildsprache des Herzens lernst du, dich selbst aufzugeben, verstehst du? Du erlaubst deinem Ego zu verschwinden. Es ist eine Reihe ›kleiner Hingaben‹, die dich auf die große, absolute Hingabe vorbereitet. Bei dieser absoluten Hingabe verlierst du dein Ego und empfängst einen Lichtstrom und Energie«, erklärte Karma Dorje.

»Wenn du die Techniken der Bildsprache des Herzens meisterst, wird dir das die Möglichkeit eröffnen, das Licht des Herzens zu erblicken und den inneren Laut oder die inneren Schwingungen zu spüren«, ergänzte Tenzin Dhargey. Er sah mich an, um zu prüfen, ob ich die große Bedeutung dessen erfasste, was mir die Meister erklärt hatten.

Vermutlich machte ich ein sehr ernstes, feierliches Gesicht, denn die beiden Großmeister begannen zu lachen.

»Denke vor allem daran, dass dies hier nur ein Traum ist, lieber Rinchen«, sagte Karma Dorje. »Versuche nicht, alles, was du siehst oder spürst, zu analysieren. Lass es einfach geschehen. Lass die Bildsprache des Herzens einfach in dir wirken und arbeiten. Lächele nur und fühle dich frei. Du wirst bald verstehen, dass du innerhalb der Gestalt gestaltlos bist.«

12

Vorbereitung auf die gesammelten Übungen

Während des folgenden Monats konnte ich, ehrlich gesagt, nicht unterscheiden, ob ich mich in einem Traum befand oder in dem, was wir als »Realität« bezeichnen.

Die Bilder, die die Meister oder mein Höheres Selbst mir eingaben, waren so real, dass ich mich mehrmals fragen musste, ob ich mich noch an Ort und Stelle bei meinen Meistern befand oder mich in das jeweilige Bild versetzt hatte. Ich begriff jetzt, warum die Meister mir mitgeteilt hatten, ich würde den inneren Laut spüren und das innere Licht sehen.

Ich hatte den Laut der Stille gefunden. Irgendwo zwischen den oder während der Übungen spürte ich den Laut der Lautlosigkeit und erblickte kurzzeitig das göttliche Licht. Alle meine Ängste waren gewichen.

Mir wurde klar, dass ich während dieser Übungen dasselbe empfand wie früher im Alter von zwei oder drei Jahren, wenn meine Mutter mit mir spielte. Angst hatte ich keine. Ich war ein Kind, das mit seiner Mutter spielte. Ich hatte mich geöffnet und war verletzlich geworden. Hatte mich von allem gelöst und sorgte mich um nichts. Ich war tatsächlich wieder zum Kind geworden: unschuldig, rein. Zeit spielte keine Rolle mehr, und das Universum war mein Zuhause.

Es ist schwierig, die Methoden der Bildsprache des Herzens in Kategorien aufzuspalten. Aber so viel kann ich sagen: Die Übungen, die mir meine Meister aufgaben, bewegten sich eindeutig in drei Richtungen.

Die erste Richtung betraf die Reinigung der Vergangenheit, und diese Übungen füllten eine ganze Woche aus.

Danach verwendeten wir fast zwei Wochen auf die Heilung des Körpers, der Organe innerhalb des Körpers und der emotionalen Traumata.

Während der letzten Woche gaben die Meister mir schließlich Übungen auf, die meinen Verstand, mein Herz, meinen Geist und meine Seele reinigten. Diese Übungen und Meditationen zielten darauf ab, mich zu lehren, mich mit der Göttlichkeit zu verbinden und mit Gott zu vereinen.

Jedes Mal führten wir einige der Übungen gemeinsam durch. Tenzin Dhargey und Karma Dorje gaben mir die jeweiligen Übungen zwar vor, aber ich spürte, dass beide Meister sie auch selbst praktizierten. Danach folgte jeden Abend eine praktische Übung, die ich mehrere Stunden lang allein durchführen musste, bis die Meister zurückkehrten.

Anschließend setzten wir unser Treffen mit einer Reihe neuer Übungen und Meditationen fort.

Natürlich ist es mir nahezu unmöglich, hier alle Übungen zur Bildsprache des Herzens, die ich gemeinsam mit den Meistern durchführte, schriftlich festzuhalten. Aber ich will zumindest die wichtigsten davon für die Leserinnen und Leser aufschreiben und mein Bestes versuchen, klare Erklärungen und Beschreibungen für alle drei Kategorien zu vermitteln.

Bildsprache des Herzens

Reinigung von der Vergangenheit und Selbsterneuerung
Heilung und emotionale Klarheit
Vereinigung mit Gott

Die Übungen aus der ersten Kategorie verhalfen mir persönlich zu einem Verständnis der Schulen, die sich mit den Mysterien der Bildsprache des Herzens befassten, aber auch zur Reinigung meiner Vergangenheit und Wiedergeburt. Wir alle schleppen nicht gereinigte Energien aus der Vergangenheit mit uns herum. In unserem Inneren ist sehr viel Energie eingesperrt, die andere Menschen bei uns hinterlassen haben.

Wenn wir diese Energie nicht freisetzen, werden wir kein Verständnis für das Höhere Bewusstsein entwickeln und nicht zu dieser höheren Ebene voranschreiten können.

So bereitest du dich auf die Übungen vor …
Es empfiehlt sich, eine Schlafmaske anzulegen. Dann schließe die Augen, setze dich aufrecht auf einen Stuhl oder nimm eine halbe Lotus-Stellung ein. Vor allem sollte deine Körperhaltung bequem für dich sein. Atme drei Mal durch deine Nase ein und durch den Mund aus. Deine Hände sollten geöffnet sein und die Handflächen nach unten weisen.

Bei der Bildsprache des Herzens gilt: Je kürzer du bei einem Bild bleibst, desto wirkungsvoller ist das Ergebnis. Ein Meister der Bildsprache erkennt, wann sich das Gehirn des Schülers oder der Schülerin einschalten will, und in diesem Moment gibt er ein anderes Bild vor, damit der Schüler im Herzen verharrt und das Gehirn schweigt.

Werde wieder zum Kind. Analysiere nicht, was du siehst, mit deinen Sinnen erspürst oder empfindest. Lass es auf natürliche Weise einfach geschehen.

Wenn du diese Übungen durchführen möchtest, brauchst du einen anderen Menschen, der sie dir vorliest. Es ist nicht ratsam, sie selbst zu lesen oder auswendig zu lernen, denn dann wird dein Gehirn sich einschalten und das Kommando übernehmen. Die Übungen sind so angelegt, dass sie deinen Verstand und dein Gehirn zum Schweigen bringen. Deshalb klappen sie nicht, wenn du sie liest und zugleich durchführst. Sobald du versuchst, dich an die textlichen Vorgaben zu erinnern, schaltet sich die linke Gehirnhälfte ein, wo Logik und Psyche ihren Sitz haben.

Doch selbst, wenn ein anderer Mensch dir die Übungen vorliest, muss dieser Mensch erspüren, wann die logische Seite deines Gehirns das mentale Kommando übernimmt. Ich bin mir sicher, dass die Meister, wenn sie mir eine Übung vorgaben, immer genau wussten, wann sich mein Verstand einzuschalten begann. Ich hatte das Gefühl, dass sich dann ihr Drittes Auge öffnete und sie ganz einfach »sahen«, wann ich die Bildsprache des Herzens außer Acht ließ. Sie wussten, wann sie mir die nächste Übung vorgeben mussten.

Jede Übung beginnt mit einer Einstiegsübung …
Sie besteht immer darin, den Geist vom Gehirn abzuwenden und dem Herzen zuzuwenden. Dabei beschreibt sie die Bewegung vom Gehirn weg zum Herzen.

Wie man in sein Herz gelangt

- Schließe deine Augen.
- Nimm drei Atemzüge. Hole dabei zunächst wie gewohnt Luft und atme danach lange und langsam durch den Mund aus. Während du das tust, sieh all deine Fragen, Probleme und inneren Konflikte hinausgehen und verschwinden. Anschließend atmest du wieder normal ein und aus.
- Stell dir eine Wendeltreppe vor, die von der Mitte deines Gehirns bis zur Mitte deiner Brust hinunterreicht.
- Gehe die Treppe hinunter.
- Verlasse die Treppe und wende dich langsam nach links.
- Es gibt dort eine Tür, die geradewegs in dein Herz führt. Es darf jede Art von Tür sein, die du dir vorstellen kannst.
- Öffne die Tür und tritt in dein Herz ein. Denke daran, die Tür wieder hinter dir zu schließen.
- Erkenne, erspüre und empfinde einen Moment lang die Kraft und Liebe, die von deinem Herzen ausgeht.

13

Reinigung von der Vergangenheit und Selbsterneuerung

Diese erste Gruppe von Übungen half mir dabei, die Mysterienschule der Bildsprache des Herzens zu verstehen. Sie half mir dabei, mich von der Vergangenheit zu reinigen und in dieser Inkarnation wiedergeboren zu werden.

Wir alle schleppen unsaubere Energien aus der Vergangenheit mit uns herum. In unserem Inneren ist sehr viel Energie eingesperrt, die andere Menschen dort hinterlassen haben. Wenn wir diese Energie nicht freisetzen, werden wir die höhere Ebene des Bewusstseins weder verstehen noch erreichen.

Hast du dich jemals gefragt, wie viel unsaubere Energie du aus der Vergangenheit mit dir herumschleppst? Oder gemerkt, wie viel Energie von anderen Menschen sich in dir festgesetzt hat? Ist dir klar, dass du ohne Befreiung von dieser Energie zu keiner höheren Stufe des Bewusstseins gelangen kannst? Hast du jemals versucht, all dies zu verstehen und die Vergangenheit loszulassen? Kannst du dir vorstellen, wer du wirklich bist, wenn du dich von deiner Vergangenheit reinigst?

Wieso träumst du nur davon? Warum sind deine Träume manchmal so verstörend, dass du sogar aufwachst und zurück in die »Realität« rennst, um einer so beängstigenden Nacht zu entkommen? Was unternimmst du, um dich von diesen Träumen zu reinigen und dein inneres Gleichgewicht herzustellen?

Durch die erfreulichen Erfahrungen, welche die Übungen zur Reinigung von der Vergangenheit und zur Selbsterneuerung dir bieten, wirst du entdecken, dass die oben genannten Fragen nur einige wenige der vielen Fragen sind, die einer Antwort bedürfen. Es gibt noch so viele weitere ...

Wenn du die folgenden Übungen der Bildsprache des Herzens durchführen möchtest, vergiss bitte nicht die Einstiegsübung. Und denke daran, dass ein anderer Mensch dir die jeweilige Übung einfühlsam vorlesen sollte. Falls du sie selbst liest oder auswendig lernst, wird sich dein Verstand einschalten und das Kommando übernehmen. All die positiven Wirkungen dieser Übung könnten dann einfach entfallen.

Blaue Wolke

- Bewege dich in dein Herz hinein.
- Atme ein Mal lange und langsam durch den Mund aus.
- Erkenne, erspüre und empfinde, dass du ein leeres Gefäß bist. Erkenne, erspüre und empfinde, dass sich dir eine Blaue Wolke nähert und vom Scheitelpunkt deines Kopfes

aus so in deinen Körper eindringt, als hättest du am Kopf eine Öffnung. Ein reines blaues Licht scheint jetzt in deinem Inneren auf.

- Sieh zu, wie die Blaue Wolke deinen Körper durch deine Zehen und Finger verlässt. Anfangs ist das Blau dabei keine sehr reine Farbe. Aber nach wenigen Sekunden klärt sich die Farbe und ähnelt dann dem reinen Blau des Himmels.
- Empfange weiterhin die Blaue Wolke, die vom Scheitelpunkt deines Kopfes in dein Inneres dringt – bis du erkennst, erspürst und empfindest, dass die Farbe, die deinen Körper durch Finger und Zehen verlässt, die Farbe der Wolke hat, die vom Scheitelpunkt des Kopfes aus in dich eingedrungen ist.
- Atme einmal aus.
- Erkenne, erspüre und empfinde, dass du jetzt innen wie außen völlig rein und mit dem ganzen Universum verbunden bist.
- Atme einmal aus und öffne die Augen.
- Schreibe deine Erlebnisse auf.

Meereswasser

- Bewege dich in dein Herz hinein.
- Atme ein Mal lange und langsam durch den Mund aus.
- Erkenne, erspüre und empfinde, dass du ein leeres Gefäß bist, das oben eine Öffnung hat.
- Entdecke, erspüre und empfinde, dass du über blauem Meerwasser schwebst. Das Wasser ist sauber und rein. Es ist durchsichtig.
- Steige jetzt ins Wasser. Spüre, wie es in deinen Körper eindringt und dich reinigt. Entdecke, erspüre und empfinde, dass alles, was du in dir hast, sauberes, reines Wasser ist.
- Atme einmal aus.

- Entdecke, erspüre und empfinde, dass du und das Wasser nun eins seid. Es gibt nur die Wassermasse, das Meer und dich. Ihr seid eins.
- Atme erneut ein einziges Mal aus und öffne die Augen.
- Schreibe deine Erlebnisse auf.

Bergfels

- Bewege dich in dein Herz hinein.
- Atme ein Mal lange und langsam durch den Mund aus.
- Entdecke, erspüre und empfinde, dass du auf einem Bergpfad entlang gehst.
- Entdecke vor dir, genau in der Mitte des Pfades, einen riesigen Felsbrocken.
- Entdecke, erspüre, empfinde und erfahre, dass du durch den Felsbrocken hindurchgehen kannst.
- Atme einmal aus.
- Entdecke, erspüre und empfinde eine Minute lang, dass du alle Fragen und Probleme im Fels zurücklassen kannst.
- Entdecke, erspüre und empfinde, dass du den Felsbrocken bald durchschritten haben wirst. Du hast nur noch zehn Schritte zu gehen: 10, 9, 8, 7, 6, 5, 4, 3, 2, 1. Jetzt hast du den Felsbrocken durchschritten.
- Atme einmal aus.
- Wie unterscheidet sich das Eintreten in den Felsbrocken von der Erfahrung, hindurch geschritten zu sein?
- Atme einmal aus und öffne die Augen.
- Schreibe deine Erlebnisse auf.

Reinigung von der Vergangenheit in Bezug auf Mitschüler und Freunde

- Bewege dich in dein Herz hinein.
- Atme ein Mal lange und langsam durch den Mund aus.
- Entdecke, erspüre und empfinde, dass du ein kleines Kind inmitten deiner Kindheitsfreunde bist. Falls es hier etwas zu reinigen gibt, reinige es jetzt. Falls es Kinder oder Freunde gibt, die in deine Rechte eingegriffen oder dich verletzt haben, vergib ihnen. Falls du jemanden verletzt hast, vergib dir selbst. Versuche, ihre Energie aus deiner heutigen Perspektive nachzuempfinden. Wie fühlst du dich dabei?
- Atme einmal aus.
- Entdecke, erspüre und empfinde, dass du dich in der Schule mitten unter deinen Klassenkameraden befindest. Falls es hier etwas zu reinigen gibt, reinige es jetzt. Falls es Klassenkameraden gibt, die in deine Rechte eingegriffen oder dich verletzt haben, vergib ihnen. Falls du jemanden verletzt hast, vergib dir selbst. Versuche, ihre Energie aus deiner heutigen Perspektive nachzuempfinden. Erspüre einfach ihre Energie, ohne zu urteilen. Wie fühlst du dich dabei?
- Atme einmal aus.
- Entdecke, erspüre und empfinde, dass du dich auf der Universität mitten unter deinen Freunden und Kommilitonen befindest. Falls es hier etwas zu reinigen gibt, reinige es jetzt. Falls es Kommilitonen gibt, die in deine Rechte eingegriffen oder dich verletzt haben, vergib ihnen. Falls du jemanden verletzt hast, vergib dir selbst. Versuche, ihre Energie aus deiner heutigen Perspektive nachzuempfinden. Erspüre einfach ihre Energie, ohne zu urteilen. Wie fühlst du dich dabei?
- Atme einmal aus.

- Versetze dich jetzt nochmals in den Kreis deiner Freunde und Kommilitonen. Falls es noch etwas zu reinigen gibt, reinige es jetzt. Wie fühlst du dich jetzt? Und wie betrachtest du ihre Energie jetzt?
- Entdecke, erspüre und empfinde, dass du dich irgendwann in der Zukunft im Kreis deiner Freunde und Kommilitonen befindest. Falls es noch etwas zu reinigen gibt, reinige es jetzt. Wie betrachtest und empfindest du ihre Energie jetzt?
- Entdecke, erspüre und empfinde, dass du alles in dir vereinst: Die Vergangenheit, die Gegenwart und die Zukunft sind ein und dasselbe. Das kleine Kind, der Teenager, der Erwachsene und der künftige Erwachsene, zu dem du werden wirst, sind ein und dasselbe. Wie fühlst du dich jetzt?
- Atme ein einziges Mal aus und öffne die Augen.
- Schreibe deine Erlebnisse auf.

Reinigung des Raumes, in dem dein Verstand seinen Sitz hat

- Bewege dich in dein Herz hinein.
- Atme ein Mal lange und langsam durch den Mund aus.
- Entdecke, erspüre und empfinde, dass du dich in einem riesigen Raum befindest, in dem es Hunderte von Kisten unterschiedlicher Größe gibt, ähnlich den Kisten in einem Lagerhaus.
- Jede dieser Kisten repräsentiert einen deiner Gedanken.
- Atme jetzt einmal aus.
- Blicke nach vorn und merke, dass dieser Raum grenzenlos ist und kein Ende nimmt. Du kannst das Ende nicht erkennen.
- Atme jetzt einmal aus.

- Entdecke, erspüre und empfinde, dass links von dir ein riesiges Loch ist, das dem Saugteil eines Staubsaugers ähnelt.
- Schalte bewusst diesen gigantischen Staubsauger ein und beobachte, wie die Kisten eine nach der anderen in dem riesigen Saugloch verschwinden. Der Staubsauger saugt jetzt schneller und immer schneller und hat jetzt schon nahezu sämtliche Kisten eingesaugt.
- Entdecke, erspüre und empfinde, dass der ganze riesige Raum um dich herum leer ist. Wie fühlst du dich dabei? Untersuche, wie es sich anfühlt, innerlich leer zu sein und keine Gedanken zu haben.
- Atme jetzt ein einziges Mal aus und öffne die Augen.
- Schreibe deine Erlebnisse auf.

Reinigung von Mutter Erde

- Bewege dich in dein Herz hinein.
- Atme ein Mal lange und langsam durch den Mund aus.
- Entdecke, erspüre und empfinde, dass du ein Reiniger von Mutter Erde bist.
- Entdecke, erspüre und empfinde, dass du riesige Größe angenommen hast und Mutter Erde in deinen Händen hältst.
- Atme jetzt einmal aus.
- Entdecke, erspüre und empfinde, dass du dich auf einem anderen Planeten befindest und Mutter Erde in den Händen hältst. Erfrische sie mit wunderbarem Quellwasser.
- Säubere Mutter Erde von allem Schmutz. Beobachte, wie das bräunliche Wasser von ihr abtropft, bis sie völlig sauber ist. Nun kannst du ihre wunderschönen Meere und Berge sehen.
- Atme einmal aus.

- Nimm Mutter Erde und bringe sie zurück an den für sie bestimmten Ort.
- Atme einmal aus.
- Entdecke, erspüre und empfinde, dass du dich nun auf einem sauberen Planeten befindest. Wie fühlst du dich dabei?
- Atme ein weiteres Mal aus und öffne die Augen.
- Schreibe deine Erlebnisse auf.

Luft-Übung

- Bewege dich in dein Herz hinein.
- Atme ein Mal lange und langsam durch den Mund aus.
- Entdecke, erspüre und empfinde, dass du dich einfach so in reine Luft auflöst.
- Entdecke, erspüre und empfinde, dass du dich in den Lungen aller Menschen und Tiere befindest.
- Entdecke, erspüre und empfinde, dass du dich überall auf dem Planeten in den Pflanzen befindest.
- Jetzt spüre, dass die Luft sich verdichtet hat. Du und sämtliche Luftpartikel finden zusammen und bauen deinen Körper wieder auf.
- Wie unterscheidet sich der Zustand, in dem du nichts als Luft warst, von dem jetzigen, in dem du einen Körper hast?
- Atme einmal aus und öffne die Augen.
- Schreibe deine Erlebnisse auf.

Blick-Übung

- Bewege dich in dein Herz hinein.
- Atme ein Mal lange und langsam durch den Mund aus.
- Entdecke, erspüre und empfinde, dass du dich auf einer

wunderschönen Wiese mit Bäumen befindest und in einer Lotus-Stellung sitzt. Du blickst auf einen Kristall im Zentrum der Wiese.

- Entdecke, erspüre und empfinde, dass dieser Kristall lebendig und bereit ist, alle deine früheren Fragen, Probleme, Sorgen und Verbitterungen in sich aufzunehmen.
- Entdecke, erspüre und empfinde, dass dich ein Lichtstrom mit dem Kristall verbindet und all deine früheren Fragen, Probleme, Sorgen und Verbitterungen von dir zu dem Kristall hinüberfließen.
- Entdecke, erspüre und empfinde, dass der Kristall jetzt alle negativen Energien umwandelt. Sie sind von dir gewichen und verwandeln sich in positive Energien.
- Entdecke, erspüre und empfinde, dass die positiven Energien durch den Lichtstrom zu dir zurückkehren und du keine Energien eingebüßt hast.
- Wie unterscheidet sich der Zustand, in dem du auf den Kristall geblickt hast, von dem jetzigen, in dem du dich mit dem Kristall verbunden hast?
- Atme einmal aus und öffne die Augen.
- Schreibe deine Erlebnisse auf.

Wasserfall-Übung

- Bewege dich in dein Herz hinein.
- Atme ein Mal lange und langsam durch den Mund aus.
- Entdecke, erspüre und empfinde, dass du ein leeres Gefäß bist. Du befindest dich unter einem Wasserfall, der alle Verunreinigungen deines physischen Leibes beseitigt. Das reine Wasser dringt in deinen Körper ein und säubert alle deine Organe.
- Atme einmal aus.

- Entdecke, erspüre und empfinde, dass du ein leeres Gefäß unter einem Wasserfall aus Licht bist, der die Energie innerhalb und außerhalb deines Körpers säubert.
- Atme einmal aus.
- Wie unterscheidet sich der Zustand, in dem du dich unter den Wasserfall begeben hast, von dem jetzigen, nachdem du aus dem Wasserfall herausgetreten bist?
- Atme einmal aus und öffne die Augen.
- Schreibe deine Erlebnisse auf.

Wüsten-Übung

- Bewege dich in dein Herz hinein.
- Atme ein Mal lange und langsam durch den Mund aus.
- Entdecke, erspüre und empfinde, dass du dich mitten in der Wüste befindest und in einer Lotus-Stellung dasitzt.
- Spüre den Wind. Empfinde dich als durchlässig. Der Sand rinnt durch dich hindurch und reinigt dich. Er kommt von links, kreist um deinen emotionalen Körper, wendet sich dann nach rechts und nimmt alle deine Partikel mit.
- Entdecke, erspüre und empfinde; dass der Sand die Farbe wechselt, während er durch dich hindurch rinnt. Wenn er sich dir von links nähert, ist er gelb. Wenn er durch dich hindurch geronnen ist und nach rechts wieder verschwindet, ist er bräunlich.
- Atme einmal aus und öffne die Augen.
- Schreibe deine Erlebnisse auf.

Planetenhüter-Übung

- Bewege dich in dein Herz hinein.
- Atme ein Mal lange und langsam durch den Mund aus.
- Entdecke, erspüre und empfinde, dass du der Beschützer aller Tiere auf diesem Planeten bist. Du bist derjenige, der sich um alle Tiere auf diesem Planeten kümmert – um Elefanten, Löwen, Fische, Wale, Delfine und andere. Du ähnelst einem Zoowärter, aber es gibt hier keinen Zoo, sondern nur Mutter Erde. Wie fühlst du dich dabei?
- Atme einmal aus.
- Entdecke, erspüre und empfinde, dass du dich um alle Pflanzen, Blumen und Bäume auf diesem Planeten kümmerst. Wir fühlst du dich dabei?
- Atme einmal aus.
- Entdecke, erspüre und empfinde, dass du der Beschützer aller Landschaften auf diesem Planeten bist. Du schützt das Wasser, die Berge, die Wüsten, die Kontinente, alle Steine und Kristalle. Wie fühlst du dich dabei?
- Atme einmal aus und öffne die Augen.
- Schreibe deine Erlebnisse auf.

Der Zeitmesser des Universums

- Bewege dich in dein Herz hinein.
- Atme ein einziges Mal lange und langsam durch den Mund aus, wie du es gelernt hast.
- Entdecke, erspüre, empfinde und erkenne, dass du auf einer endlosen Straße entlanggehst. Gehe einfach immer weiter. Wie fühlst du dich, wenn du auf dieser endlosen Straße

entlanggehst, die weder Ende noch Anfang hat? Heiße alles willkommen, was du dabei erlebst.

- Atme einmal aus.
- Entdecke, erspüre und empfinde, dass du der Zeitmesser des Universums bist. In der linken Hand hältst du die Zeit, denn es gibt Orte, wo Zeit existiert. In deiner rechten Hand hältst du die Orte, wo keine Zeit existiert. Wie fühlst du dich als Zeitmesser? Ausgeglichen? Spürst du die Energie? Linke Hand: Zeit existiert. Rechte Hand: Zeit existiert nicht.
- Atme einmal aus und öffne die Augen.
- Schreibe deine Erlebnisse auf.

Der Körper als Blume

- Bewege dich in dein Herz hinein.
- Atme ein Mal lange und langsam durch den Mund aus.
- Entdecke, erspüre und empfinde, dass dein Körper eine wundervolle Blüte ist. Dein Kopf ist die Knospe der Blume. Was erlebst du dabei?
- Jetzt entdecke, erspüre und empfinde in deinem Körper Ereignisse, Emotionen und Situationen aus deinem Leben. Wie reagiert die Blume darauf? Bei manchen Ereignissen magst du das Gefühl haben, dass die Blume fast verwelkt, bei anderen Ereignissen, dass die Blume im Licht glänzt und einen angenehmen Geruch verströmt.
- Atme einmal aus.
- Entdecke, erspüre und empfinde, dass die ganze Menschheit zu dem geworden ist, was du jetzt bist – eine Blume –, und dass die ganze Menschheit Ereignisse und Emotionen so spürt, wie du es jetzt tust.

- Spüre, dass wir alle – alle Blumen – im Licht erstrahlen und dass wir einen Planeten mit wunderschönen, einzigartigen Blumen bilden, nachdem wir alle unsere Emotionen überwunden haben.
- Atme einmal aus und öffne die Augen.
- Schreibe deine Erlebnisse auf.

Haus-Übung

- Bewege dich in dein Herz hinein.
- Atme ein Mal lange und langsam durch den Mund aus.
- Entdecke, erspüre und empfinde, dass du dich vor einem Haus befindest. Du weißt, dass du in diesem Haus allen früheren Zorn, allen Frust und allen Groll eingelagert hast. Gehe hinein und beginne das Haus zu säubern. Greif zu einem Besen und fege den Fußboden, wische Staub, streiche die Wände in deinen Lieblingsfarben.
- Atme einmal aus.
- Gehe jetzt nach draußen, säubere den Garten und verwandle das Äußere des Hauses so, wie du es gerne hättest.
- Kehre ins Haus zurück, ziehe dir einen bequemen Stuhl ans Fenster, setze dich hin und schau nach draußen. Wie fühlst du dich jetzt, nachdem du das Haus und den Garten gesäubert hast?
- Atme einmal aus und öffne die Augen.
- Schreibe deine Erlebnisse auf.

Hier folgen praktische Übungen, die wir im Alltag auch *ohne* Meditation durchführen können …

Umwandeln von Energie

Diese Übung muss man anfangs mit einem Lehrer der Bildsprache des Herzens durchführen, damit man begreift, wie das »Umschalten« funktioniert.

Wenn du auf etwas reagierst oder reagiert hast und diese Reaktion zu einem sekundären Instinkt wird, versuche die Emotion zu erkennen, die deine ursprüngliche Energie umgewandelt hat und jetzt zu einem sekundären Instinkt (oder auch deiner »zweiten Natur«) geworden ist.

Ein Beispiel: Vielleicht hat dich irgendetwas deprimiert (*Emotion*), und du bist wütend und niedergeschlagen (*sekundärer Instinkt*) zu Bett gegangen. Wenn du spürst, dass sich deine Energie in eine Emotion (*Niedergeschlagenheit*) verwandelt, schalte beim ersten Anzeichen dafür deine Energie auf Harmonie um. Visualisiere das Wort **HARMONIE** in goldenen Buchstaben und halte dir vor Augen, dass du dich im Einklang mit dir selbst befindest.

Welches Bild stellst du dir dabei vor? Vielleicht siehst du dich in einer Lotus-Stellung meditieren. Oder du sitzt still in einem Park, im Gebirge oder in einem Zedernwald, nahe bei einer Quelle, und genießt die Natur.

Lebendiges Wasser

Gieße Wasser in ein Glas und behalte das Glas zehn Sekunden lang in den Händen. Richte in dieser Zeit deine Aufmerksamkeit auf das Wasser. Schicke dem Wasser dann durch deine Hände hindurch bewusst das Licht und die Liebe aus deinem Herzen und teile ihm drei Mal mit: »Ich hab dich lieb.«

Entdecke, erspüre und empfinde, dass das Wasser eine bestimmte Struktur angenommen hat und lebendig ist.

Chakren, Instinkte, Organe und Gefühle

SEKUNDÄRE INSTINKTE	EMOTIONEN	PRIMÄRINSTINKT	CHAKREN	ORGANE	GEFÜHLE REAKTIONEN
Kampf	Zorn Gereiztheit	Überleben	Scheitelpunkt	Gehirn Fontanelle	Innerer Friede Klarheit
Schlafstörungen	Depression	Durchblick Schlaf	Drittes Auge	Gehirn Zirbeldrüse	Harmonie
Schweigen oder unbeherrschtes Reden	Innere Unruhe Beklemmung	Sprachvermögen	Kehle	Schilddrüse	Vertrauen Inneres Gleich-gewicht
Schnelle Atmung Rauchen	Hass Groll	Atmung	Herz	Herz Lunge Thymusdrüse	Liebe Freude Mitgefühl
Essstörungen Alkohol Abhängigkeit	Frustration	Ernährung	Willenskraft	Niere Nebennierendrüse	Gelassenheit
Sexuelle Störungen	Unbehagen	Fortpflanzung	Sex	Genitalien Geschlechtsdrüsen	Kreativität
Panikattacken Unsicherheit	Angst	Bewegung	Basis	Perineum	Mut

Trinke das Wasser langsam, schlucke es hinunter und teile ihm dabei erneut drei Mal mit: »Ich habe dich lieb.«

Innehalten und Atmen

Denke daran, drei Mal am Tag bei deinen Tätigkeiten für genau zehn Sekunden innezuhalten (zum Beispiel bei der Arbeit am PC, beim Einkaufen oder beim Fernsehen) und danach zu atmen. Atme drei Mal lange durch die Nase ein und drei Mal lange durch den Mund wieder aus.

Wir haben alle Gewohnheiten und müssen uns dabei eine Pause gönnen. Wir sollten jeden Tag etwas Zeit dafür freihalten, zu unseren Körpern zurückzukehren.

Reinigung von Träumen

Denke an Folgendes: Alle deine Träume enthalten deine persönlichen Wahrheiten, denn *du* hast sie hervorgebracht. Mache keinen anderen Menschen für deine Träume verantwortlich. Aber wie reinigt man sich von Albträumen oder Träumen, die bei einem ein ungutes Gefühl hinterlassen?

Als Erstes musst du deine Träume verstehen.

Das kannst du nicht, während du träumst, denn dann befindest du dich ja in diesem Traum. Also »programmiere« dich vor dem Einschlafen darauf, dich später an diesen Traum zu erinnern. Wenn du am Morgen aufwachst, nimm dir jeden Traum einzeln vor und meditiere darüber.

Gehe in deinen Traum zurück. Und denke daran, dass Angst dazu da ist, dich Mut zu lehren.

Unnötige Wiederholungen

Unnötige Wiederholungen sind Energieräuber. Überprüfe dich selbst in dieser Hinsicht: Immer wenn du dich unnötig wiederholst, büßt du Energie ein.

Vielleicht benutzt du überflüssige Phrasen und Füllwörter, zum Beispiel »wie auch immer«. Oder du hast sonderbare Ticks? Zwirbelst du an deinen Haaren herum oder kratzt dich am Kopf, wenn dir jemand eine schwierige Frage stellt? Finde alle diese überflüssigen Angewohnheiten heraus und mache sie dir bewusst, wenn du dazu neigst, sie zu wiederholen.

Anfangs wirst du dich immer wieder dabei ertappen, doch mit der Zeit wirst du sie nach und nach abstellen.

Wenn du alle unnötigen Wiederholungen sein lässt, wirst du nicht mehr so schnell ermüden.

Du wirst dich stattdessen munter fühlen und genügend Energie für den ganzen Tag haben.

14

Heilung und emotionale Klarheit

Die Übungen zum Erlangen von Heilung und emotionaler Klarheit zählen in der Bildsprache des Herzens zu den wichtigsten Schritten bei der Heilung des mentalen, emotionalen und physischen Körpers. Sie verleihen dir die Kraft, die festgefahrenen Glaubensmuster, die deine Seele blockieren, zu überwinden. Sie geben dir die Mittel, dich von deinen emotionalen Traumata, die deine inneren und äußeren Energien in eine falsche Richtung lenken, zu reinigen.

Vor allem musst du dir eines merken: Jede Krankheit, die deinen physischen Körper befällt, ist nur eine Folge des Musters deiner Überzeugungen und deines emotionalen Traumas. Selbst große Vermittler der Bildsprache des Herzens können ihre innere Reise nicht antreten, bevor sie ihren mentalen und emotionalen Körper gereinigt haben.

Verstehst du, wie wichtig es ist, seine Energien zu reinigen? Ein erwachter Geist braucht solche Erfahrungen.

Je öfter du diese Übungen regelmäßig durchführst, desto intensiver wirst du die Stille jenseits der festgefahrenen Glaubensmuster und der emotionalen Probleme erleben. In dir brennt dann eine kleine Flamme der Erkenntnis.

Erinnere dich bitte an Folgendes: Wenn du diese Übungen durchführen willst, mache zuerst die Einstiegsübung. Und denke daran, dass du jemanden brauchst, der sie dir einfühlsam vorliest. Wenn du sie selbst liest oder auswendig lernst, wird dein Verstand das Kommando übernehmen, und alle positiven Wirkungen der jeweiligen Übung könnten entfallen.

Sonnen-Übung

- Bewege dich in dein Herz hinein.
- Atme ein Mal lange und langsam durch den Mund aus.
- Sieh dich selbst am Morgen in einem Garten oder Park sitzen. Die Sonne ist vor kurzer Zeit aufgegangen und befindet sich auf der Ebene deiner Stirn.
- Entdecke, erspüre und empfinde, dass dich ihr Licht und ihre Wärme erfassen.
- Entdecke, erspüre und empfinde, dass sich die Sonne langsam deinem Kopf – deiner Stirn – nähert. Durch die Stirnmitte dringt sie in dich ein und befindet sich nun in deinem Kopf.
- Richte deinen Blick nach innen und erblicke die Sonne in deinem Kopf.
- Beobachte, wie die Sonne langsam durch deine Kehle dringt und sie kräftig aufleuchten lässt.

- Beobachte, wie die Sonne langsam in deinen oberen Brustkorb eindringt und ihn kräftig aufleuchten lässt.
- Beobachte, wie die Sonne langsam in deinen unteren Brustkorb eindringt und ihn kräftig aufleuchten lässt.
- Beobachte, wie die Sonne langsam in deinen Bauchraum vordringt und ihn erwärmt.
- Atme einmal aus.
- Entdecke, erspüre und empfinde, dass die Wärme und das Licht der Sonne in deine Nieren eindringen und von dort aus durch deine Wirbelsäule nach oben steigen. Die Wirbelsäule ähnelt einem Baum. Das Licht umläuft die Wirbelsäule von links nach rechts, wie es auch die Äste eines Baumes tun.
- Atme einmal aus und öffne die Augen.
- Schreibe deine Erlebnisse auf.

Mond-Übung

- Bewege dich in dein Herz hinein.
- Atme ein Mal lange und langsam durch den Mund aus.
- Sieh dich selbst am Abend draußen in einem Garten oder Park sitzen. Der Mond scheint von einem wunderbaren Nachthimmel herunter.
- Entdecke, erspüre und empfinde, dass das weiße Mondlicht dich erfasst.
- Entdecke, erspüre und empfinde, dass der Mond sich dir langsam durch deine vor dir stehenden Füße genähert hat und durch deine Fußsohlen in dich eindringt.
- Entdecke, erspüre und empfinde, dass das weiße, klare Mondlicht deinen rechten und linken Fuß reinigt.
- Entdecke, erspüre und empfinde, dass das weiße, klare Mondlicht nach oben steigt und dein rechtes und linkes Knie reinigt.

- Entdecke, erspüre und empfinde, dass das weiße, klare Mondlicht nach oben steigt und deine deine Hüften reinigt.
- Atme einmal aus.
- Entdecke, erspüre und empfinde, dass das weiße, klare Mondlicht von deinen Hüften zu deiner Wirbelsäule hinaufsteigt und deinen ganzen Körper und deine Organe erfasst. Die Wirbelsäule ähnelt einem Baum. Das Licht läuft auf seinem Weg um die Wirbelsäule von links nach rechts, wie es auch die Äste eines Baums tun.
- Atme einmal aus und öffne die Augen.
- Schreibe deine Erlebnisse auf.

See-Übung

- Bewege dich in dein Herz hinein.
- Atme ein Mal lange und langsam durch den Mund aus.
- Entdecke, erspüre und empfinde, dass du in einer wunderschönen Nacht auf der Oberfläche eines Sees treibst. Dein Gesicht ist einem klaren Himmel zugewandt, und du erblickst Tausende von Sternen.
- Entdecke, erspüre und empfinde, dass sich der Himmel auf dem See spiegelt und sieben Sterne von deinen Chakren reflektiert werden.
- Sieh, wie deine Chakren leuchten und durch die sieben Sterne gereinigt werden.
- Jetzt entdecke, dass du dich zum Himmel hinauf bewegst und die realen Sterne sich in deinem durchsichtigen Körper spiegeln. Sieh den See und die Sterne auf dem See und spüre, dass du dich jetzt an beiden Orten befindest: auf dem See und am Himmel.
- Lass dich vom Himmel sanft zurück zu deinem physischen Körper treiben und verbinde dich mit ihm.

- Wie fühlst du dich jetzt?
- Atme einmal aus und öffne die Augen.
- Schreibe deine Erlebnisse auf.

Übung, um deine Organe mit Licht zu füllen

- Bewege dich in dein Herz hinein.
- Atme ein Mal lange und langsam durch den Mund aus.
- Entdecke, erspüre und empfinde, dass die Sonne immer kleiner wird und sich dir so lange nähert, bis sie sich unmittelbar vor dir auf deiner Brusthöhe befindet. Die Sonne gleicht dabei einer kleinen Kugel mit einem Durchmesser von zwanzig Zentimetern.
- Entdecke, erspüre und empfinde, dass sich dein Herz jetzt außerhalb deines Körpers bewegt, unmittelbar neben der kleinen Sonne vor dir. Ganz allmählich bewegt sich dein Herz in die kleine Sonne hinein und füllt sich mit Licht. (Warte es dreißig Sekunden lang ab.) Dann bewegt sich dein mit Licht gefülltes Herz in deinen Körper zurück, zu seinem gewohnten Ort. Das Licht, das aus deinem Herzen strömt, erfasst nun deinen gesamten Brustkorb. (Warte es dreißig Sekunden lang ab.)
- Atme einmal aus.
- Entdecke, erspüre und empfinde, dass sich deine Leber jetzt außerhalb deines Körpers bewegt, unmittelbar neben der kleinen Sonne vor dir. Ganz allmählich bewegt sich deine Leber in die kleine Sonne hinein und füllt sich mit Licht. (Warte es dreißig Sekunden lang ab.) Dann bewegt sich deine mit Licht gefüllte Leber in deinen Körper zurück, zu ihrem gewohnten Ort. Das Licht, das aus deiner Leber

strömt, erfasst nun den ganzen Bereich von Leber und Magen. (Warte es dreißig Sekunden lang ab.)

- Atme einmal aus.
- Entdecke, erspüre und empfinde, dass sich deine Nieren jetzt außerhalb deines Körpers bewegen, unmittelbar neben der kleinen Sonne vor dir. Ganz allmählich bewegen sich deine Nieren in die kleine Sonne hinein und füllen sich mit Licht. (Warte es dreißig Sekunden lang ab.) Dann bewegen sich deine mit Licht gefüllten Nieren in deinen Körper zurück, zu ihrem gewohnten Ort. Das Licht, das aus deinen Nieren strömt, erfasst nun die ganze untere Bauchregion. (Warte es dreißig Sekunden lang ab.)
- Atme einmal aus.
- Entdecke, erspüre und empfinde, dass sich deine Lungen jetzt außerhalb deines Körpers bewegen, unmittelbar neben der kleinen Sonne vor dir. Ganz allmählich bewegen sich deine Lungen in die kleine Sonne hinein und füllen sich mit Licht. (Warte es dreißig Sekunden lang ab.) Dann bewegen sich deine mit Licht gefüllten Lungen in deinen Körper zurück, zu ihrem gewohnten Ort. Das Licht, das aus deinen Lungen strömt, erfasst nun den ganzen oberen Brustkorb. (Warte es dreißig Sekunden lang ab.)
- Atme einmal aus.
- Entdecke, erspüre und empfinde, dass sich dein Gehirn jetzt aus deinem Körper hinaus bewegt, unmittelbar neben die kleine Sonne vor dir. Nun bewegt sich dein Gehirn in die kleine Sonne hinein und füllt sich mit Licht. (Warte es dreißig Sekunden lang ab.) Dann bewegt sich dein mit Licht gefülltes Gehirn in deinen Körper zurück, zu seinem gewohnten Ort. Das Licht, das aus deinem Gehirn strömt, erfasst nun den ganzen Kopf. (Warte es dreißig Sekunden lang ab.)
- Jetzt erkenne, dass dein Herz, deine Leber, deine Nieren, deine Lungen und dein Gehirn in deinem Inneren leuchten.

- Atme einmal aus und öffne die Augen.
- Schreibe deine Erlebnisse auf.

Lotusblume

- Bewege dich zu deinem Herzen.
- Atme ein Mal lange und langsam durch den Mund aus.
- Entdecke, erspüre und empfinde, dass sich unmittelbar vor dir an der Stirnmitte, auf der Höhe deines Dritten Auges, eine Lotusblume befindet. Nun wird die Blume immer größer, bis du dich auf sie setzen kannst.
- Entdecke, erspüre und empfinde, dass sich die Lotusblume immer weiter nach oben bewegt, während du auf ihr sitzt. Schau nach unten, dort wirst du Gebäude, Bäume und die ganze Umgebung erkennen. Steig noch höher hinauf, bis du dich zwischen weißen Wolken befindest, die in deiner Nähe schweben. Jetzt bewege dich zurück zu deinem Zimmer.
- Atme einmal aus.
- Entdecke, erspüre und empfinde, dass die Lotusblume immer kleiner wird und sich zu deinem ersten Chakra auf Höhe deines Perineums hinunter bewegt. Nun leuchtet dein erstes Chakra und verströmt einen angenehmen Duft.
- Entdecke, erspüre und empfinde, dass sich die Lotusblume jetzt nach oben bewegt, zu deinem Nabelchakra in deiner Körpermitte, hinter dem Bauchnabel. Nun leuchtet dein Nabelchakra und verströmt einen angenehmen Duft.
- Entdecke, erspüre und empfinde, dass sich die Lotusblume jetzt nach oben bewegt, zu deinem Herzchakra in der Mitte deiner Brust. Nun leuchtet dein Herzchakra und verströmt einen angenehmen Duft.
- Entdecke, erspüre und empfinde, dass sich die Lotusblume weiter nach oben bewegt, zum Chakra deines Dritten Au-

ges. Nun leuchtet auch dieses Chakra und verströmt einen angenehmen Duft.

- Entdecke, erspüre und empfinde, dass sich die Lotusblume noch weiter nach oben bewegt, zum Chakra deines Scheitelpunkts am Kopf. Nun leuchtet dieses Chakra auf und verströmt einen angenehmen Duft.
- Entdecke, erspüre und empfinde, dass die Lotusblume wieder größer und größer wird und du auf der Blume sitzt. Wie fühlst du dich jetzt?
- Atme einmal aus und öffne die Augen.
- Schreibe deine Erlebnisse auf.

Emotionalkörper-Übung

- Bewege dich in dein Herz hinein.
- Entdecke, erspüre und empfinde, dass dein Geist sich nach draußen bewegt, hoch hinauf über deinen Körper und über deine *Leonardo-Sphäre* hinaus.
- Schau hinunter und sieh deinen Emotionalkörper als Wolke um dich herum, die sich im Uhrzeigersinn drehst. Klar und deutlich erkennst du: Dein Emotionalkörper befindet sich im Inneren deiner *Leonardo-Sphäre*. Er befindet sich innerhalb des Raums, den du mit ausgestreckten Gliedmaßen umreißt.
- Schicke durch deine bloße Absicht von dort oben, wo dein Geist nach unten schaut, Licht hinunter in deinen Emotionalkörper. Entdecke, erspüre und empfinde, wie dein Emotionalkörper wie ein Strudel von dort oben Licht in sich aufnimmt und all die Energien reinigt, die nicht der Energie deines Emotionalkörpers entsprechen.
- Atme einmal aus.

- Entdecke, erspüre und empfinde, dass dein Emotionalkörper zu einer weiß leuchtenden Wolke um deinen physischen Körper herum wird; fühle dich ruhig und rein; deine emotionalen Traumata werden gereinigt.
- Kehre mit deinem Geist zurück.
- Atme einmal aus und öffne die Augen.
- Schreibe deine Erlebnisse auf.

Wasserfall des Lichts

- Bewege dich in dein Herz hinein.
- Atme ein einziges Mal lange und langsam aus.
- Sieh dich selbst zwischen zwei wunderschönen, freundlich wirkenden Bergen sitzen, in deren Mitte ein Wasserfall des Lichts hinabrauscht.
- Sieh, wie du dich dem Wasserfall näherst und dann vor ihm ankommst.
- Jetzt stelle dich unmittelbar unter den Wasserfall des Lichts.
- Entdecke, erspüre und empfinde, dass das Licht deinen Mentalkörper und deinen Emotionalkörper, die deinen physischen Körper umgeben, reinigt.
- Wenn das Licht mit dieser Reinigung beginnt, spüre, dass sich dein Gehirn reinigt und du Klarheit und inneren Frieden empfängst. Erkenne, dass dein Mentalkörper mit deiner linken Gehirnhälfte verbunden ist und dein Emotionalkörper mit der rechten Gehirnhälfte.
- Verharre eine Minute lang so und spüre, wie das Licht deine Körper reinigt und dein Gehirn mit Klarheit erfüllt.
- Atem einmal aus und öffne die Augen.
- Schreibe deine Erlebnisse auf.

Die sieben Bestandteile der Heilung

- Bewege dich in dein Herz hinein.
- Atme ein Mal lange und langsam durch den Mund aus.
- Entdecke, erspüre und empfinde, dass wir hier auf der Erde über sieben magische Komponenten verfügen, die wir zur Heilung nutzen können: Energie, Bewegung, Wasser, Licht, Töne, Mutter Erde und die fließende Zeit.
- Erkenne, dass die Energie alles ist und alles Energie. Deshalb kannst du dich durch Energie selbst heilen.
- Erkenne, dass die Energie stets im Fluss ist und das Leben Bewegung. Wir sind keine statischen Wesen, sondern bewegen uns. Und wenn wir uns bewegen, bewegt sich auch die Energie und heilt uns.
- Erkenne, dass wir vor allem aus Wasser bestehen. Wenn wir also unser inneres Wasser reinigen, indem wir sauberes Wasser hineinbringen, können wir uns selbst heilen.
- Erkenne, dass Licht oder Feuer, sofern unser Wille und unsere Absicht sie lenken, all unsere Chakren reinigen und uns heilen.
- Erkenne, dass auch Töne heilen können. Höre jetzt auf deine Innere Stimme und sorge dafür, dass sie sich durch dein ganzes Wesen ausdehnt. Spüre, wie die Schwingungen des Tons dich heilen.
- Erkenne, dass dich die Verbindung mit Mutter Erde heilt. Entdecke, erspüre und empfinde in allen deinen Zellen die heilende Energie von Mutter Erde. Spüre, dass du dasjenige in Ehren halten musst, das du als Teil von Mutter Erde, als Teil der Natur bist.
- Erkenne, dass die ewige Zeit flüssig ist – dass sie fließt. Entdecke, erspüre und empfinde, dass du ohne Zeit ewig bist. Ja,

du bist ewig. Die Heilung erfolgt sofort, wenn dir klar wird, dass du ewig bist.

- Atme einmal aus und öffne die Augen.
- Schreibe deine Erlebnisse auf.

Botschaft von deinen Vorfahren

- Bewege dich in dein Herz hinein.
- Atme ein Mal lange und langsam durch den Mund aus.
- Entdecke, erspüre und empfinde, dass du auf einem schönen Bergpfad entlang gehst. Du erinnerst dich an den Pfad, denn du bist schon früher hier gewesen. Lausche den Gesängen der Vögel ringsum. Nahe bei dem Pfad fließt Quellwasser hinunter. Knie dich hin und trinke das reine, erfrischende Wasser. Spüle dir die Augen mit diesem Wasser aus.
- Unmittelbar vor dir befindet sich eine Höhle. Wenn du die Höhle betrittst, denke daran, dass du hier in deinen früheren Leben häufig meditiert hast. Spüre die Verbindung mit diesem heiligen Ort und beginne dort zu meditieren. Du setzt dich dabei auf einen festen Felsbrocken, auf dem eine alte Decke liegt.
- Entdecke, erspüre und empfinde die Verbindung zwischen dem Berg und Mutter Erde.
- Entdecke, erspüre und empfinde die Beziehung zwischen dem Himmel und Vater Universum.
- Entdecke, erspüre und empfinde die Verbindung zu anderen Jüngern des Lichts in der ganzen Welt und im ganzen Universum.
- Nun bitte deine Vorfahren, vor dir zu erscheinen. Höre, was sie dir zu sagen haben. Sie übermitteln dir eine Botschaft, bei

der es um deinen mentalen Körper, deinen emotionalen Körper und deinen physischen Körper geht. Sie sagen dir, wie du dich selbst heilen kannst. Lausche dieser Botschaft.

- Nun verlässt dich ein Vorfahre nach dem anderen. Du bleibst zurück und meditierst über ihre Botschaft.
- Entdecke, erspüre und empfinde, dass es an der Zeit ist, sich von allen Orten, an denen du in diesem früheren Sein gewesen bist, zu lösen. Du lebst nun im Hier und Jetzt. Spüre, dass die Vergangenheit vorbei ist und du nun neue Energie hast. Du bist wiedergeboren und bereit, andere schöne Erfahrungen zu genießen.
- Atme einmal aus und öffne die Augen.
- Schreibe deine Erlebnisse auf.

Reise durchs Universum

- Bewege dich in dein Herz hinein.
- Atme ein Mal lange und langsam durch den Mund aus.
- Bewege dich so zum Herzen, dass du die Eingangstür des Herzens von innen vor Augen hast.
- Bald wirst du auf der gegenüberliegenden Seite eine weitere Tür erblicken. Öffne diese Tür und gehe hinaus.
- Entdecke, erspüre und empfinde, dass du dich im Universum befindest. Eine Straße führt von deinem Herzen zur Sonne unseres Solarsystems hinauf.
- Folge dieser Straße. Wenn du bei der Sonne ankommst, bewege dich zu ihrem Zentrum.
- Entdecke, erspüre und empfinde, dass eine Straße vom Mittelpunkt dieser Sonne zur galaktischen Sonne, zum Zentrum unserer Galaxis führt. Wenn du diese Sonne erreicht hast, entdecke, erspüre und empfinde Tausende von Sterngruppen links und rechts der Straße.

- Entdecke, erspüre und empfinde die galaktische Sonne. Ein Erzengel aus Licht führt dich zu ihrem Zentrum, wo der Rat unserer Galaxis alle Welten und Sonnen koordiniert. Du bist jetzt dort, im Zentrum der galaktischen Sonne, und der Rat hat eine Botschaft für dich. Höre sie dir an.
- Der Rat hat auch ein Geschenk für dich. Nimm das Geschenk in beide Hände und bedanke dich dafür. Der Erzengel bringt dich jetzt zurück zur Sonne unseres Sonnensystems. Von dort aus kehre unbegleitet zur Tür deines Herzens zurück und öffne sie. Kehre zurück in dein Herz.
- Entdecke, erspüre und empfinde, wie wichtig die Botschaft und das Geschenk sind, die du vom Rat erhalten hast. Stelle das Geschenk ab und beginne zu meditieren.
- Atme einmal aus und öffne die Augen.
- Schreibe deine Erlebnisse auf.

Raum-Übung

- Bewege dich in dein Herz hinein.
- Atme ein Mal lange und langsam durch den Mund aus.
- Habe vor Augen, dass du an einem schönen Ort in Lotus-Stellung sitzt.
- Blicke dich um. Was siehst du?
- Jetzt sieh dich selbst in einem kleinen dunklen Raum sitzen.
- Blicke auf die Wände dieses Raums. Sie sind robust, dunkel und undurchdringlich.
- Wie fühlst du dich dabei?
- Jetzt entdecke, dass diese Wände durch riesige Fenster ersetzt werden. Im Raum ist es nun nicht mehr dunkel. Durch die Fenster kannst du den Himmel sehen. Auch die Decke dieses Raums ist zu einem Fenster geworden, durch das du die weißen Wolken am Himmel sehen kannst.

- Blicke nach unten, zu dem Platz, wo du sitzt. Der Fußboden ist verschwunden. Auch der Boden wurde durch ein Fenster ersetzt, durch das du den blauen Himmel sehen kannst.
- Spüre das Licht, das zu dir hinein scheint.
- Spüre das Licht, das von dir ausgeht und nach draußen scheint. Es ist wundervoll.
- Atme einmal aus und öffne die Augen.
- Schreibe deine Erlebnisse auf.

Die astrale Wirbelsäule

- Bewege dich in dein Herz hinein.
- Atme ein Mal lange und langsam durch den Mund aus.
- Habe vor Augen, dass du an einem schönen Ort in Lotus-Stellung sitzt.
- Erkenne, erspüre und empfinde, dass deine Wirbelsäule transparent ist, ähnlich wie eine Lichtröhre.
- Jetzt platziere geistig die Silbe **OM** ganz unten auf deine Wirbelsäule.
- Danach richte deine Aufmerksamkeit nach oben und verlege die Silbe **OM** in den Lendenbereich, auf die Höhe deines Nabels.
- Richte deine Aufmerksamkeit auf den Bereich des Nackens und verlege die Silbe **OM** auf eine Stelle zwischen den Schulterblättern.
- Richte deine Aufmerksamkeit auf die Mitte deines Gehirns und verlege die Silbe **OM** dorthin.
- Nun verlege die Silbe **OM** auf den Scheitelpunkt deines Kopfes.
- Spüre zwei unsichtbare Lichtstränge, die vom unteren Ende deiner Wirbelsäule bis zur Mitte deines Gehirns führen. Diese Stränge sind *Pingala* (der Sonnennerv an der rechten Seite

deiner Wirbelsäule) und *Ida* (der Mondnerv an der linken Seite deiner Wirbelsäule).

- Entdecke, erspüre und empfinde, wie der Sonnennerv das esoterische Feuer in dein Gehirn befördert und wie der Mondnerv die esoterische silberne, kalte Energie, die unten an deiner Wirbelsäule angesiedelt ist, nach oben befördert.
- Spüre das segensreiche Licht in deinem Gehirn.
- Atme einmal aus und öffne die Augen.
- Schreibe deine Erlebnisse auf.

Jetzt folgen praktische Übungen, die man bei alltäglichen Verrichtungen *mit* oder *ohne* Meditation durchführen kann …

Tibetische Chakra-Reinigung

- Bewege dich in dein Herz hinein.
- Erblicke vor dir dich (deinen Körper) sowie ein holografisches Bild. Erblicke einen Lichtstrahl, der vom Chakra deiner Handfläche (egal welcher Hand) bis zum ersten Chakra (Chakra des Perineums) deines holografischen Bildes reicht. Reinige den Lichtstrahl mit dem Licht, das von deiner Handfläche ausstrahlt, bis du eine schöne rote Farbe siehst, erspürst und empfindest und einen Rosenduft wahrnimmst.
- Bewege deine Handfläche nach oben und reinige das zweite Chakra deines holografischen Bildes, das zwischen dem Perineum-Chakra und dem Nabel liegt. Säubere es, bis du eine

schöne orangene Farbe siehst, erspürst und empfindest. Spüre, wie die Schöpfungsenergie gereinigt und freigesetzt wird. Nimm den Duft der Blüten am Orangenbaum wahr.

- Bewege deine Handfläche nach oben und reinige das dritte Chakra deines holografischen Bildes. Es liegt am Bauch, auf der Ebene des Sonnengeflechts. Säubere es, bis du dort eine schöne gelbe Farbe aufscheinen siehst oder aufscheinen spürst – so als leuchtete eine winzige Sonne innerhalb deines Solarplexus auf. Spüre den Blütenduft des Zitronenbaums.
- Bewege deine Handfläche jetzt nach oben und reinige das vierte Chakra deines holografischen Bildes. Es liegt in der Mitte deines Brustkorbs, zwischen den Lungen. Säubere das Chakra des oberen Herzens, bis du dort ein schönes sattes Grün aufscheinen siehst oder aufscheinen spürst. Erspüre auch den Duft der minzgrünen Blätter.
- Bewege deine Handfläche nach oben und reinige das fünfte Chakra deines holografischen Bildes, das in deinem Rachen liegt. Säubere es, bis du dort eine schöne blaue Farbe aufscheinen siehst oder aufscheinen spürst. Es ist die Farbe eines Sommerhimmels. Erspüre auch den Blütenduft des Lindenbaums.
- Jetzt bewege deine Hand nach oben und reinige das sechste Chakra deines holografischen Bildes – das Chakra deines Dritten Auges, das in deiner Stirnmitte liegt. Säubere es, bis du eine schöne indigoblaue Farbe siehst oder spürst. Erspüre auch den Duft der Fliederblüten.
- Als Letztes bewege deine Handfläche nach oben und reinige das siebte Chakra deines holografischen Bildes, das Chakra des Scheitelpunkts an deinem Kopf. Säubere es, bis du eine schöne weiße Farbe siehst oder spürst. Erspüre auch den Duft von Jasminblüten.
- Entdecke, erspüre und empfinde, dass nun alle deine Chakren – sowohl die des holografischen Bildes als auch die deines

physischen Körpers – gereinigt sind und einen angenehmen Duft, den Duft eines Blumengartens, verströmen.
- Jetzt lass dein holografisches Bild mit deinem physischen Körper verschmelzen.

Übung, um deine Ängste und Sorgen loszulassen und dich mit deiner Inneren Essenz zu verbinden

- Bewege dich in dein Herz hinein.
- Denke an eine Situation, in der du dich besorgt oder niedergeschlagen gefühlt hast oder in der du Angst hattest.
- Jetzt beobachte den Rhythmus deiner Atmung – das Hineinfließen und Herausfließen deines Atems. Beobachte, wie du ein- und ausatmest, und versuche während dieses Vorgangs auf keinen Fall irgendetwas daran zu verändern.
- Vielleicht wirst du feststellen, dass deine Atmung spontan schneller oder langsamer, tiefer oder flacher wird. Es kann sogar sein, dass sie hin und wieder gänzlich aussetzt.
- Lass all das einfach geschehen. Verbinde keine Erwartungen mit dem, was gerade geschieht, und setze deiner Atmung keinen Widerstand entgegen.
- Wenn sich deine Aufmerksamkeit wieder auf die Besorgnis oder Angst in der von dir erinnerten Situation richtet oder du eine entsprechende Empfindung spürst (dein Herz jetzt beispielsweise heftiger oder schneller schlägt), richte deine Aufmerksamkeit stets wieder auf deine Atmung.
- In etwa einer Minute wirst du dich beruhigen, und die Sorgen und die Angst werden sich legen.

Das spiralförmige innere Lächeln

- Bewege dich in dein Herz hinein.
- Werde dir dessen bewusst, dass in deinem Herzen der Mittelpunkt des Universums liegt. Von diesem Zentrum geht eine Spirale des Lichts aus, die in folgender Reihenfolge durch deine wichtigsten Organe verläuft: Herz, linke Lunge, Gehirn, rechte Lunge, Leber, rechte Niere, Genitalien, linke Niere und Milz. Von dort aus führt die spiralförmige Bewegung nach draußen und setzt sich bis ins Unendliche fort.
- Richte deine Aufmerksamkeit auf dein Herz und lächle ihm zu, während du ihm drei Mal mitteilst: »Ich hab dich lieb.« Nach wenigen Sekunden wirst du spüren, dass dein Herz vibriert und dein Lächeln erwidert.
- Richte deine Aufmerksamkeit nun auf deine linke Lunge und lächle ihr zu, während du ihr drei Mal mitteilst: »Ich hab dich lieb.« Nach wenigen Sekunden wirst du spüren, dass deine Lunge vibriert und dein Lächeln erwidert.
- Jetzt führe das innere Lächeln auch mit deinem Gehirn, mit deiner rechten Lunge, deiner Leber, deiner rechten Niere, deinen Genitalien, deiner linken Niere und deiner Milz durch.
- Entdecke, erspüre und empfinde, dass deine neun Organe nun voll Licht und Liebe sind und dein Lächeln erwidern.
- Mache dir erneut bewusst, dass der Mittelpunkt des Universums in deinem Herzen liegt und von diesem Zentrum eine Spirale des Lichts ausgeht. Sieh und spüre, dass diese Spirale sich von deinem Herzen aus durch deine Organe bewegt und von dort aus nach draußen führt, bis ins Unendliche.
- Führe diese Übung einmal am Tag durch, wenn du dich von deinem Höheren Selbst und dem Universum getrennt fühlst – das heißt, wenn du dich traurig und allein fühlst.

Die tibetischen Hände

- Schließe die Augen und bewege dich in dein Herz hinein.
- Reibe deine Hände eine Minute lang und lockere deine Handgelenke, ohne die Augen zu öffnen.
- Erspüre die Bereiche deines Körpers, die geschwächt, blockiert oder erschöpft sind. Suche dabei nach den schmerzhaften Zonen oder nach heißem oder kaltem, unregelmäßigem Prickeln wegen elektrischer Aufladungen.
- Massiere mit den Händen vorsichtig die Spannungszonen und lege deine Hände dabei in ihrer ganzen Fläche darauf. Mache dir alle Körperzonen bewusst, bei denen deine Hände Spannung spüren.
- Entdecke, erspüre, empfinde und erkenne, dass von den Innenseiten deiner Hände weißliches Licht zu den Spannungs- und Schmerzzonen führt und sie erfasst. Erkenne, wie sich diese Bereiche nach und nach mit weißem, leuchtendem Licht füllen, das heilend wirkt.

Reinigung durch Prana

- Bewege dich in dein Herz hinein.
- Entdecke, erspüre und empfinde, wie jede Zelle deines Körpers zu einem unendlich kleinen Fenster wird, das sich zum Universum hin öffnet.
- Jetzt atme ein und spüre, wie *Prana* durch die geöffneten Fenster in all deine Körperzellen eindringt.
- Entdecke, erspüre und empfinde, dass sich das *Prana* jetzt zu deiner *Leonardo-Sphäre* bewegt. Diese Sphäre verwandelt sich jetzt in eine Sphäre aus *Prana*, die dich ringsum einhüllt, so weit deine Gliedmaßen reichen.

15

Vereinigung mit Gott

Karma Dorje hat mir einmal gesagt, dass Gott sehr real für diejenigen ist, die verstehen, dass Gott in und außerhalb von uns ist – innen *und* außen.

Die Übungen der Bildsprache des Herzens zur Vereinigung mit Gott machen uns diese vollständige Einheit bewusst. Was könnte uns Gott denn anderes schenken als eine vollkommene Erkenntnis seiner selbst? Der Glaube daran, dass wir etwas anderes geben oder erhalten könnten, irgendetwas außerhalb von uns selbst, hat uns diese Erkenntnis der Einheit mit Gott und unserer eigenen Identität genommen.

Wenn wir die folgenden Übungen korrekt durchführen, werden wir innere Ruhe spüren und das Gefühl haben, dass wir ins Licht eintreten.

Im Verlauf dieser Übungen – während wir nicht mehr auf die irdischen Gedanken achten –, werden wir begreifen, dass Gottes Licht gestaltlos und grenzenlos ist, und verstehen, dass das, was wir für unsere realen Gedanken halten, in keiner Weise unserem wirklichen Denken ähnelt. Denn wir sind Teil der

Schöpfung und des Geistes Gottes, und auch unsere Gedanken sind Teil seines Geistes.

Diese Übungen helfen uns dabei, den Ort in unserem Inneren zu finden, wo vollkommener Frieden herrscht. Es gibt einen Ort in uns, wo nichts unmöglich ist. Es gibt einen Ort in uns, wo die Kraft Gottes lebendig ist. Es gibt nichts, vor dem wir Angst haben müssten.

Die Einheit mit Gott ist nicht Folge, sondern Ursache unseres Seins. Wir wurden erschaffen, um uns mit dem Universum zu vereinen. Und später ist diese Einheit natürliche Folge einer richtigen Wahl, die wir frei von jeglicher Schuld treffen. Das ist so wesentlich für das spirituelle Lernen, dass man es niemals vergessen sollte.

Erinnere dich bitte an Folgendes: Wenn du diese Übungen durchführen willst, mache zuerst die Einstiegsübung. Und denke daran, dass du jemanden brauchst, der sie dir einfühlsam vorliest. Wenn du sie selbst liest oder auswendig lernst, wird dein Verstand das Kommando übernehmen, und alle positiven Wirkungen der jeweiligen Übung könnten entfallen.

Die Urquelle

- Bewege dich in dein Herz hinein.
- Atme ein Mal lange und langsam durch den Mund aus.
- Entdecke, erspüre und erkenne, dass du von deinem Platz aus eine Reise in den Raum antrittst – von hier aus direkt zur Urquelle.
- Erkenne, dass die Urquelle der Ursprung allen Seins ist.

- Wie siehst du ganz persönlich die Urquelle? In welcher Weise erscheint sie dir?
- Versuche, sie zu sehen, zu erspüren und zu erkennen.
- Entdecke, erspüre und empfinde, dass du zwar unmittelbar vor dir reines Wissen hast, das, was du siehst, jedoch durch deine eigene Wahrnehmung bedingt ist.
- Erkenne, dass diese Wahrnehmung der Welt der Dualität angehört, genau wie unsere ganze Welt. Das reine Wissen ist der Urquelle eigen.
- Entdecke, erspüre und empfinde, dass deine Wahrnehmung gegenüber der Urquelle, gegenüber Gott, keinerlei Aufgabe erfüllt. Allerdings ist diese Wahrnehmung für dich persönlich sehr nützlich. Sie muss zum Mittel für die Wiederherstellung deiner Erkenntnisfähigkeit und Heiligkeit werden.
- Atme einmal aus.
- Entdecke, erspüre und empfinde, dass du nichts anderes als die Urquelle sehen kannst, denn von der Urquelle, von Gott, kannst du dich niemals lösen.
- Spüre, wie diese Sicht der Urquelle dich bereichert. Du fühlst dich erneuert, mit neuem Leben erfüllt.
- Atme einmal aus und öffne die Augen.
- Schreibe deine Erlebnisse auf.

Das heilende Gebet

- Bewege dich in dein Herz hinein.
- Atme ein Mal lange und langsam durch den Mund aus.
- Entdecke, erspüre und empfinde, dass du in einem Wald spazieren gehst und dich einem fernen Licht näherst.
- Entdecke, dass du dich mitten im Wald auf einer Lichtung ohne Bäume befindest. Von oben strahlt ein Licht hinunter und auf dem Erdboden bildet sich ein perfekter Kreis.

- Während du dort stehst, sprich ein heilendes Gebet. Lass dir die Worte von deiner Intuition und deinem Höheren Selbst eingeben. Denke nicht vom Verstand her über dieses Gebet nach, versuche auch nicht, dich an Gebete, die du von früher kennst, zu erinnern. Lass zu, dass jedes heilende Gebet, das dir nun in den Sinn kommt, dir auf völlig natürliche Weise über die Lippen geht.
- Beende dein Gebet mit den Worten: »So sei es.«
- Atme einmal aus.
- Entdecke, erspüre und empfinde, dass Gott dein Gebet gehört hat.
- Entdecke, erspüre und empfinde, dass Gottes Hände von oben in den Lichtkreis greifen und dich aufheben. Spüre, dass du geheilt wirst, während dich die Hände Gottes nach oben tragen. (Warte zwei Minuten lang ab.)
- Jetzt spüre, wie Gottes Hände dich zurück in die Mitte des Kreises tragen. Spüre, dass du dich nun so fühlst, als hätte Gott dir ein neues Leben geschenkt – als wärest du wiedergeboren.
- Atme einmal aus und öffne die Augen.
- Schreibe deine Erlebnisse auf.

Das Herz von Vater Universum

- Bewege dich in dein Herz hinein.
- Atme ein Mal lange und langsam durch den Mund aus.
- Entdecke, erspüre und empfinde, dass du dich jetzt in der Mitte des Universums befindest – in dessen Herzen. Spüre, wie das Herz des Universums ringsum schlägt. Es ist ein leiser, sanfter Herzschlag.

- Entdecke, erspüre und empfinde, dass ein Lichtpunkt in deinem Herzen pulsiert. Dieser Lichtpunkt dehnt sich nun mit starken rhythmischen Bewegungen erst aus und zieht sich dann wieder zusammen.
- Spüre die Wellen von Licht, die von dem pulsierenden Lichtpunkt in deinem Herzen erzeugt werden. Du kannst ein rhythmisches Pochen hören, das von dem pulsierenden Lichtpunkt in deinem Herzen ausgeht.
- Nun erspüre behutsam, dass sich das Pulsieren deines Herzens und das Pulsieren des universalen Herzens vereint haben und jetzt eins sind. Erspüre diese Einheit der Herzen, die wie ein einziges Herz schlagen. Der Lichtpunkt in deinem Herzen hat sich mit dem Herzen des Universums verbunden.
- Atme einmal aus.
- Entdecke, erspüre und empfinde, dass du die Stufe vollständiger Einheit mit jedem anderen Menschen in deinem Umfeld erreichen musst, um das Herz Gottes schlagen zu hören. Versuche, das Herz des Universums allen Menschen, mit denen du einen Konflikt hattest, nahezubringen. Erspüre den Unterschied zwischen ihrem Herzschlag und dem Herzschlag des universalen Herzens.
- Entdecke, erspüre und empfinde, dass ihr nun alle wie ein einziger Mensch mit einem einzigen Herzen seid.
- Atme einmal aus und öffne die Augen.
- Schreibe deine Erlebnisse auf.

Reinigung durch Farben

- Bewege dich in dein Herz hinein.
- Atme ein einziges Mal lange und langsam aus.
- Entdecke, erspüre und empfinde, dass sich dir deine Lieblingsfarbe wie eine Wolke von links her nähert. Sie ähnelt

einer Brise. Spüre, wie sie dich durchdringt und deinen emotionalen Körper reinigt. Jetzt spüre, wie sich eine konträre Farbe (welche es für dich auch sein mag) von rechts her nähert und deinen mentalen Körper reinigt. Danach spüre, wie sich beide Farben von beiden Seiten her nähern, dich durchdringen und vollständig reinigen.

- Entdecke, erspüre und empfinde, dass du dazu beitragen kannst, alle deine Freundinnen und Freunde und sogar die ganze Menschheit zu reinigen. Entsende deine zweifarbige Brise: Schicke sie von links nach rechts über den ganzen Planeten, damit sie alle Menschen auf ihrem Weg reinigt. Danach schicke die Brise von rechts nach links über den Planeten, damit er die ganze Menschheit reinigt. Und nun schicke die Brise gleichzeitig von beiden Seiten aus los. Du ist klar: Du hast die Menschheit gereinigt.
- Entdecke, erspüre und empfinde, dass du dich in der Mitte des Universums befindest. Ringsum siehst du Sterne.
- Entdecke, erspüre und empfinde, dass sich links von dir ein gigantischer Staubsauger befindet, der all deine Emotionen, Probleme und negativen Gedanken in sich aufnimmt. Sie alle verschwinden links von dir im Staubsauger.
- Atme einmal aus und öffne die Augen.
- Schreibe deine Erlebnisse auf.

Die Farbe Gottes

- Bewege dich in dein Herz hinein.
- Atme ein Mal lange und langsam durch den Mund aus.
- Entdecke, erspüre und empfinde, dass du dich am Rande eines Berges befindest und dass das *Ende der Zeit* gekommen ist. Wie fühlt sich das an? Was bedeutet das *Ende der Zeit* für dich? Es könnte das Ende verschiedener Dinge und zugleich

einen Neuanfang bedeuten – zum Beispiel könnte es bedeuten, dass du nun in eine neue Dimension eintrittst oder eine neue Beziehung eingehst.

- Atme einmal aus.
- Entdecke, erspüre und empfinde die Farbe Gottes. Wie erscheint sie dir? Diese Farbe nähert sich dir wie eine Wolke. Sie hüllt dich ein und durchdringt dich, so dass du zu dieser Farbe wirst. Dein Magen, deine Leber, deine Augen, dein mentaler Körper, dein emotionaler Körper nehmen diese Farbe an, genau wie dein ganzer physischer Leib.
- Entdecke, erspüre und empfinde, dass dein physischer, emotionaler und mentaler Körper eine Einheit bilden. Sie haben dieselbe Farbe angenommen – die Farbe Gottes – und befinden sich in Einklang miteinander.
- Atme einmal aus.
- Entdecke, erspüre und empfinde, dass du unendlich bist und keine Zeit mehr existiert. Führe das Symbol für Unendlichkeit in dein Inneres ein und dehne dich mit diesem Zeichen über das ganze Universum aus. Spüre, dass du der unendliche Geist, die Mutter bist. Entdecke, erspüre und empfinde alles und jedes im Universum.
- Atme einmal aus und öffne die Augen.
- Schreibe deine Erlebnisse auf.

Grüne Wiese

- Bewege dich in dein Herz hinein.
- Atme ein Mal lange und langsam durch den Mund aus.
- Entdecke, erspüre und empfinde den Geschmack von Zitrone in deinem Mund. Verbinde ihn im Geist mit deinem emotionalen oder mentalen Körper. Jetzt spüre den Geschmack von Honig in deinem Mund und verbinde ihn mit

dem anderen Körper. Danach vermenge beide Geschmacksempfindungen miteinander. Wie fühlst du dich dabei?

- Atme einmal aus.
- Entdecke, erspüre und empfinde, dass du zusammen mit all deinen Freundinnen und Freunden über eine grüne Wiese gehst. Versuche, die Richtung, in die ihr geht, zu entdecken, zu erspüren und zu empfinden. Geht ihr nach Norden, nach Osten, nach Süden oder nach Westen? Wo steht die Sonne?
- Atme einmal aus.
- Entdecke, erspüre und empfinde nun, dass sich die grüne Wiese in deinem Inneren befindet. Wie fühlst du dich dabei? Stelle fest, dass du auf dieser grünen Wiese allein bist. Wie fühlst du dich jetzt? Spüre erneut, dass die grüne Wiese in deinem Inneren liegt. Falls du dich traurig und einsam fühlst, weil du allein dort bist, hole deine Freundinnen und Freunde zu dir zurück. Falls du dich jedoch von allem losgelöst fühlst, gehe allein weiter.
- Entdecke, erspüre und empfinde, dass wir alle allein sind. Schau in dein Inneres, entdecke die grüne Wiese und merke, dass sie leer ist. Du bist jetzt die grüne Wiese.
- Atme einmal aus und öffne die Augen.
- Schreibe deine Erlebnisse auf.

Die großen Meister

- Bewege dich in dein Herz hinein.
- Atme ein Mal lange und langsam durch den Mund aus.
- Entdecke, erspüre und empfinde, dass du vor mehr als zweitausend Jahren gelebt hast. Du stehst in einer Menschenmenge und siehst und hörst zu, wie Jesus zu der Menge spricht. Du bist einer der Jünger von Jesus. Er lehrt die bedingungslose Liebe und dass man seinen Nächsten wie sich selbst lieben soll.

Lausche dem, was Jesus zu sagen hat, und lass zu, dass sich alle in dir aufsteigenden Gefühle in dir verankern. Akzeptiere dich selbst und empfinde Liebe für dich selbst.

- Atme einmal aus.
- Entdecke, erspüre und empfinde, dass du vor zweitausendfünfhundert Jahren lebst und in einer Lotus-Stellung vor Buddha sitzt. Du bist einer seiner Schüler. Er gibt eine Lektion über das Mitgefühl und das Verständnis für die Menschen in deinem Umfeld. Lausche Buddha und lass zu, dass sich alle in dir aufsteigenden Gefühle in dir verankern. Akzeptiere dich selbst und empfinde Liebe für dich selbst.
- Entdecke, erspüre und empfinde, dass du selbst ein Meister bist. Du hast Menschen um dich. Du übermittelst ihnen Liebe und Energie und gibst ihnen eine Lektion über die Unschuld. Du sagst ihnen, dass sie keine anderen Feinde haben als sich selbst, und lehrst sie, sich vor der Verlockung zu hüten, sich als ungerecht behandelt zu betrachten. Lehre sie, dass man nicht zu Unschuld gelangen kann, wenn man einem anderen Menschen Schuld auflädt.
- Atme einmal aus und öffne die Augen.
- Schreibe deine Erlebnisse auf.

Der vertrauteste Ort

- Bewege dich in dein Herz hinein.
- Atme ein Mal lange und langsam durch den Mund aus.
- Entdecke, erspüre und empfinde, dass du dich mitten im dir vertrautesten und liebsten Zimmer deiner Kindheit befindest. Beginne, das Zimmer zu säubern – von rechts nach links. Greife zu einem Staubsauger und reinige das Zimmer, den Fußboden und den Schreibtisch. Nun schiebe alles, einschließlich der Möbel, nach links aus dem Zimmer hinaus.

- Atme einmal aus.
- Entdecke, erspüre und empfinde, dass du dich an deinem Lieblingsplatz in der Natur befindest. Beginne, diesen Platz zu säubern: das Gras, die Bäume, das Seewasser und den Himmel. Schiebe alle Verunreinigungen und schädlichen Strahlen nach links, bis alles sauber ist.
- Entdecke, erspüre und empfinde, dass du dich an deinem liebsten Ort im Universum befindest. Das kann ein Stern, ein Planet oder eine ganze Galaxis sein. Versuche, die Energie dort zu erspüren, und entspanne dich. Genieße diesen Ort einfach.
- Atme einmal aus und öffne die Augen.
- Schreibe deine Erlebnisse auf.

Die Meister des Meeres

- Bewege dich in dein Herz hinein.
- Atme ein Mal lange und langsam durch den Mund aus.
- Entdecke, erspüre und empfinde, dass du auf einem schönen weißen Sandstrand an einem blauen, glasklaren Meer meditierst. Du kannst das angenehme Rauschen der Wellen hören, und eine sanfte Brise streicht über dein Gesicht.
- Lausche den Rufen der Delfine und Wale. Diese Rufe finden Widerhall in deinem Herzen.
- Steh auf und gehe ins Wasser. Beginne, im Meer zu schwimmen. Die Delfine und Wale kommen zu dir und nehmen dich mit aufs Meer. Meditiere dort mit ihrem Meisterdelfin und Meisterwal – sie erwarten dich schon.
- Der Meisterdelfin hat eine Botschaft für dich. Lausche dieser Botschaft. Er hat auch ein Geschenk für dich, nimm das Geschenk dankbar an.

- Auch der Meisterwal hat eine Botschaft für dich. Lausche dieser Botschaft. Auch er hat ein Geschenk für dich.
- Nimm die Geschenke mit und schwimme wieder zum Ufer.
- Kehre zum weißen Sandstrand zurück und breite die Geschenke vor dir aus. Sie verwandeln sich in etwas anderes – was sind sie jetzt?
- Immer noch am Strand, schließt du nun die Augen und meditierst über die Botschaften, die der Meisterwal und der Meisterdelfin dir mitgegeben haben.
- Atme einmal aus und öffne die Augen.
- Schreibe deine Erlebnisse auf.

Heilungsübung

- Bewege dich in dein Herz hinein.
- Atme ein Mal lange und langsam durch den Mund aus.
- Entdecke, erspüre und empfinde, dass du in dem Augenblick geheilt bist, in dem du dem Schmerz keine Bedeutung mehr beimisst. Erkenne das nun und befreie dich von der Vorstellung des Schmerzes.
- Entdecke, erspüre und empfinde, dass jede Schmerzzone in deinem Körper sofort Heilung empfangen hat. Erkenne, dass Schmerzen und Leiden keinen Wert haben und überflüssig – nutzlos – sind.
- Atme einmal aus.
- Entdecke, erspüre und empfinde, dass die ganze Menschheit so empfindet wie du jetzt: Schmerzen und Leiden lösen sich aus jedem Menschen auf diesem Planeten.
- Atme einmal aus und öffne die Augen.
- Schreibe deine Erlebnisse auf.

Atem-Übung

- Bewege dich in dein Herz hinein.
- Atme ein Mal lange und langsam durch den Mund aus.
- Entdecke, erspüre und empfinde, dass dein Körper ein Teil des Universums ist. Alles in deinem Körper gehört dem Universum an, ist mit ihm verbunden.
- Entdecke, erspüre und empfinde, dass dein Atem eine Brücke zwischen deinem Körper und dem Universum ist. Dein Körper bildet das eine Ende der Brücke, das andere Ende liegt draußen im **NICHTS**.
- Atme einmal aus.
- Entdecke, erspüre und empfinde, dass dir die eine Hälfte der Brücke bekannt ist, da sie in deinem Inneren liegt, die andere Hälfte jedoch nicht. Wohin geht dein Atem?
- Entdecke, erspüre und empfinde, dass du, würdest du die andere Hälfte der Brücke kennen, plötzlich auch das **NICHTS** kennen würdest. Du wärest verwandelt, und du würdest die anderen Dimensionen kennenlernen. Versuche zu erspüren, wohin dein Atem geht; entdecke das **NICHTS**.
- Entdecke, erspüre und empfinde, dass du, würdest du den Atem anhalten, auch die Arbeit deines Verstandes anhalten würdest. Dein Atem und dein Verstand hängen eng miteinander zusammen. Wenn du drei Sekunden lang den Atem anhältst, merkst du, dass dein Verstand zu arbeiten aufgehört hat. Probiere es aus.
- Atme einmal aus und öffne die Augen.
- Schreibe deine Erlebnisse auf.

Schöpfungsübung

- Bewege dich in dein Herz hinein.
- Atme ein Mal lange und langsam durch den Mund aus.
- Entdecke, erspüre und empfinde, dass alles, was du mit deinem Herzen erschaffst, viel größeren Wert hat als das, was du mit deinem Gehirn erschaffst.
- Erblicke nun das Bild einer Schöpfung, die aus deinem Herzen stammt. Spüre die Schwingungen dieser Schöpfung. Entdecke, erspüre und empfinde die Energie, die dieses Bild ausstrahlt. Ein Feld der Einheit umgibt diese Schöpfung, und du fühlst dich sicher und beschützt.
- Jetzt erblicke das Bild einer Schöpfung, die aus deinem Gehirn stammt. Spüre die Schwingungen dieser Schöpfung.
- Atme einmal aus.
- Entdecke, erspüre und empfinde, wie die Welt wäre, würde die ganze Menschheit nur aus dem Herzen schöpfen.
- Atme einmal aus und öffne die Augen.
- Schreibe deine Erlebnisse auf.

Das innere Licht

- Bewege dich in dein Herz hinein.
- Atme ein Mal lange und langsam durch den Mund aus.
- Entdecke, erspüre und empfinde, dass in deinem Inneren ein Licht brennt, das die Welt nicht erkennen kann. Öffne deine inneren Augen und erblicke dieses Licht. Mach dir klar, dass du dieses innere Licht mit den Augen der Welt nicht erblicken wirst. Du musst deine innere Vision, deine inneren Augen, dazu benutzen.
- Entdecke, erspüre und empfinde, dass dieses innere Licht Gottes Liebe und Licht widerspiegelt.

- Atme einmal aus.
- Entdecke, erspüre und empfinde, dass dein inneres Licht nach außen strahlt und du die Welt in Unschuld leuchten siehst, gesegnet mit göttlicher Klarheit und Liebe.
- Entdecke, erspüre und empfinde, dass das innere Licht dich vor jeder Art von Gefahr und Schmerz bewahrt.
- Atme einmal aus.
- Entdecke, erspüre und empfinde, dass nun alle Menschen ihr inneres Licht sehen und die Seelen aller Menschen wieder vollständig mit Liebe und Licht erfüllt sind.
- Atme einmal aus und öffne die Augen.
- Schreibe deine Erlebnisse auf.

Die Liebe Gottes

- Bewege dich in dein Herz hinein.
- Atme ein Mal lange und langsam durch den Mund aus.
- Entdecke, erspüre und empfinde, dass die Liebe Gottes überall ist: Du kannst sie sehen, riechen, berühren und spüren. Sie ist wie ein Meer, und du lebst in diesem Meer.
- Atme einmal aus.
- Entdecke, erspüre und empfinde, dass das, was nicht Liebe ist, stets nichts anderes als Angst ist.
- Entdecke, erspüre und empfinde, dass das Verwechseln von Liebe mit Opferbereitschaft sehr tief geht. Du kannst dir Liebe ohne Opfer gar nicht vorstellen. Erkenne, dass dieses Opfer in Wirklichkeit nicht Liebe, sondern Angst ist.
- Entdecke, erspüre und empfinde, dass dir Freiheit geschenkt wurde. Du musst keine Opfer bringen. Erkenne, dass du völlig frei bist. Spüre die Liebe Gottes in dir und ringsum.
- Atme einmal aus und öffne die Augen.
- Schreibe deine Erlebnisse auf.

Die Lehrer Gottes

- Bewege dich in dein Herz hinein.
- Atme ein Mal lange und langsam durch den Mund aus.
- Entdecke, erspüre und empfinde, dass Buße und Aussöhnung Illusionen korrigieren, aber nicht die Wahrheit richtigstellen. Die Wahrheit braucht man nicht zu korrigieren.
- Entdecke, erspüre und empfinde, dass es eine Gruppe von Lehrern gibt, die eine besondere Rolle im Plan der Aussöhnung spielen – das sind die Lehrer Gottes.
- Entdecke, erspüre und empfinde die neun Eigenschaften der fortgeschrittenen Lehrer Gottes: Weltoffenheit, Großzügigkeit, Geduld, Toleranz, Freude, Güte, Ehrlichkeit, Vertrauen und bedingungslose Liebe.
- Atme einmal aus.
- Entdecke, erspüre und empfinde, dass die Hauptaufgabe der Lehrer Gottes darin besteht, der Welt wahres Lernen beizubringen. Ihre Aufgabe ist es, das, was wir für wahr und real halten, aus unserem Inneren zu lösen und uns stattdessen wahres Lernen zu lehren.
- Entdecke, erspüre und empfinde, dass ein Teil ihrer Aufgabe darin besteht, der Welt vollständige Vergebung zu schenken und uns zu lehren, uns von allen Dingen, die Vergebung verhindern, zu befreien.
- Atme einmal aus.
- Entdecke, erspüre und empfinde, dass du einer von Gottes Lehrern bist. Erkenne, welche der neun Eigenschaften der fortgeschrittenen Lehrer Gottes (Weltoffenheit, Großzügigkeit, Geduld, Toleranz, Freude, Güte, Ehrlichkeit, Vertrauen und bedingungslose Liebe) auch in dir vorhanden sind.
- Atme einmal aus.
- Schreibe deine Erlebnisse auf.

Wahrheitsfindung

- Bewege dich in dein Herz hinein.
- Atme ein Mal lange und langsam durch den Mund aus.
- Entdecke, erspüre und empfinde, dass du immer dann, wenn du in deinem Leben Unsicherheit empfindest, dein Lebensziel klären musst. Das Herz wird dir dein Ziel vorgeben.
- Entdecke, erspüre und empfinde dein Ziel auf dieser Welt. Nenne es das wahre Ziel. Nimm dir zwei Minuten Zeit dafür. Wenn du dein wahres Ziel erkennst, spürst und empfindest, wirst du Frieden erfahren – göttlichen Frieden.
- Entdecke, erspüre und empfinde, dass die einzigen Eigenschaften, die das Ziel der Wahrheit von dir verlangt, Glauben und Vertrauen sind.
- Atme einmal aus.
- Entdecke, erspüre und empfinde, dass du dir eine Situation herbeiwünschst, die dazu beiträgt, dein Ziel der Wahrheit zu erreichen.
- Nun prüfe, wie viele Situationen in deinem Leben deinem Ziel von Wahrheit entsprachen.
- Begreife, dass dein Leben in lauter kleine Teile zersplittert ist und keine Einheit bildet, da du nicht das klare Ziel von Wahrheit vor Augen hast.
- Merke dir dein Ziel der Wahrheit und rufe es dir stets ins Gedächtnis, wenn du in deinem Umfeld Konflikte und Zersplitterung spürst.
- Atme einmal aus und öffne die Augen.
- Schreibe deine Erlebnisse auf.

Einweihung durch den Meister

- Bewege dich in dein Herz hinein.
- Atme ein einziges Mal lange und langsam aus.
- Entdecke, erspüre und empfinde, dass du dich vor deinem Meister befindest. Erkenne, dass er dir hilft zu erwachen. Kämpfe nicht mehr mit dir, sondern öffne die Tür zu deinem Herzen. Verschließe dich nicht. Habe keine Angst.
- Entdecke, erspüre und empfinde, dass du verletzlich bist. Der Meister kann in dich eintreten. Du bist voller Demut und Hingabe und empfänglich.
- Atme einmal aus.
- Entdecke, erspüre und empfinde, dass die Einweihung völlige Hingabe von dir verlangt und du zulassen musst, dass die Energie des Meisters zu dir hinunterströmt. Diese Energie fließt vom Meister zu jedem Menschen, der dafür empfänglich, demütig und voller Hingabe ist.
- Entdecke, erspüre und empfinde, dass du ein Tal bist, der Meister jedoch ein Berggipfel. Erkenne, dass der Meister dir tiefreichende Energie überträgt, so wie Wasser von einem Berggipfel ins wunderbare Tal hinunterfließt. Lass zu, dass dir diese reine Energie geschenkt wird. Du bist dafür empfänglich, bist zutiefst demütig und empfängst nun Energie und Wissen von deinem Meister. (Verharre zwei Minuten bei dieser Übertragung.)
- Entdecke, erspüre und empfinde, dass die Einweihung aus der Übermittlung von innerer Energie besteht. Wenn du dafür offen und empfänglich bist, kann der Meister Zutritt zu deinem Herzen erlangen und dich verwandeln, reinigen und bei dir innere Klarheit schaffen.
- Atme einmal aus.

- Entdecke, erspüre und empfinde, dass die Menschheit als Ganzes derzeit keine Einweihung erfahren kann. Sie kann nicht erweckt werden, da sie kein Vertrauen empfindet und Bedingungen stellt.
- Entdecke, erspüre und empfinde, dass der Meister der Menschheit helfen und sie, genau wie dich, erwecken kann, sobald sie ihm ihr Herz öffnet.
- Atme einmal aus und öffne die Augen.
- Schreibe deine Erlebnisse auf.

Die Töne Gottes

- Bewege dich in dein Herz hinein.
- Atme ein Mal lange und langsam durch den Mund aus.
- Entdecke, erspüre und empfinde, dass dein Meister dir einen Ton vorgibt, der in deiner Energie Widerhall findet. Dieser Ton ist ein Schlüssel, der die Energie deines Herzens freisetzt.
- Beginne diesen Ton in deinem Herzen zu summen und entdecke, erspüre und empfinde, dass diese Energie begonnen hat, sich wie ein bunter, tönender Regenbogen um dich herum zu bewegen. (Warte eine Minute ab.)
- Denke daran, dass dieses Mantra dein persönlicher Ton ist und nur dir gehört. Du darfst ihn an keinen anderen Menschen weitergeben, und du versprichst dem Meister, ihn ganz für dich zu behalten.
- Atme einmal aus.
- Entdecke, erspüre und empfinde, dass das Leben überall über einen tiefen energetischen Ton in seinem Inneren verfügt, der die Energie ringsum freisetzt – bei jeder Blume, jedem Baum, jedem Tier und jedem Element: bei Wasser, Feuer und Wind. Lausche auf die jeweiligen Töne und lass zu, dass sie dein Herz erfüllen.

- Entdecke, erspüre und empfinde den Ton von Mutter Erde. Lass zu, dass auch ihr Ton dein Herz erfüllt.
- Entdecke, erspüre und empfinde den Ton von Vater Sonne und mache dir bewusst, dass Gottes Töne überall in unserer Umgebung eine gigantische Sinfonie erschaffen.
- Atme einmal aus.
- Entdecke, erspüre und empfinde, dass das Universum den Ton **AUM** summt. Spüre den Ton jedes Buchstabens: zuerst das **A**, dann das **U** und zuletzt das **M**. Lass zu, dass diese Töne in dein Herz dringen.
- Atme einmal aus und öffne die Augen.
- Schreibe deine Erlebnisse auf.

Einheit des Universums

- Bewege dich in dein Herz hinein.
- Atme ein Mal lange und langsam durch den Mund aus.
- Entdecke, erspüre und empfinde, dass Gott Einheit bedeutet, auch wenn du in einer stofflichen, physischen Welt lebst. Entdecke, erspüre und empfinde die Einheit des Universums. Wie nimmst du die Einheit des Universums wahr?
- Als Nächstes entdecke, erspüre und empfinde, dass du Teil dieser Einheit bist. Wie fühlst du dich dabei?
- Atme einmal aus.
- Entdecke, erspüre und empfinde die Insel aus Licht in der Mitte des Universums, wo das uneingeschränkt Absolute das physikalische Universum aufrechterhält.
- Entdecke, erspüre und empfinde, dass die Insel aus Licht die wirkliche Quelle aller stofflichen Universen ist: Sie ist Vergangenheit, Gegenwart und Zukunft.
- Entdecke, erspüre und empfinde, dass der Impuls eines jeden Elektrons in deinem Körper, in deinen Gedanken und

in deinem Geist ein handelnder Bestandteil im Ganzen des Universums ist.
- Atme einmal aus und öffne die Augen.
- Schreibe deine Erlebnisse auf.

Akzeptanz-Übung

- Bewege dich in dein Herz hinein.
- Atme ein Mal lange und langsam durch den Mund aus.
- Entdecke, erspüre und empfinde, dass das Leben zwei verschiedene Aspekte hat. Der eine Aspekt ist die sichtbare Welt, der andere Aspekt die unsichtbare Welt – die verborgene Ausdrucksweise der Welt. Erkenne, dass es keinen Widerspruch zwischen diesen beiden Aspekten gibt und sie nur zwei Aspekte ein und derselben Existenz sind.
- Entdecke, erspüre und empfinde, dass die Welt etwas zu sein scheint, das der Göttlichkeit entgegensteht, so dass du gegen die Welt ankämpfen musst, um zu dem göttlichen Aspekt in deinem Inneren zu gelangen. Das liegt daran, dass du nicht das Ganze erkennen kannst.
- Entdecke, erspüre und empfinde, dass das Ganze ganzheitlich ist. Der Teil, den du siehst, ist die stoffliche Welt, und der verborgene Teil ist das Göttliche oder Gott. Doch auch dieser Teil existiert im Hier und Jetzt. Du musst dich gar nicht auf die Reise machen, um ihn zu finden. Du musst nur die Augen öffnen und ihn erkennen. Du musst nur erwachen.
- Entdecke, erspüre und empfinde, dass du, wenn du die Welt nicht vollständig akzeptierst, angespannt und innerlich zerrissen bist, einen Konflikt mit dir austrägst und Angst empfindest.
- Entdecke, erspüre und empfinde, dass du nicht *für* oder *gegen* die Welt eingestellt sein solltest. Du musst sie nur so für dich

annehmen, wie sie ist. Tu das jetzt: Akzeptiere die Welt, wie sie ist, und du wirst dich unverzüglich verändern. Du wirst den unsichtbaren Teil, die Göttlichkeit, erkennen, erspüren und empfinden. Deine ganze Energie wird dadurch freigesetzt und nicht mehr durch Konflikte aufgezehrt.

- Akzeptiere dein Schicksal, worin es auch bestehen mag, und lass zu, dass du wie ein Fluss dahinströmst und dich dabei veränderst, wie sich ja auch das Wasser wandelt, wenn es ins Meer strömt.
- Atme einmal aus und öffne die Augen.
- Schreibe deine Erlebnisse auf.

Dreieinigkeits-Übung

- Bewege dich in dein Herz hinein.
- Atme ein Mal lange und langsam durch den Mund aus.
- Entdecke, erspüre und empfinde die drei Erscheinungsformen Gottes als Vater des Universums, als ewiger Sohn und als unendlicher Geist. Mache dir klar, dass es auf Ebenen, die der Unendlichkeit untergeordnet sind, drei absolute Größen gibt, die in der Unendlichkeit eine **EINHEIT** bilden.
- Entdecke, erspüre und empfinde die drei Eigenschaften jedes Seins im Universum: Wahrheit, Schönheit und Güte. Dann entdecke, erspüre und empfinde, dass diese Eigenschaften dich Gott näher bringen. Sie helfen dir dabei, Gott in der Seele, in der Materie und im Geist wahrzunehmen.
- Entdecke, erspüre und empfinde, dass sich dir durch Wahrheit, Schönheit und Güte die göttliche Wirklichkeit vollständig offenbart.
- Atme einmal aus.
- Entdecke, erspüre und empfinde das, was Jesus seinen zwölf Aposteln verdeutlichte, als er sagte: »Wer unter euch groß

sein will, der sei euer Diener.« (Matthäus 20:26) Danach frage dich: Warum muss ich anderen helfen, die sich in der Dunkelheit verirrt haben, wenn ich die höchste Bewusstseinsstufe erreicht habe und einem Licht gleiche?
- Entdecke, erspüre und empfinde, dass Liebe in dem Wunsch besteht, anderen Menschen Gutes zu tun.
- Entdecke, erspüre und empfinde, wie oft im Leben du anderen Menschen Gutes getan und dabei gemerkt hast, dass du dadurch Liebe geschaffen hast.
- Atme einmal aus und öffne die Augen.
- Schreibe deine Erlebnisse auf.

Und nun folgen noch einige praktische Übungen, die wir bei unseren täglichen Verrichtungen *mit* oder *ohne* Meditation durchführen können …

Rückblick auf die besten Momente deines Lebens

- Lege für diese Übung deine liebste Meditationsmusik auf – eine Musik, die dich in Alphawellen hält.
- Bewege dich in dein Herz hinein.
- Atme ein Mal lange und langsam durch den Mund aus.
- Sieh dich selbst, wie du heute, in diesem Moment, bist.
- Rekapituliere dein Leben vom Augenblick deiner Geburt an bis zum jetzigen Moment. Entdecke, erspüre und empfinde die besten Augenblicke deines Lebens.

- Versuche, nicht in diese Momente hineinzugehen. Rekapituliere sie so, als würdest du dir einen Film anschauen und beobachten, wie du in diesem oder jenem Moment warst.
- Wie fühlst du dich nun, da du die besten Momente deines Lebens gesehen hast?
- Führe diese Übung einmal in der Woche durch, um deine Energie wieder aufzuladen.

Wahrnehmung der Einheit Gottes

Eine Meditation, um sich im Bewusstsein der Einheit Gottes aufzulösen

- Atme in dein Herz hinein. Öffne das Herz so und spüre, wie *Prana* in dein physisches Herz strömt.
- Diese Übung ist sehr gut dazu geeignet, dich mit deiner wahren Essenz zu verbinden und die Einheit mit Gott in deinem Inneren zu spüren.
- Du solltest diese Übung immer dann durchführen, wenn du das Bedürfnis dazu hast, jedoch mindestens fünf Minuten vor dem Einschlafen. Es wird dir nach wenigen Übungswochen dabei helfen, bewusst zu träumen.

Vergebungs-Meditation

- Lege für diese Übung deine liebste Meditationsmusik auf – eine Musik, die dich in Alphawellen hält.
- Bewege dich in dein Herz hinein.
- Atme ein einziges Mal lange und langsam durch den Mund aus, um dich zu entspannen.

- Rufe in deinem Herzen das Bild und die Energie solcher Menschen auf, mit denen du ein Problem, eine Auseinandersetzung oder einen Konflikt hattest. Denke daran, dass wir alle ein und dasselbe sind. Wenn der Schöpfer dich erschuf, hat er gewiss auch die Menschen erschaffen, mit denen du eine Auseinandersetzung hattest.
- Übe dich im Vergeben und Verstehen. Wenn du einen Menschen in dein Herz holst, schaue ihm stets in die Augen und sage: »Ich vergebe dir.« (Nenne diesen Menschen immer bei seinem Namen.) Nach diesem Schritt verharre in deinem Herzen und sage: »Ich vergebe auch mir selbst.«
- Denke daran, dass ein Streit immer zwei Seiten hat, zwei Widersacher. Auch wenn wir gern glauben würden, dass die Schuld beim anderen Menschen liegt, gibt es Verbindungen des Karmas aus diesem Leben oder aus früheren Leben, die uns tief mit dem betreffenden Menschen verbinden. Deshalb musst du auch immer dir selbst vergeben.

Vereinigung mit Gott durch das Gebet

- Bewege dich in dein Herz hinein.
- Lass zu, dass jedes Gebet, das dir ganz unwillkürlich in den Sinn kommt, in deinem Herzen Ausdruck findet. Sprich dieses Gebet in deinem Herzen.
- Entdecke, erspüre und empfinde, dass Gott in dir ist und dieses Gebet hört.

Reinigung der drei Zentren

- Bewege dich in dein Herz hinein.
- Richte deine Aufmerksamkeit auf die Stelle hinter deinem Nabel, wo das Zentrum der ersten Sphäre unseres Körpers liegt: Es ist der Mittelpunkt deines Seins.
- Atme in diesen Mittelpunkt so hinein, als würdest du eine Flasche mit Wasser füllen.
- Leite dort bewusst *Prana* hinein und entdecke, wie sich die Sphäre mit *Prana* füllt.
- Zehn Lichtstrahlen führen vom Mittelpunkt der ersten Sphäre nach außen und berühren den Umkreis der Sphäre – deren Rand.
- Richte deine Aufmerksamkeit nun auf die Sphäre des Herzens, die zweite Sphäre deines Körpers: Es ist der Mittelpunkt deines Gefühls.
- Atme in diesen Mittelpunkt so hinein, als würdest du eine Flasche mit Wasser füllen.
- Leite dort bewusst *Prana* hinein und entdecke, wie sich die Sphäre mit *Prana* füllt.
- Zehn Lichtstrahlen führen vom Mittelpunkt der Herzsphäre nach außen und berühren den Rand der Sphäre.
- Richte deine Aufmerksamkeit jetzt auf die dritte Sphäre, die Sphäre des Wissens. Es ist die Sphäre des Dritten Auges. Sie liegt in der Mitte deines Gehirns, in gerade Linie von deiner Stirnmitte entfernt.
- Entdecke, erspüre und empfinde dein Drittes Auge in der Stirnmitte und konzentriere dich darauf.
- Jetzt richte deinen Atemfluss weg vom Herzzentrum und zur Mitte deines Gehirns. Spüre, dass sich dein Kopf mit *Prana* und mit Licht füllt.

- Acht Lichtstrahlen führen vom Mittelpunkt der Sphäre in deinem Kopf nach außen und berühren den Umkreis der Sphäre – deren Rand.
- Entdecke, erspüre und empfinde, dass nun alle drei Sphären mit Licht und *Prana* gefüllt sind.
- Führe diese Meditation einmal in der Woche durch oder so oft wie möglich. Sie hilft dir dabei, dich zu zentrieren.

Dankbarkeits-Übung

- Bewege dich in dein Herz hinein.
- Entdecke, erspüre und empfinde das Wort »Dankbarkeit«. Es taucht in purer Goldschrift vor dir auf. Was erlebst du, wenn du dieses Wort vor dir siehst?
- Erblicke einmal im Monat drei Tage lang immer wieder das Wort »Dankbarkeit«, bevor du mit irgendeiner Tätigkeit beginnst. (Das schließt auch Tätigkeiten wie das Spazierengehen oder Essen ein.)
- Entdecke, erspüre und empfinde bei jedem Schritt, den du tust, bei jedem Stück Brot, das du isst, bei jedem Apfel, von dem du abbeißt, bei jedem Wort, das du sagst und hörst, *Dankbarkeit.*
- Spüre die bedingungslose Liebe im Hintergrund jeder erdenklichen Tätigkeit. Fülle dein Herz und deine Seele damit und bewahre sie dort auf.
- Ehe du einschläfst, empfinde Dankbarkeit für den vergangenen Tag. Empfinde auch morgens Dankbarkeit dafür, dass nun ein neuer Tag für dich beginnt.

Entleere deine Gedanken

- Bewege dich in dein Herz hinein.
- Entdecke, erspüre und empfinde, dass dein Verstand ein blauer Himmel ist. Deine Gedanken sind weiße Wolken, die sanft über den Himmel ziehen.
- Lass nun bewusst zu, dass eine leichte Brise deine Gedanken erfasst und mitnimmt.
- Die Brise weht von links nach rechts.

Eine andere Weise, die Welt zu betrachten

Führe diese Übung an zwei aufeinander folgenden Tagen durch. Sie zeigt dir, warum und wie du einen Sinn in allem und jedem entdecken kannst. Sie macht dir auch klar, dass Gott in allem ist, was wir sehen und empfinden.

Bewege dich jeden Morgen, bevor du den Tag beginnst, in dein Herz hinein. Dann wiederhole die Vorstellung, dass Gott in allem ist, was wir sehen und empfinden, für dich drei Mal am Tag dreißig Minuten lang.

Erster Tag – drei Sitzungen von jeweils dreißig Minuten: Wende die Vorstellung, dass Gott in allem ist, was wir sehen und empfinden, auf zufällig gewählte Dinge an und benenne jedes davon klar und deutlich. Du kannst bei dem anfangen, was du ringsum siehst.

Gott ist in diesem Baum.
Gott ist in diesem Computer.
Gott ist in dieser Tür.
Gott ist in diesem Apfel.

Gott ist in diesem Menschen. (Nenne den betreffenden Menschen bei seinem Namen.)

Wenn du dich darauf konzentrierst, ohne an etwas anderes zu denken, wirst du voraussichtlich Frieden und Gelassenheit empfinden und spüren, dass wir alle eins sind.

Zweiter Tag – drei Sitzungen von jeweils dreißig Minuten:

Du setzt die Vorstellungen der vorangegangenen Übung fort und ergänzt sie durch eine weitere Dimension. Bewege dich auch bei dieser Übung, bevor du den Tag beginnst, in dein Herz hinein. Diese Übung zeigt uns, dass Gott das Licht ist, in dem wir alles sehen und empfinden.

Wende die Vorstellung, dass Gott das Licht ist, in dem wir alles sehen und empfinden, auf zufällig gewählte Dinge an und benenne jedes davon klar und deutlich. Du kannst bei dem anfangen, was du ringsum siehst.

Gott ist das Licht, in dem ich diesen Baum sehe.
Gott ist das Licht, in dem ich diesen Computer sehe.
Gott ist das Licht, in dem ich diese Tür sehe.
Gott ist das Licht, in dem ich diesen Apfel sehe.
Gott ist das Licht, in dem ich diesen Menschen sehe.

Wann immer du an diesem Tag Gelegenheit dazu findest, schließe die Augen und wiederhole für dich selbst: »Gott ist das Licht, in dem ich alles sehe und empfinde.«

Wenn du dich darauf konzentrierst, ohne an etwas anderes zu denken, wirst du voraussichtlich Frieden und Gelassenheit empfinden und spüren, dass wir alle aus Licht geschaffen sind.

An dieser Stelle wiederhole ich zur besseren Erinnerung noch einmal die grundlegende Übung, wie man in sein Herz gelangt – die **Herzmeditation**. Sie ist stets die Einstiegsübung für alle anderen Übungen. Sie besteht immer darin, den Geist vom Gehirn abzuwenden und dem Herzen zuzuführen. Dabei beschreibt sie die Bewegung hin zum Herzen …

Wie man in sein Herz gelangt

- Schließe deine Augen.
- Nimm drei Atemzüge. Hole dabei zunächst wie gewohnt Luft und atme danach lange und langsam durch den Mund aus. Während du das tust, sieh all deine Fragen, Probleme und inneren Konflikte hinausgehen und verschwinden. Anschließend atmest du wieder normal ein und aus.
- Stell dir eine Wendeltreppe vor, die von der Mitte deines Gehirns bis zur Mitte deiner Brust hinunterreicht.
- Gehe die Treppe hinunter.
- Verlasse die Treppe und wende dich langsam nach links.
- Es gibt dort eine Tür, die geradewegs in dein Herz führt. Es darf jede Art von Tür sein, die du dir vorstellen kannst.
- Öffne die Tür und tritt in dein Herz ein. Denke daran, die Tür wieder hinter dir zu schließen.
- Erkenne, erspüre und empfinde einen Moment lang die Kraft und Liebe, die von deinem Herzen ausgeht.
- Nimm die wohltuende Energie des Herzens in dich auf. Spüre den Frieden und die Harmonie des Herzens. Spüre die uneingeschränkte liebevolle Energie, die aus deinem Herzen strömt.

Und dann lässt du die Übung deiner Wahl folgen.

Danksagung

Ich bin euch zutiefst dankbar für eure großzügige Hilfe und Unterstützung. Ohne euch würde es das vorliegende Buch nicht geben. Mein Dank geht insbesondere an Demetra Teresa Tsakiroglou, Luke Sellars, Stephen Moroz, Zlatko Kanda, Laura Jakovides, Sanela Begovic, Heather Wicks, Monica Visan, Marius Spinu und all den geliebten Freundinnen und Freunden, die mir großzügig dabei geholfen haben, dieses Buch zu veröffentlichen. Bitte vergebt mir, wenn ich mich hier nicht an alle eure Namen erinnert habe, aber jeder Einzelne von euch wird mir durch seine Liebe und Hingabe, durch sein wundervolles Wesen unvergesslich bleiben.

Ich danke euch von Herzen!

Daniel Mitel

Als Meister der Meditation ist **Daniel Mitel** weltweit unterwegs und verhilft Menschen zum Verständnis ihrer engen persönlichen Verbindung mit ihrem Inneren Selbst. Er ist heutzutage der Erste und Einzige, der den Ursprung der uralten *Traumbilder des Herzens* bestimmen und erklären kann. Diese Bildsprache stammt aus den uralten tibetischen, sumerischen und vedischen Schulen, die sich mit spirituellen Mysterien befassten – und bezieht sich auf die höchste Zahl solcher Schulen: 555. Sie hat mit der adamitischen Rasse, der Kraft des Träumens und einer grundlegenden Neubewertung von Vergangenheit, Gegenwart und Zukunft zu tun.

Als Meister des Tai Chi und Träger des Schwarzen Gürtels in Karate begann Daniel 1981 die Lehre des Zen weiterzugeben. Dabei hatte er Gelegenheit, mit Indigo-Kindern aus aller Welt zu arbeiten, denen er neben Kampfsport auch fernöstliche Erleuchtungstechniken beibrachte. Sein eigener Unterricht erfolgte unter Anleitung bedeutender tibetischer Lamas und einer Gruppe bekannter Meister von Meditationsschulen, die ihre Schüler lehren, aus dem Herzen heraus zu leben. Dies waren Osho, der Dalai Lama, Babaji, Lahiri Mahasaya, Sri

Yukteswar, Paramahansa Yogananda, Paramahansa Hariharananda, Paramahansa Prajnananda, Ana Pricop, Di Yu Ming, Sadhguru und Anastasia. Drunvalo Melchizedek ernannte ihn zum Mitglied des ersten Dozentenbeirats der »Awakening the Illuminated Heart«-Ausbildung, die von seiner »Schule des Erinnerns« durchgeführt wird.

Nachdem Mitel einige Jahre nördlich von Tibet mit Meditationen verbracht hatte, gründete er 1999 die »Schule des Herzens« und zehn Jahre später die »Schule der Meditation« in Toronto. Zusätzlich bildete er sich umfassend wissenschaftlich aus und erwarb einen Bachelor in Informatik, einen weiteren in Wirtschaft, ein Diplom in Management und einen Master of Business Administration. Als Botschafter des HeartMath® Institute bietet er seitdem Unternehmen in aller Welt Ausbildungsprogramme an. Bei einem weiteren Projekt, »Beyond the Limits«, arbeitete er mit dem Botschafter des UN-Umweltprogramms und dem Leiter von »Solar Impulse«, Bertrand Piccard, zusammen. Es geht ihm nicht nur darum, dass die Welt zu einem gewaltfreieren Ort wird, er will auch dazu beitragen, eine sauberere Umwelt und eine bessere Zukunft für die Menschheit zu erschaffen.

Daniels Bücher *This Now Is Eternity* und *Heart Imagery* liegen bei AMRA gemeinsam unter dem Titel *Mit dem Herzen heilen* vor. Mit Drunvalo Melchizedek verfasste er den Klassiker *Lebe im Licht deines Herzens*, zu dem auch eine deutsche Übungs-CD entstand. Sein Buch *Die Melchizedek-Lehren* versammelt das Ausbildungsmaterial seines Freundes und weltberühmten Lehrers der Herzensmeditation.

Weitere Informationen und Termine von Workshops findet man auf seiner englischsprachigen Website www.DanielMitel.com.

Register

zusammengestellt von Michael Nagula

Empfohlen und gechannelt von Pavlina Klemm

Drunvalo Melchizedek & Daniel Mitel
LEBE IM LICHT DEINES HERZENS
Meditative Zugänge in den heiligen Raum
208 Seiten, gebunden, oranges Leseband
€ [D] 19,99 / € [A] 20,60 • ISBN 978-3-95447-343-4

Begib dich in dein Herz. Niemals in der Geschichte der Menschheit war es wichtiger als heute, sich auf die Reise ins Herz einzulassen und aus dem Herzen zu leben. Methoden, die über Jahrtausende hinweg eingesetzt wurden, machen es möglich – auch im emsigen Treiben unserer Zeit und ohne Lehrmeister. Dazu muss man nicht in den Himalaya oder nach Tibet reisen. Du hast die Macht und die Fähigkeit, überall im Licht deines Herzens zu leben.

Zwei große Meister der Meditation weisen den Weg.

»Dieses Buch zeigte mir neue Möglichkeiten, an meiner Herzenskraft zu arbeiten.« – Pavlina Klemm

SPIEGEL-Bestsellerautorin Pavlina Klemm
LICHTBOTSCHAFTEN VON DEN PLEJADEN 9
Erwachen im Licht der Freiheit
240 Seiten, gebunden, oranges Leseband
€ [D] 19,99 / € [A] 20,60 • ISBN 978-3-95447-571-1

Schritt für Schritt lehren uns die Plejader die kosmische Freiheit und das Channeln durch den Heiligen Herzensraum. Sie aktivieren mit dem Sonnensymbol unsere Zirbeldrüse, binden uns mit dem Erdsymbol an die höhere Ordnung an, bringen uns die Innenerde nahe, die kosmischen Kinder, Farbwesen und Erzengel, schützen uns vor fremden Einflüssen und erhöhen durch neue Übungen unser Licht und Bewusstsein.

Tipps & Ratschläge zur persönlichen Stabilisierung erleichtern den Einstieg in höhere Frequenzen!

Pavlina Klemm
KOSMISCHE HEILAPOTHEKE
Aktivierungen zur Plejadenheilung – das Praxisbuch mit Heilsymbolen & Meditationen
240 Seiten, gebunden, Leseband, durchgehend farbig
€ [D] 24,99 / € [D] 25,70 • ISBN 978-3-95447-663-3

Die jetzige Zeit, in der die Menschheit aus 3D aussteigt, hat den Zugang zur Heilapotheke wieder geöffnet. Neben den Symbolen aus dem Kartenset, Schablonen zur energetischen Visualisierung, enthält dieses Praxisbuch sehr viel zusätzliches Material in Form von Meditationen, Durchsagen und Listen. Heilung geschieht aus euren energetischen Abdrücken in der göttlichen Quelle!

»So lange mussten wir auf die Manifestation dieses Heilprojekts warten.« – Pavlina Klemm

Alle Bücher auch als eBooks auf www.AmraVerlags.de